EBIKE ATLAS

4. Auflage
Mai 2022 / 2023

eBike-Atlas

Schon in wenigen Jahren wird der Marktanteil von E-Bikes bundesweit mehr als 50 Prozent betragen. Das glaubt zumindest der Zweirad-Industrie-Verband e.V. (ZIV). Die derzeitigen Verkaufszahlen untermauern diese Prognose, nach denen die Beliebtheit von elektrisch betriebenen Bikes dynamisch wächst – und inzwischen alle Modellgruppen in diesem Fahrradsektor erfasst.

Laut den Zahlen von 2020 lag der Verkauf an Fahrrädern und E-Bikes mit über 5 Millionen Stück insgesamt 17 Prozent über dem Vorjahr. Während der Verkauf von E-Bikes demnach stark zulegt, verzeichnete man bei klassischen Fahrrädern einen Rückgang um 7,8 Prozent. Die Zahlen von 2020 und 2021 bestätigen diesen Trend.

Begrifflichkeit

Bei einem ein Drittel aller verkauften Fahrräder handelt es sich mittlerweile also bereits um E-Bikes. Aber was genau ist das eigentlich? Der Begriff E-Bike ist als Oberbegriff für verschiedene Klassen gebräuchlich und beinhaltet sowohl die Klasse der E-Bikes mit Gasgriff (E-Bike 45), wie auch die verbreitete Klasse der E-Bikes 25.

Erstere sind zweirädrige Kleinkrafträder mit einem elektrischen Antrieb, die auch ohne dass der oder die Fahrende in die Pedale tritt, gefahren werden können. Diese Art von Fahrzeug ist zwar nicht zulassungs- aber versicherungspflichtig. Außerdem benötigt man einen Mofaführerschein (Klasse AM) für sie, es sei denn man ist vor dem 1. April 1965 geboren oder besitzt einen Pkw-Führerschein. Zudem muss man sowohl als Fahrer, als auch Sozius einen geeigneten Schutzhelm tragen. Diese Art von E-Bike wird aber immer weniger verkauft und verschwindet dementsprechend zunehmend vom Markt.

Ganz anders sieht die Situation bei Elektrofahrrädern aus, die im Handel meist als

Inhaltsverzeichnis

Vorwort und Wissenswertes	S. 2
Service auf einen Blick	S. 7
Alles zum Thema Bikeleasing	S. 8
Übersichtskarten	S. 14
Hotels & Touren in Deutschland	S. 20
Hotels & Touren in Österreich	S. 238
Hotels & Touren in Italien	S. 312
Hotels & Touren in der Schweiz	S. 338
Impressum	S. 344
Register	S. 346

Pedelecs (Pedal Electric Cycle) bezeichnet werden. Juristisch werden sie wie klassische Fahrräder behandelt, obwohl in ihnen ein Unterstützungsmotor bis maximal 25 km/h verbaut ist. Ein Führerschein ist für Fahrten nicht nötig, da der Motor nur dann arbeitet, wenn man gleichzeitig auch die Pedale tritt und die Unterstützung sich bis zu einer Geschwindigkeit von 25 km/h verringert oder sogar unterbrochen wird, wenn die entsprechende Geschwindigkeit erreicht ist oder man aufhört zu treten.

Ein Versicherungskennzeichen wird nicht benötigt. Bei einem Unfall verursachte Schäden werden oftmals von der privaten Haftpflichtversicherung abgedeckt. Im Einzelfall sollte der Umfang des Versicherungsschutzes vorab geklärt werden. Obwohl eine solche private Haftpflichtversicherung rein freiwillig ist, empfehlen wir sie unbedingt. Gerade im Fall von Personenschäden können mitunter sehr hohe Kosten entstehen.

Ähnlich sieht es für das Tragen eines geprüften Fahrradhelms aus: Auch wenn der Gesetzgeber dies nicht vorsieht, ist es unseres Erachtens mehr als sinnvoll. Des Weiteren ist kein Mindestalter vorgegeben. Hierzu meinen wir: Besonders wegen der Eigenarten beim Beschleunigen sollten Kinder unter 14 Jahre ein solches Gefährt nicht fahren. Eingeführt wurde die Bezeichnung Pedelec erst 1999, um Fahrräder mit automatischer Tretunterstützung deutlich von jenen mit per Gasgriff gesteuerten Antrieb unterscheiden zu können.

Beliebt sind so ziemlich alle Pedelec-Varianten, die wir der Einfachheit halber in diesem Atlas grundsätzlich als E-Bikes bezeichnen. Der nach wie vor größte Anteil entfällt auf elektrisch betriebene Trekking- und Cityräder, dicht gefolgt von Mountainbikes. Eine feste Größe sind inzwischen aber auch E-Lastenräder und E-Rennräder.

E-Bikes sind „in"

Im Jahre 2019 betrug der durchschnittliche Verkaufspreis eines E-Bikes 982 Euro – und war damit rund 30 Prozent höher als noch im Jahr zuvor. Zusammen mit dem Komponenten- und Zubehörbereich hat sich dadurch eine lukrative Branche entwickelt. Als Gründe für diese Entwicklung werden von den Herstellern gerne die große Modellvielfalt, attraktives Design und die innovative Weiterentwicklung in der Antriebs- und Batterietechnologie, aber auch im Komponentenbereich genannt.

Vor allem maßgeblich sind aber das gestiegene Interesse und die Akzeptanz seitens der Verbraucher. Wurden E-Bike-Fahrer noch vor einigen Jahren mehr oder weniger süffisant in die Kategorie betagter Senioren eingeordnet, die wegen ihres Alters oder fehlender Fitness eine technische Unterstützung für ihre Fahrradtouren benötigen, zeigt sich heute ein ganz anderes Bild: Egal ob Jung oder Alt, fit oder nicht fit – E-Bike fahren ist „in".

Nicht zu vernachlässigen sind aber auch weitere Aspekte: E-Bikes stehen nicht nur für eine gesunde, sondern auch nachhaltige individuelle Fortbewegung. Nicht zufällig sind sie ein Profiteur der Coronakrise. Die derzeitige Situation hat viele Menschen dazu bewegt, aufs Fahrrad umzusteigen. Schließlich ist Bewegung an der frischen Luft nachweislich gut für das Immunsystem.

Umfragen und Statistiken zeigen zudem, dass E-Bikes hierzulande längst nicht mehr ausschließlich in der Freizeit, sondern vermehrt auch für tägliche Wege genutzt werden. Zum Beispiel zum Arbeitsplatz, zur Kita, zur Schule oder Ausbildungsstätte sowie für alltägliche Erledigungen oder als Zubringer zu Bahn und ÖPNV.

Hier sorgen E-Bikes dafür, dass man nicht allzu verschwitzt ankommt. Außerdem erlauben sie längere Wegstrecken, höhere Durchschnittsgeschwindigkeiten und eröffnen in den Städten und auf dem Land neue Mobilitätsoptionen. Die Suche nach einem Parkplatz gehört mit ihnen der Vergangenheit an, der Treibstoff entstammt der heimischen Steckdose, sonstige Neben- und Betriebskosten müssen nicht kalkuliert werden. Damit sind E-Bikes auch in der aktuellen Umwelt- und Klimadebatte ein Pluspunkt.

E-Bike als Urlaubserlebnis

Doch längst nicht alle, die ein E-Bike nutzen, möchten lediglich von A nach B gelangen, sondern auch das Fahrerlebnis selbst genießen. Idealerweise in schöner landschaftlicher Umgebung. Sind die Hausstrecken in der heimischen Umgebung erst einmal alle „abgeradelt", keimt schnell der Wunsch nach einem E-Bike-Urlaub auf.

Hier kommen der vorliegende E-Bike-Atlas und die zugehörige Onlineplattform www.ebikeatlas.de ins Spiel. Beides soll nicht nur ordentlich Appetit auf ein solches Urlaubserlebnis machen, sondern auch als Orientierungs- und Planungstool bei der Beurteilung und Erstellung der verschiedenen Touren dienen.

Zu diesem Zweck haben wir fast 100 Hotels und Pensionen zusammengestellt, die nicht nur in wunderbare Landschaften eingebettet sind und allerhand Sehens- und Erlebenswertes in der Umgebung zu bieten haben, sondern sich auf die Bedürfnisse von E-Bike-Urlaubern spezialisiert haben. So halten sie neben familiärer Atmosphäre, gemütlichen Zimmern und köstlichem Essen beispielsweise auch eine Ladestation und eine Schrauberecke für kleinere Reparaturen vor.

Gelegen sind sie in den schönsten Regionen von Deutschland, Österreich, Italien und der Schweiz – in diesem Atlas sortiert von Nord-Ost nach Süd-West. Ein jedes von ihnen wird als Basis für einen mehrtägigen Aufenthalt empfohlen. So muss man sich nicht täglich wieder mühsam durch Stadtverkehr quälen, sondern startet direkt im Grünen, um die umliegenden Winkel zu erkunden.

Es geht an Flüssen entlang, durch Wald und Feld, vorbei an regionalen Sehenswürdigkeiten bis hin zum Hotel oder der Pension, in dem nach der „Strampelei" eingekehrt und übernachtet wird. Der Weg ist das eigentliche Ziel. Die Wechselgarderobe wartet derweil im Zimmer auf den Einsatz am Abend, den man frisch geduscht bei einem köstlichen Aperitif einläuten kann. Fast wie zu Hause, nur besser, da mit noch mehr Annehmlichkeiten und entsprechendem Service versehen …

Service der Betriebe auf einen Blick auf Seite 7

In Zusammenarbeit mit den Häusern haben wir für diesen Atlas über 250 Tagestouren entwickelt, die mit dem E-Bike problemlos verwirklicht werden können. Sportliche Höchstleistungen sind dabei nicht vonnöten, da durch die elektrische Unterstützung ganz automatisch größere Reichweite erzielt wird – auch und besonders im Gebirge. Die Akku-Unterstützung ermöglicht längere Touren, mehr Höhenmeter und mitunter noch spektakuläre Aussichten für jedermann.

Natürlich haben wir zu den vorgestellten Strecken auch Tipps zu Einkehrmöglichkeiten und diversen Highlights am Wegesrand zusammengestellt. Doch wir sind uns sicher,

dass die jeweiligen Wirte im Gespräch vor Ort auf nette Nachfrage hin gerne weitere Geheimtipps preisgeben. Doch noch wichtiger: Sie sind auch im Notfall, etwa bei einer Panne, der richtige Ansprechpartner.

Es ist übrigens nicht zwangsläufig nötig, sein eigenes E-Bike zu besitzen. Wer zunächst in diese Art von Urlaub hineinschnuppern möchte, kann bei einigen der vorgestellten Betriebe direkt oder bei einem E-Bike-Verleih im Ort für kleines Geld einen entsprechenden fahrbaren Untersatz stunden- oder tageweise mieten.

Die Navigation der vorgestellten Tourenvorschläge ist denkbar einfach, da wir zu jeder einen eigenen QR-Code erstellt haben. Dieser wird einfach mit dem Smartphone gescannt und die Route anschließend in einer entsprechenden App, wie beispielsweise Komoot, aufgerufen. Alternativ legt man den GPS-Track im eigenen Account ab – und schon kann es losgehen.

Planung der Route

Nichtsdestotrotz gehört eine E-Bike-Tour sorgfältig geplant. So sollte zu Beginn immer geklärt werden, was man sich von der Tour erwartet. Außerdem ist zu berücksichtigen, ob man alleine, mit der Familie oder in einer Gruppe unterwegs ist. Wie sieht es mit Kondition, Fahrkönnen und Erfahrung der einzelnen Fahrer aus? Passt das alles überhaupt zusammen?

Wer mit dem Nachwuchs unterwegs ist, muss für Chancengleichheit sorgen. Was nutzt es, wenn Mama und Papa mit den schicken neuen E-Bikes radeln und die Kids ohne elektrische Unterstützung nicht hinterherkommen? Eine Alternative hierfür können entsprechende Fahrradanhänger sein.

Unser Tipp: Besonders im Frühling und Herbst ist die Tour stets so zu planen, dass vor dem Einbruch der Dunkelheit in jedem Fall die Unterkunft erreicht wird – ausreichend Pufferzeit gehört also unbedingt dazu. Auch Alternativrouten sollten eingeplant werden: Welche kürzeren Wege gibt es, falls man selbst oder die Gruppe doch langsamer ist oder es unterwegs Schwierigkeiten gibt? Grundsätzlich gilt, sich trotz des technischen Hilfsmittels nicht zu überschätzen.

Akku immer im Blick behalten

Der wesentliche begrenzende Faktor beim E-Bike ist der Akku. Deshalb muss bei der Routenplanung die Akkulaufzeit einkalkuliert werden. Es sollte daher selbstverständlich sein, die Tour nicht nur immer mit vollem Akku zu starten, sondern sich für den Zweifelsfall auch vorab über Lademöglichkeiten entlang der Route zu informieren. Bei Zimmertemperatur dauert eine vollständige Ladung übrigens etwa drei bis viereinhalb Stunden. Eine Ladung zu 50 Prozent dauert

etwas weniger als die Hälfte der Zeit.
Die Reichweite des Akkus hängt vom Modell des E-Bikes, vom Körpergewicht des Fahrers und der Steilheit des Geländes ab. Einer der wichtigsten Einflüsse sind zudem die zurückgelegten Höhenmeter.

Den größten Einfluss auf die Reichweite hat allerdings die Wahl der Unterstützungsstufe. So kommt man im Eco-Modus fast drei Mal so weit wie im Turbo. Mit einer hohen Trittfrequenz von über 80 Umdrehungen pro Minute steigert man den Wirkungsgrad des Motors erheblich. Für die Praxis bedeutet das: niedrigen Gang wählen und mehr strampeln.

Daher sollte man in flacherem Gelände und bergab den Modus konsequent hinunter- oder sogar ganz ausschalten und sich die entsprechende elektrische Unterstützung lieber für steile Rampen oder schwierige Trails aufbewahren.

Abhängig von all diesen Faktoren erzielen die modernen Akkus mittlerweile eine Reichweite von bis zu 80 Kilometern, bevor sie wieder aufgeladen werden müssen.

Wichtig zu wissen ist, dass niedrige Temperaturen (ab etwa zehn Grad Celsius) sich negativ auf die Leistungsfähigkeit und Ladegeschwindigkeit von Akkus auswirken. Auch die Displays reagieren dann langsamer. Wir raten daher, wenn möglich einen Ersatzakku einzupacken.

Alles was Recht ist

Und wo genau darf man mit seinem E-Bike überhaupt radeln? Das hängt davon ab, in welchem Land man unterwegs ist. Grundsätzlich gilt: Die Klasse E-Bike 45, also diejenige, für die man einen Führerschein benötigt, darf nur auf einer Fahrbahn bewegt werden. Radwege sind tabu.

Die Pedelec-25-Klasse muss im Stadtverkehr auf gekennzeichneten Radwegen benutzt werden. Sonstige Radwege dürfen befahren werden. In der freien Natur fallen diese E-Bikes in Deutschland, genau wie das klassische Fahrrad, unter das „freie Betretungsrecht der Natur". Demnach dürfen „geeignete Wege" befahren werden. Welche geeignet sind, definieren die Bundesländer individuell. In Österreich gilt: Alles ist verboten, was nicht ausdrücklich erlaubt ist. So ist das Radfahren, egal ob mit oder ohne Unterstützung, auf allen Forst- und Wanderwegen untersagt, es sei denn entsprechende Hinweisschilder heben diese Regelung auf. Es gibt aber diverse regionale Konzepte, beispielsweise in Tirol, die Wege für Radler bereitstellen.

In Italien existieren mittlerweile zwar ausgeschilderte Trailnetze, es gibt aber auch gesperrte Gebiete. Wo kein entsprechender Hinweis aufgestellt ist, wird das E-Biken häufig geduldet.

Ähnlich sieht die Situation in der Schweiz aus. Wo es nicht ausdrücklich verboten ist, sind Radler geduldet. Allerdings sind viele Single Trails für sie häufig explizit gesperrt. Besonders in Nationalparks sollte man sich unbedingt an diese Vorgaben halten.
Generell sollte selbstverständlich sein, dass Verbotsschilder natürlich zu beachten sind und Wanderer stets Vorrang haben.

Feedback ...
... ausdrücklich erwünscht

Dieser E-Bike-Atlas ist der erste seiner Art – und wir planen, weitere Ausgaben folgen zu lassen. Nicht nur die Touren können sich ändern, auch die Übernachtungsbetriebe. Für Ideen und Vorschläge, konstruktive Kritik und sonstige Hinweise sind wir daher dankbar. Wer mithelfen möchte, diesen E-Bike-Atlas zukünftig noch besser werden zu lassen, kann uns gerne eine E-Mail an info@touristikverlag.de schicken.

Uns bleibt zu sagen:

Viel Spaß im E-Bike-Urlaub!

Service auf einen Blick

Die Symbolleiste informiert übersichtlich über die E-Bike relevante Ausstattung und den Service der einzelnen Hotels und Pensionen.

E-Bike Ladestation

 Eine Ladestation zum Aufladen der E-Bikes nach der Tour ist vorhanden.

E-Bike Parkplatz

 Das Hotel bietet eine E-Bike Garage, zumindest aber einen überdachten und abschließbaren Bike-Parkplatz.

Karten

 Tourenvorschläge oder/und Karten mit Radwegen aus der Region um das Hotel sind vorhanden.

Navigation

 Das Hotel bietet Leihgeräte zur Navigation an. Oft werden auch GPS-Tracks von Touren für eigene Geräte oder Smartphones zur Verfügung gestellt.

Werkstatt

Im Hotel findet Ihr eine kleine Werkstatt, Schrauberecke oder zumindest die wichtigsten Werkzeuge für Reparaturen vor.

Reparaturservice

 Das Hotel bietet Reperaturservice direkt im Haus oder über eine Fahrradwerkstatt vor Ort an.

E-Bike Verleih

 Vor Ort können E-Bikes ausgeliehen werden. Dieser Service wird entweder durch das Hotel direkt oder einen Servicepartner vor Ort angeboten..

BIKELEASING.DE
Mehr als Dienstrad

Kostenfrei. Aufwandsarm. Risikolos.

- Inklusive Arbeitgeber-Ausfallversicherung
- Mögliche Einsparung der Lohnnebenkosten
- Digitale Portallösungen
- Kostenneutrales Gesundheitsmanagement
- Nachhaltiger Umweltschutz
- Verbesserung der eigenen CO_2-Bilanz

Nachhaltig. Mobil. Gesund.

- Dienstrad ohne Markenbindung
- 100 % Privatnutzung möglich
- Steuervorteil durch Gehaltsumwandlung
- Umfangreiches Versicherungspaket

Digitale Abwicklung.

- Arbeitgeberportal & Service-App
- Vertragsabschluss, Verwaltung von Vertrag und Dienstrad, Servicetermine, Schadensmeldung, Händlersuche u. v. m.

Versicherungen.

- Rundumschutzversicherung
- Verschleißversicherung
- Inspektionsservice

- Arbeitgeber-Ausfallversicherung (in Leasingrate enthalten)
- Haftpflicht & Rechtsschutz

BIKELEASING.DE
Mehr als Dienstrad

www.bikeleasing.de

Übersichtskarte Deutschland Nord

1	Gasthaus zum Rethberg | Lübstorf	S. 20
2	Hotel Staphel | Sassnitz	S. 22
3	Kummerower Hof | Neuzelle	S. 24
4	Waldsee Hotel am Wirchensee | Neuzelle	S. 26
5	Hotel Haus Belger | Schönefeld	S. 28
6	Hotel Der Kronzprinz | Duderstadt	S. 29
7	Landhaus Zu den Rothen Forellen | Ilsenburg	S. 30
8	Rosen-Hotel | Sangerhausen	S. 32
9	Luther-Hotel-Wittenberg | Wittenberg	S. 35
10	Campingplatz Reck | Malschwitz	S. 36
11	SPA Hotel Landlust Dresden | Dresden	S. 38
12	Hotel Weißer Hirsch | Hohnstein	S. 40
13	Hotel-Restaurant Utspann | Schafflund	S. 58
14	Schollers´Restaurant und Hotel | Westerrönfeld	S. 60
15	Pension Haidhus | Reinbek	S. 62
16	Pension Lindhofer | Bad Bevensen	S. 64
17	Akzent Hotel Berlin | Bad Bevensen	S. 66
18	Hotel Ludwig im Park | Wolfsburg	S. 68
19	Hotelpark Königspark | Königslutter	S. 70
20	Landgasthaus Textor | Trendelburg	S. 71
21	Haus Weserblick | Bad Karlshafen	S. 72
22	Gasthaus Kirchhoff | Beverungen	S. 74
23	Siecks Scheune & Krug zum grünen Kranz | Bodenfelde	S. 76
24	Hotel Alte Rathausschänke | Hann. Münden	S. 78
25	Landhotel Am Rothenberg | Uslar-Volpriehsn	S. 80
26	Hotel Schlafschön | Hann. Münden	S. 82
27	H&S Hotel Detmold | Detmold	S. 84
28	Waldhotel Peter | Bielefeld	S. 86
29	Hotel Rosenboom | Nottuln	S. 87
30	Alexianer Hotel | Münster	S. 88
31	H&S Hotel Wildpferd | Dülmen	S. 90
32	Wald & Golfhotel Lottental | Bochum	S. 92
33	Webers - Das Hotel im Ruhrturm | Essen	S. 94
34	Wegermann´s Bio-Landhotel | Hattingen	S. 96
35	Landhotel "Haus Püster" | Warstein	S. 126
36	Hotel Steinhoff | Finnentrop	S. 128
37	„Wald Hotel - Willingen" ***s | Willingen	S. 129
38	Kur- und Sporthotel Göbel | Willingen	S. 130
39	Haus am Stein*** | Winterberg-Züschen	S. 132
40	Hotel Engemann-Kurve | Winterberg	S. 134
41	Zum wilden Zimmermann | Hallenberg	S. 136
42	Hotel Stoffels | Schmallenberg	S. 138
43	Hotel Dorfkammer | Olsberg	S. 139
44	Hotel Sassor | Battenberg-Dodenau	S. 140
45	Hotel am Stadtpark | Borken/Hessen	S. 142
46	Burghotel | Homberg	S. 144
47	Ratkeller Melsungen | Melsungen	S. 146

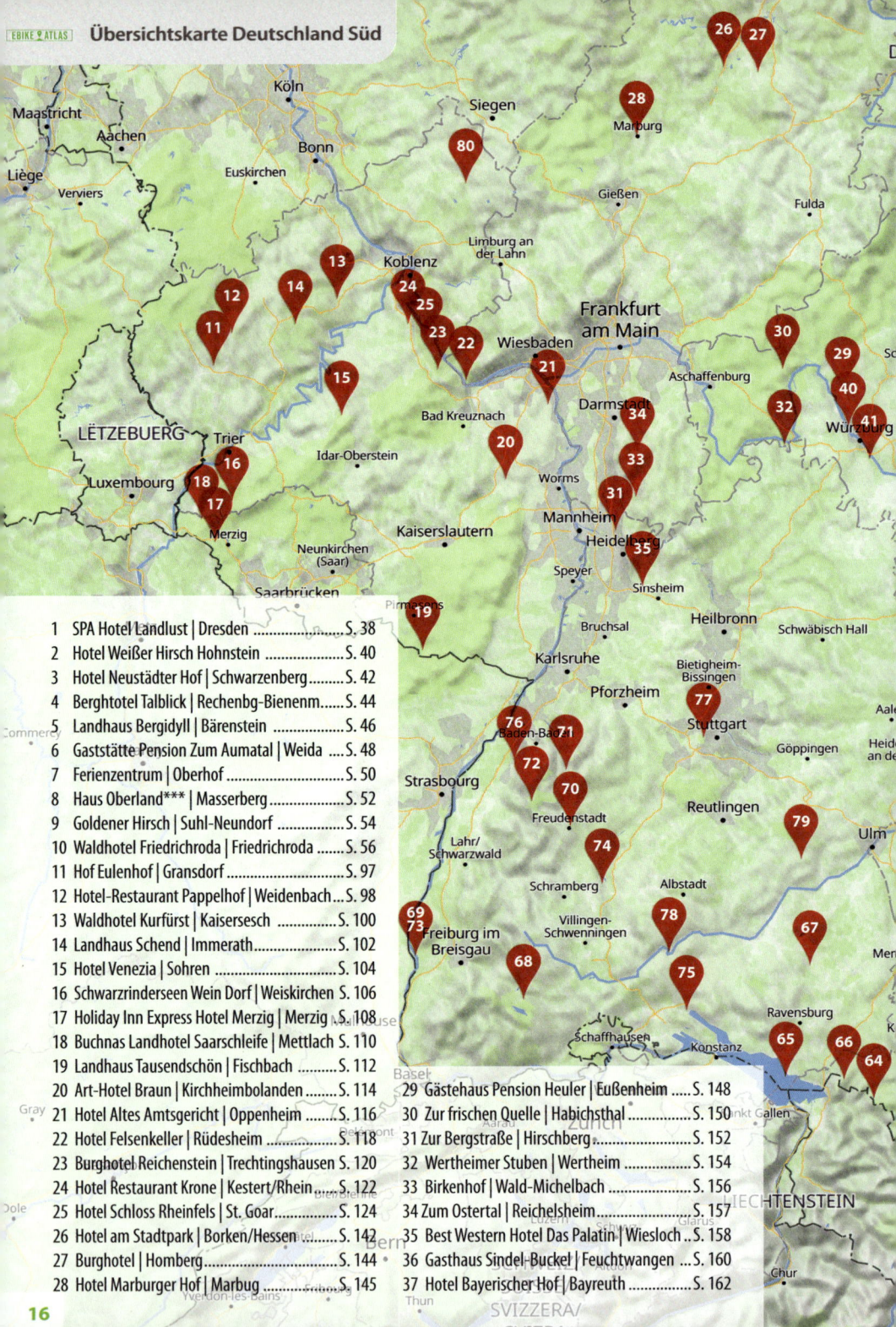

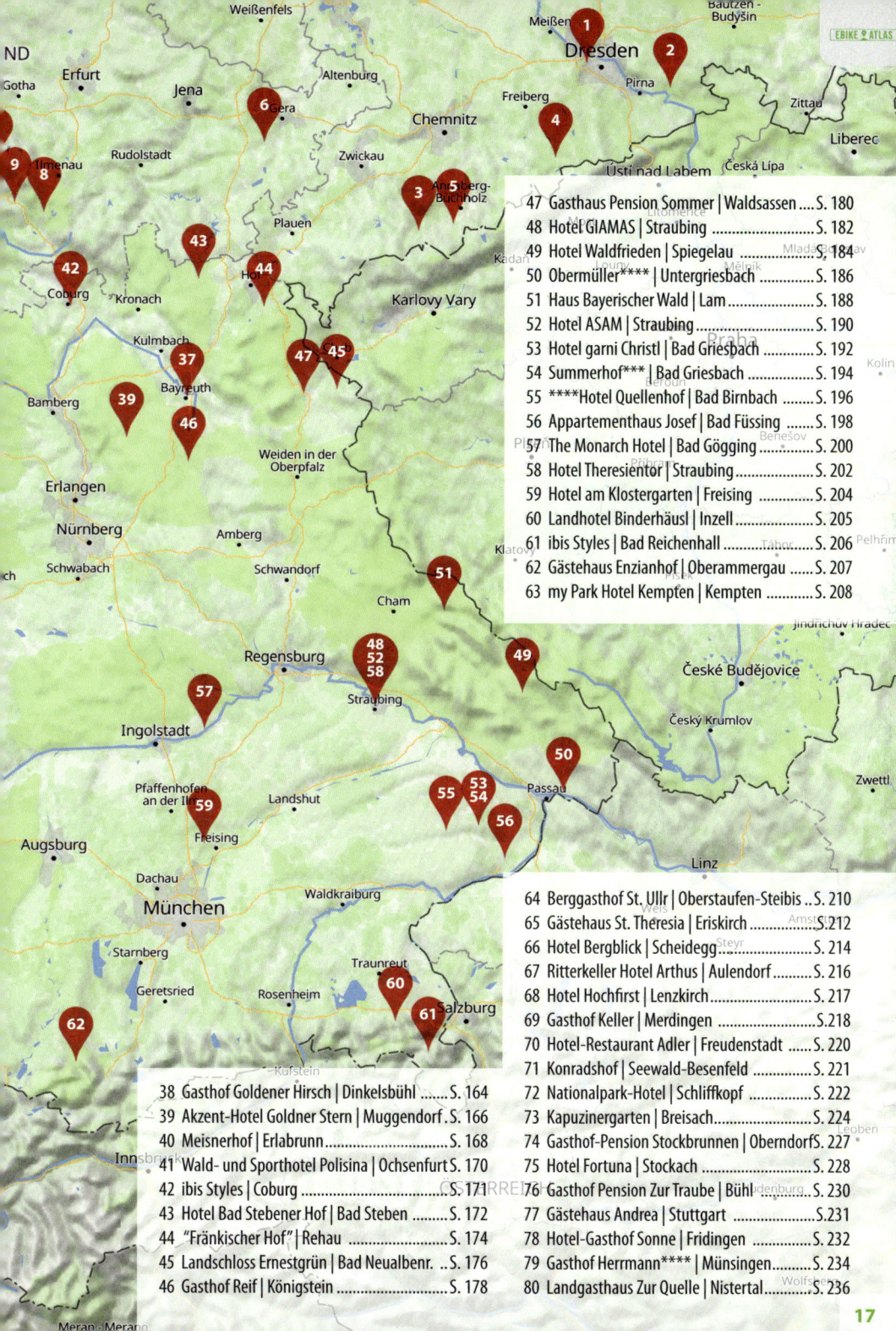

47	Gasthaus Pension Sommer	Waldsassen	S. 180
48	Hotel GIAMAS	Straubing	S. 182
49	Hotel Waldfrieden	Spiegelau	S. 184
50	Obermüller****	Untergriesbach	S. 186
51	Haus Bayerischer Wald	Lam	S. 188
52	Hotel ASAM	Straubing	S. 190
53	Hotel garni Christl	Bad Griesbach	S. 192
54	Summerhof***	Bad Griesbach	S. 194
55	****Hotel Quellenhof	Bad Birnbach	S. 196
56	Appartementhaus Josef	Bad Füssing	S. 198
57	The Monarch Hotel	Bad Gögging	S. 200
58	Hotel Theresientor	Straubing	S. 202
59	Hotel am Klostergarten	Freising	S. 204
60	Landhotel Binderhäusl	Inzell	S. 205
61	ibis Styles	Bad Reichenhall	S. 206
62	Gästehaus Enzianhof	Oberammergau	S. 207
63	my Park Hotel Kempten	Kempten	S. 208
64	Berggasthof St. Ullr	Oberstaufen-Steibis	S. 210
65	Gästehaus St. Theresia	Eriskirch	S. 212
66	Hotel Bergblick	Scheidegg	S. 214
67	Ritterkeller Hotel Arthus	Aulendorf	S. 216
68	Hotel Hochfirst	Lenzkirch	S. 217
69	Gasthof Keller	Merdingen	S. 218
70	Hotel-Restaurant Adler	Freudenstadt	S. 220
71	Konradshof	Seewald-Besenfeld	S. 221
72	Nationalpark-Hotel	Schliffkopf	S. 222
73	Kapuzinergarten	Breisach	S. 224
74	Gasthof-Pension Stockbrunnen	Oberndorf	S. 227
75	Hotel Fortuna	Stockach	S. 228
76	Gasthof Pension Zur Traube	Bühl	S. 230
77	Gästehaus Andrea	Stuttgart	S. 231
78	Hotel-Gasthof Sonne	Fridingen	S. 232
79	Gasthof Herrmann****	Münsingen	S. 234
80	Landgasthaus Zur Quelle	Nistertal	S. 236
38	Gasthof Goldener Hirsch	Dinkelsbühl	S. 164
39	Akzent-Hotel Goldner Stern	Muggendorf	S. 166
40	Meisnerhof	Erlabrunn	S. 168
41	Wald- und Sporthotel Polisina	Ochsenfurt	S. 170
42	ibis Styles	Coburg	S. 171
43	Hotel Bad Stebener Hof	Bad Steben	S. 172
44	"Fränkischer Hof"	Rehau	S. 174
45	Landschloss Ernestgrün	Bad Neualbenr.	S. 176
46	Gasthof Reif	Königstein	S. 178

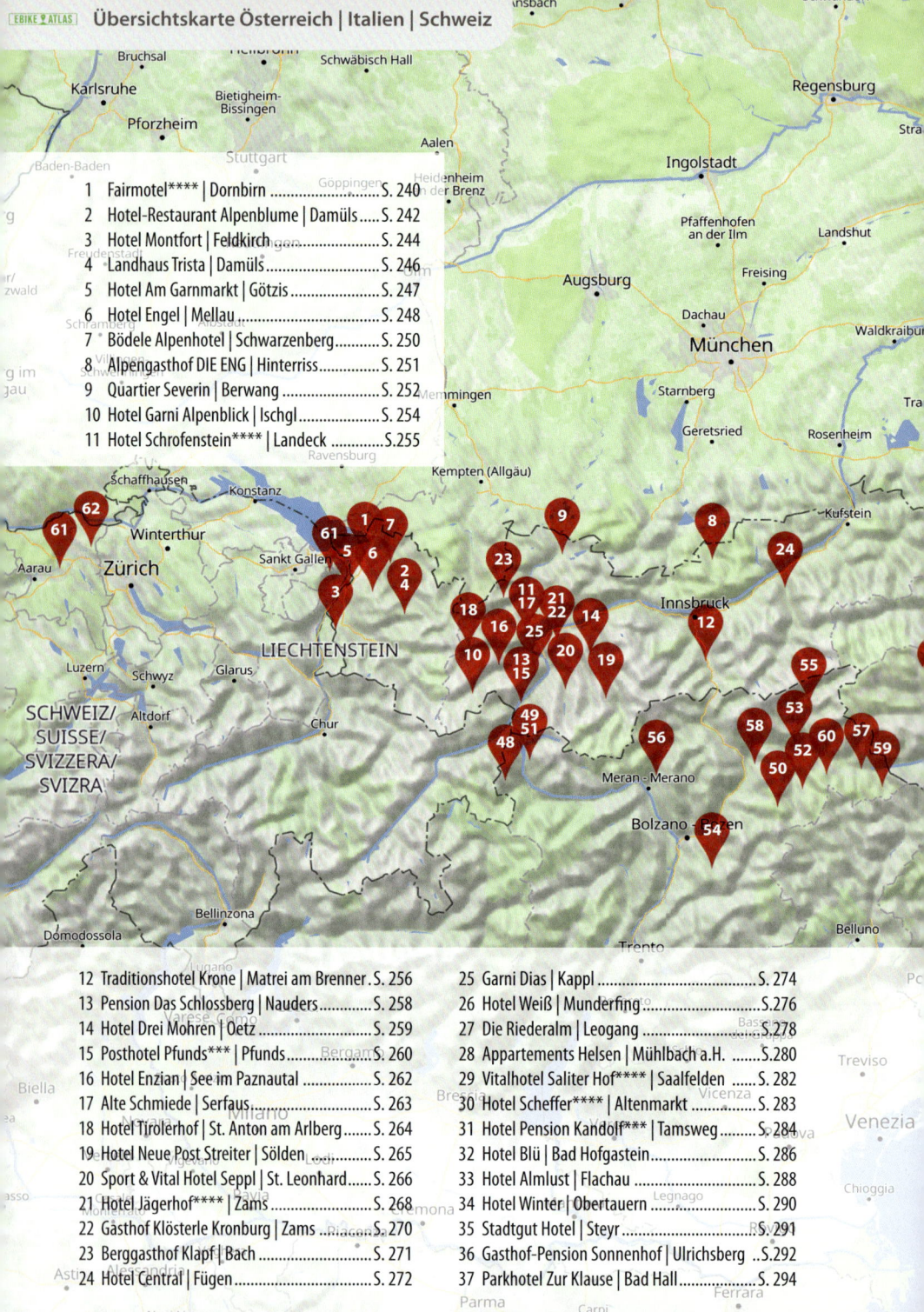

Übersichtskarte Österreich | Italien | Schweiz

1 Fairmotel**** | Dornbirn .... S. 240
2 Hotel-Restaurant Alpenblume | Damüls .... S. 242
3 Hotel Montfort | Feldkirch .... S. 244
4 Landhaus Trista | Damüls .... S. 246
5 Hotel Am Garnmarkt | Götzis .... S. 247
6 Hotel Engel | Mellau .... S. 248
7 Bödele Alpenhotel | Schwarzenberg .... S. 250
8 Alpengasthof DIE ENG | Hinterriss .... S. 251
9 Quartier Severin | Berwang .... S. 252
10 Hotel Garni Alpenblick | Ischgl .... S. 254
11 Hotel Schrofenstein**** | Landeck .... S. 255

12 Traditionshotel Krone | Matrei am Brenner . S. 256
13 Pension Das Schlossberg | Nauders .... S. 258
14 Hotel Drei Mohren | Oetz .... S. 259
15 Posthotel Pfunds*** | Pfunds .... S. 260
16 Hotel Enzian | See im Paznautal .... S. 262
17 Alte Schmiede | Serfaus .... S. 263
18 Hotel Tirolerhof | St. Anton am Arlberg .... S. 264
19 Hotel Neue Post Streiter | Sölden .... S. 265
20 Sport & Vital Hotel Seppl | St. Leonhard ... S. 266
21 Hotel Jägerhof**** | Zams .... S. 268
22 Gasthof Klösterle Kronburg | Zams .... S. 270
23 Berggasthof Klapf | Bach .... S. 271
24 Hotel Central | Fügen .... S. 272
25 Garni Dias | Kappl .... S. 274
26 Hotel Weiß | Munderfing .... S. 276
27 Die Riederalm | Leogang .... S. 278
28 Appartements Helsen | Mühlbach a.H. ..... S. 280
29 Vitalhotel Saliter Hof**** | Saalfelden .... S. 282
30 Hotel Scheffer**** | Altenmarkt .... S. 283
31 Hotel Pension Kandolf*** | Tamsweg ...... S. 284
32 Hotel Blü | Bad Hofgastein .... S. 286
33 Hotel Almlust | Flachau .... S. 288
34 Hotel Winter | Obertauern .... S. 290
35 Stadtgut Hotel | Steyr .... S. 291
36 Gasthof-Pension Sonnenhof | Ulrichsberg . S. 292
37 Parkhotel Zur Klause | Bad Hall .... S. 294

18

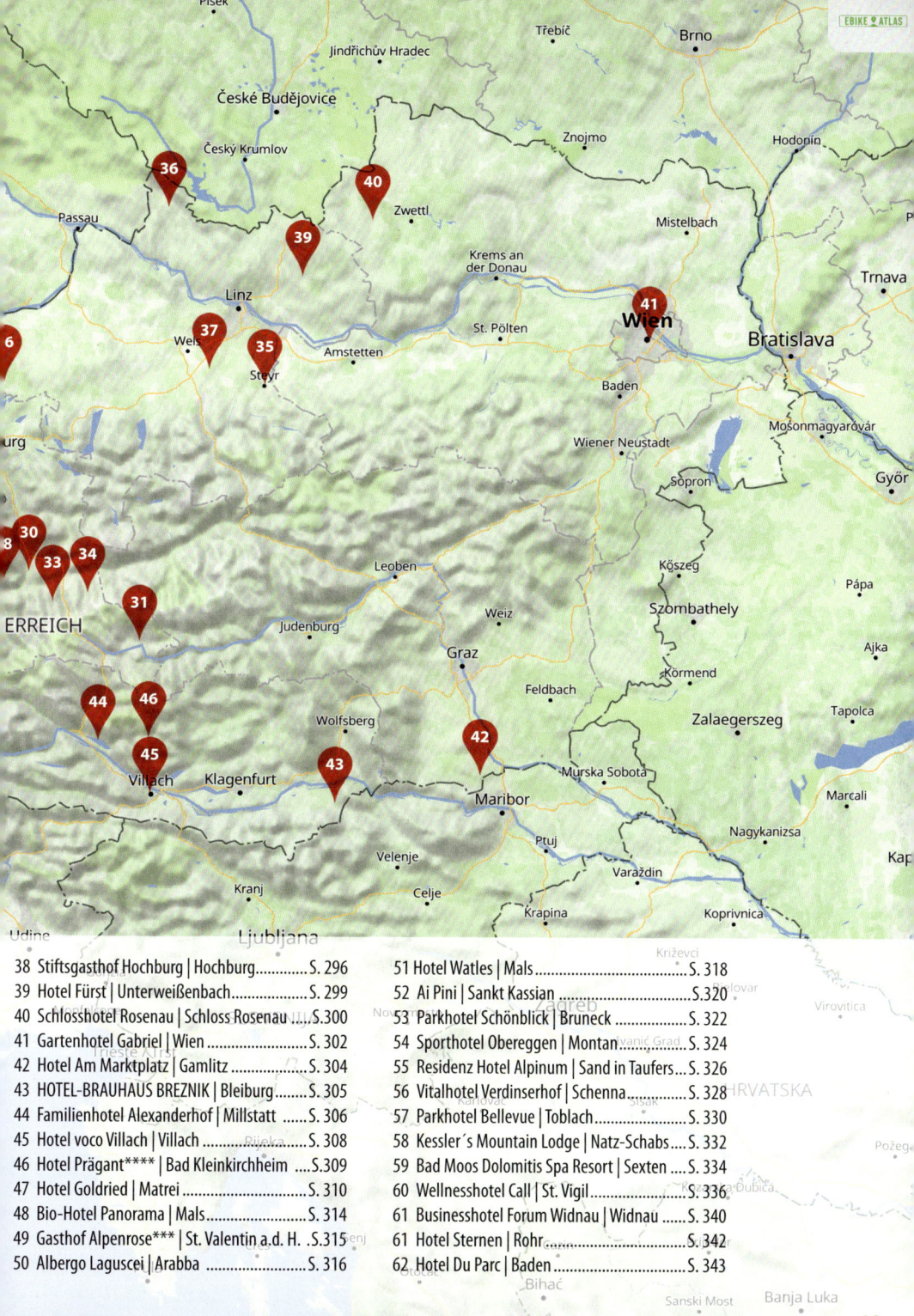

38 Stiftsgasthof Hochburg	Hochburg	S. 296
39 Hotel Fürst	Unterweißenbach	S. 299
40 Schlosshotel Rosenau	Schloss Rosenau	S. 300
41 Gartenhotel Gabriel	Wien	S. 302
42 Hotel Am Marktplatz	Gamlitz	S. 304
43 HOTEL-BRAUHAUS BREZNIK	Bleiburg	S. 305
44 Familienhotel Alexanderhof	Millstatt	S. 306
45 Hotel voco Villach	Villach	S. 308
46 Hotel Prägant****	Bad Kleinkirchheim	S. 309
47 Hotel Goldried	Matrei	S. 310
48 Bio-Hotel Panorama	Mals	S. 314
49 Gasthof Alpenrose***	St. Valentin a.d. H.	S. 315
50 Albergo Laguscei	Arabba	S. 316
51 Hotel Watles	Mals	S. 318
52 Ai Pini	Sankt Kassian	S. 320
53 Parkhotel Schönblick	Bruneck	S. 322
54 Sporthotel Obereggen	Montan	S. 324
55 Residenz Hotel Alpinum	Sand in Taufers	S. 326
56 Vitalhotel Verdinserhof	Schenna	S. 328
57 Parkhotel Bellevue	Toblach	S. 330
58 Kessler´s Mountain Lodge	Natz-Schabs	S. 332
59 Bad Moos Dolomitis Spa Resort	Sexten	S. 334
60 Wellnesshotel Call	St. Vigil	S. 336
61 Businesshotel Forum Widnau	Widnau	S. 340
61 Hotel Sternen	Rohr	S. 342
62 Hotel Du Parc	Baden	S. 343

Mecklenburg-Vorpommern
Gasthaus zum Rethberg Lübstorf

Wir bieten Einzelreisenden oder Gruppen verschiedenste Möglichkeiten der Freizeitgestaltung an. Für unsere E-Bike Fahrer haben wir schöne Touren durch Nordwestmecklenburg erkundet. Am Abend nach der Tour können Sie die Sauna besuchen oder sich mal richtig durchmassieren lassen. Danach treffen Sie sich in der Gaststätte und werden verwöhnt von köstlichen Speisen, hergestellt aus einheimischen Produkten.

Feldweg 1 • 19069 Lübstorf
Telefon 03867 / 61110 • Mobil 0172 / 3947852
E-Mail: gzrethberg@t-online.de
www.rethberg.m-vp.de

Besuch in Neukloster

74 km | 410 hm | hP 70 m

Tour ID: 4209

INFO: Grundkondition erforderlich
HIGHLIGHTS: Klosterkirche Neukloster, am Schweriner See entlang

Wismar und Grevesmühlen

81 km | 410 hm | hP 80 m

INFO: Grundkondition erforderlich
HIGHLIGHTS: Wismar Alter Hafen, Grevesmühleb

Rund um den Schweriner See

60 km | 280 hm | hP 80 m

INFO: Grundkondition erforderlich
HIGHLIGHTS: Schweriner See, Freilichtmuseum Mueß

Mecklenburg-Vorpommern
Hotel Staphel Sassnitz

Herzlich willkommen! Am Südrand des kleinen Wostevitzer Sees laden wir Sie zu erholsamen Urlaubstagen ein. Zwischen Küste und Wald verbringen Sie bei uns, fernab von Stress und Hektik, Ihre schönsten Tage im Jahr und genießen dabei die Ruhe und Idylle, die unser Hotel Staphel umgeben. Die idealen Voraussetzungen für Ihren Urlaub mit dem E-Bike.

Neu Mukran 15 • 18546 Sassnitz
Telefon +49 38392 / 66380
info@hotel-staphel.de
www.hotel-staphel.de

Rügen Süd

85 km | 530 hm | hP 70 m

Tour ID: 905

INFO: Mittelschwere E-Bike-Tour.
HIGHLIGHTS: Schmachter See

Rügen Nord

99 km | 420 hm | hP 90 m

INFO: Schwere E-Bike-Tour
HIGHLIGHTS: Kap Arkona, Kreidefelsen

Tour ID: 904

Besuch in Stralsund

87 km | 470 hm | hP 70 m

INFO: Mittelschwere E-Bike-Tour.
Gute Grundkondition erforderlich.
HIGHLIGHTS: Bergen auf Rügen

Tour ID: 903

Brandenburg
Kummerower Hof Neuzelle

Wir heißen Sie herzlich willkommen. Am Kummerower Hof stehen sechs Blockhütten als Unterkunft zur Verfügung. Die Blockhütten verfügen über bis zu vier Schlafplätze, Bad mit Dusche, Fernsehen, Telefon und Minibar. Um Ihren Aufenthalt so angenehm wie möglich zu gestalten, können Sie gern unsere Sauna- und Ruhebereich (sowie in Zukunft unser Bierbad) nutzen. Gerne geben wir Ihnen Touren- und Ausflugstipps für unsere Region mit einem super ausgebauten Radwegenetz.

Kummroer Straße 41 • 15898 Neuzelle
Telefon +49 341 3939 5110
info@kummerower-hof.de
www.kummerower-hof.de

Großer Treppelsee

50 km | 370 hm | hP 160 m

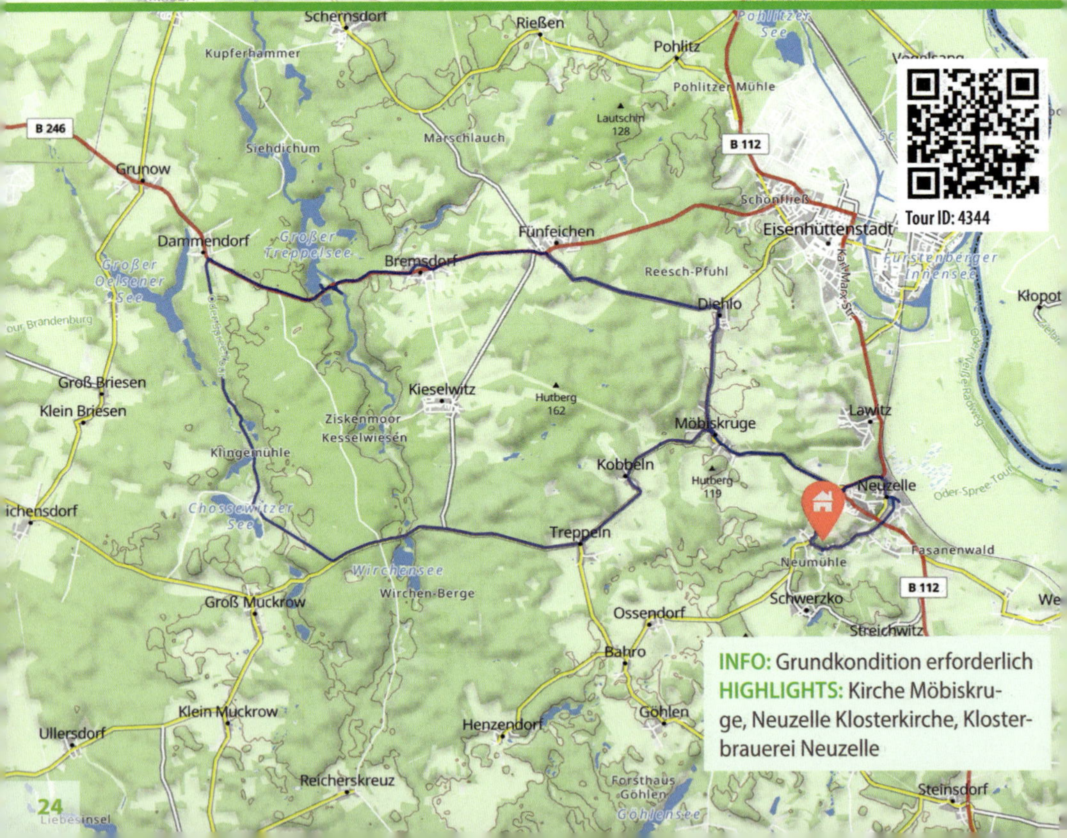

Tour ID: 4344

INFO: Grundkondition erforderlich
HIGHLIGHTS: Kirche Möbiskruge, Neuzelle Klosterkirche, Klosterbrauerei Neuzelle

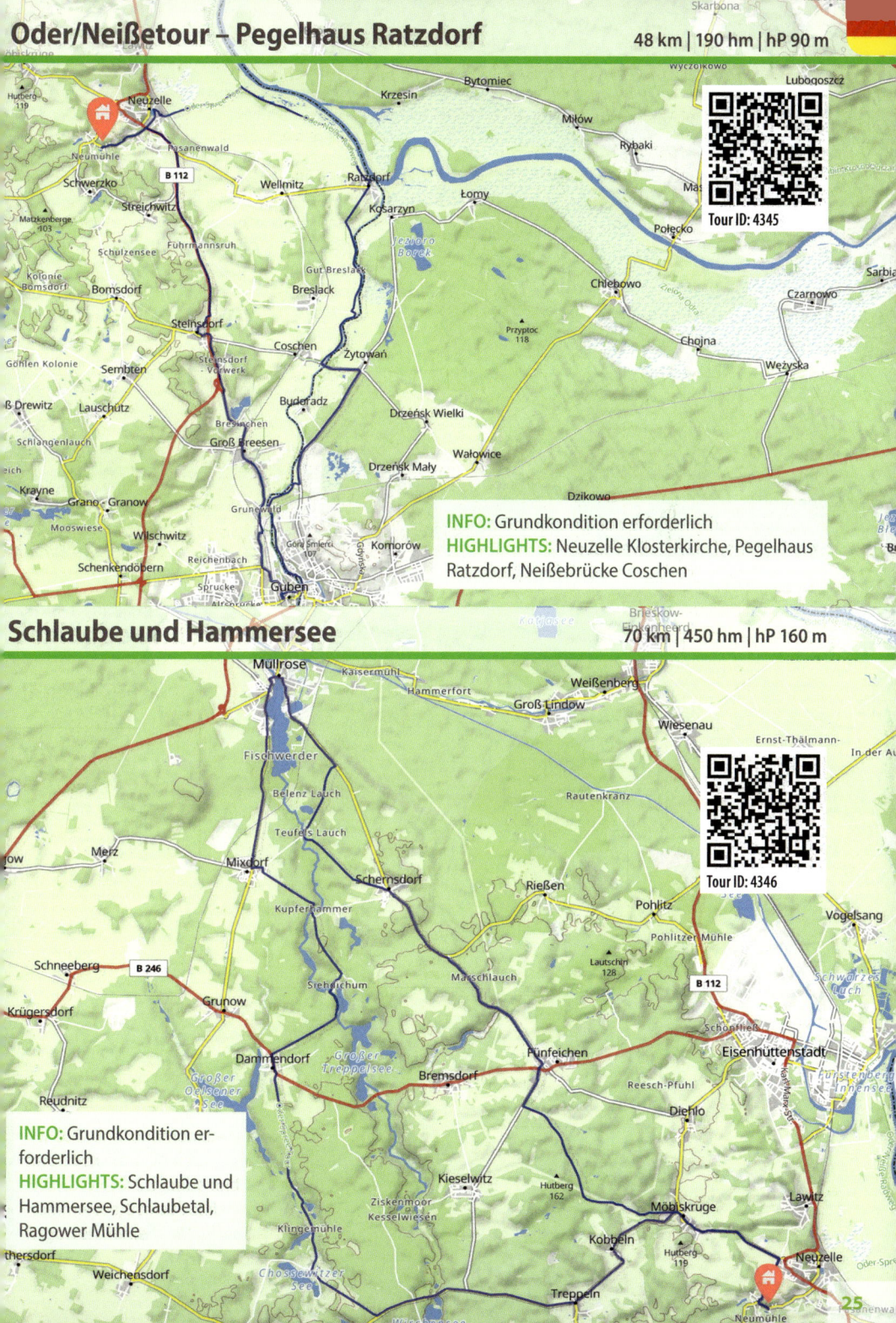

Brandenburg
Waldsee Hotel am Wirchensee Neuzelle

Kommen Sie an und fühlen Sie sich wie zu Hause. Genießen Sie den Freiraum, den Ihnen jedes unserer Zimmer bietet, aber auch die Geborgenheit und die Gemütlichkeit. Das Schlaubetal selbst bietet selbst 151 km ausgeschildertes, überregionales Radwegenetz. Direkt am Hotel führen folgende Radwege, Mönchstour, ca 105 km, Oder-Spree-Tour, ca 250 km, Oder-Schlaube-Radweg, 46 km, Schlaubetour, Kaiserliche Mühlentour.

Am Wirchensee 1 • 15898 Neuzelle / OT Treppeln
Telefon +49 33673 660
info@hotel-wirchensee.de
www.hotel-wirchensee.de

Großer Müllroser See

56 km | 290 hm | hP 140 m

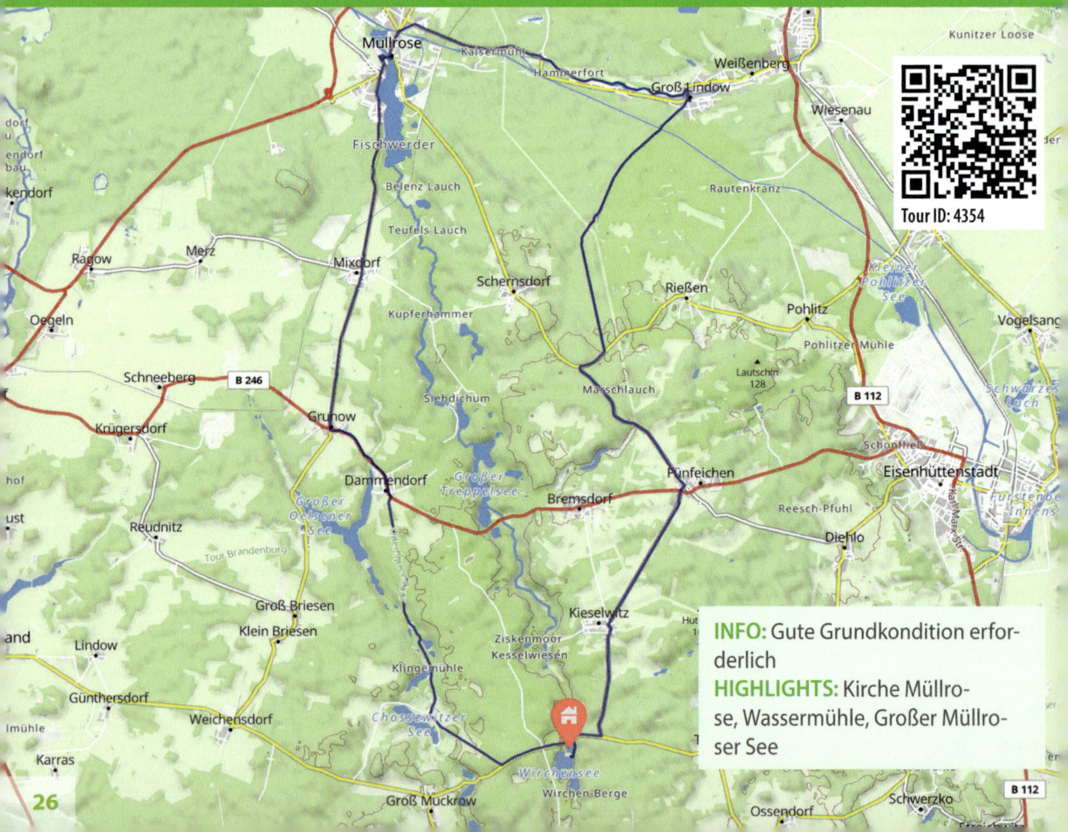

Tour ID: 4354

INFO: Gute Grundkondition erforderlich
HIGHLIGHTS: Kirche Müllrose, Wassermühle, Großer Müllroser See

Tour an der Grenze entlang

85 km | 340 hm | hP 130 m

Tour ID: 4355

INFO: Sehr gute Kondition erforderlich
HIGHLIGHTS: Reicherskreuzer Heide, Pegelhaus Ratzdorf, Klosteranlage Neuzelle

Oder/Neißetour

67 km | 270 hm | hP 130 m

Tour ID: 4356

INFO: Gute Grundkondition erforderlich
HIGHLIGHTS: Neuzelle Klosterkirche, Klostergarten Neuzelle,

Brandenburg

Hotel Haus Belger Schönefeld

Wir begrüßen Sie im Hotel Haus Belger in Schönefeld-Großziethen und laden Sie ein, uns kennenzulernen. Natürlichkeit, gleichbleibend hohe Qualität und familiäre Gastlichkeit bilden das Fundament unseres Unternehmens. Wir bieten Ihnen gutbürgerliche deutsche Küche mit modernen Anlehnungen. Alle Speisen sind hausgemacht und werden frisch für Sie zubereitet.

Karl-Marx-Str. 122 • 12529 Schönefeld
Telefon +49 (0) 3379 – 44220
info@haus-belger.de
www.hotel-haus-belger.de

Berliner Tor – Notte-Kanal

83 km | 260 hm | hP 69 m

Tour ID: 878

INFO: Mittelschwere Tour. Gute Grundkondition erforderlich.
HIGHLIGHTS: Pulverturm und Berliner Tor, Schloss Königs Wusterhausen

Harz/Eichsfeld/Kyffhäuser

Hotel Der Kronzprinz Duderstadt

DER KRONPRINZ ist das entspannte Dorfhotel in der Mitte Deutschlands, das durch seine Lage im Eichsfeld ein beliebtes Ziel für Motorradfahrer ist. Der Kreis um Duderstadt zählt zu den schönsten Motorradgebieten Deutschlands. Wenig befahrene Landstraßen, kleine Ortschaften, Sehenswürdigkeiten und tolle Ausblicke. Nach einem ereignisreichen Tag kann man ein stärkendes Abendessen im Gasthaus genießen. Für die Pause zwischendurch bietet sich die hauseigene, neue Kegelbahn oder eine Entspannung im Wellnessbereich mit Anwendungen an.

Fuhrbacher Straße 31-33 • 37115 Duderstadt OT Fuhrbach
Telefon +49 5527 9100
info@der-kronprinz.de
https://www.der-kronprinz.de

Bärenpark Worbis – Grenzlandmuseum Teistungen   54 km | 550 hm | hP 450 m

Tour ID: 4327

INFO: Sehr gute Kondition erforderlich
HIGHLIGHTS: Alternativer Bärenpark Worbis, Bahntrassenweg Ferna-Winzigerode

Harz
Landhaus „Zu den Rothen Forellen" Ilsenburg

Wir haben für Sie die passende Radtour vorbereitet: Unsere Routenempfehlungen für Ihren Ausflug erhalten Sie mit unseren beliebten fahrRADies-Karten, die Ihre nützlichen Wegbegleiter auf Ihrer Ausflugsstrecke sind. Erradeln Sie historische Sehenswürdigkeiten entlang der Straße der Romanik oder nehmen Sie lieber eine Herausforderung in den Bergen an? Unsere Tourenvorschläge für Sie sind ähnlich der Skipistengrade farblich gekennzeichnet.

Marktplatz 2 • 38871 Ilsenburg
Telefon +49 (0) 39452 / 9393
info@rotheforelle.de
www.rotheforelle.de

Um die Rappbodetalsperre
68 km | 1100 hm | hP 661 m

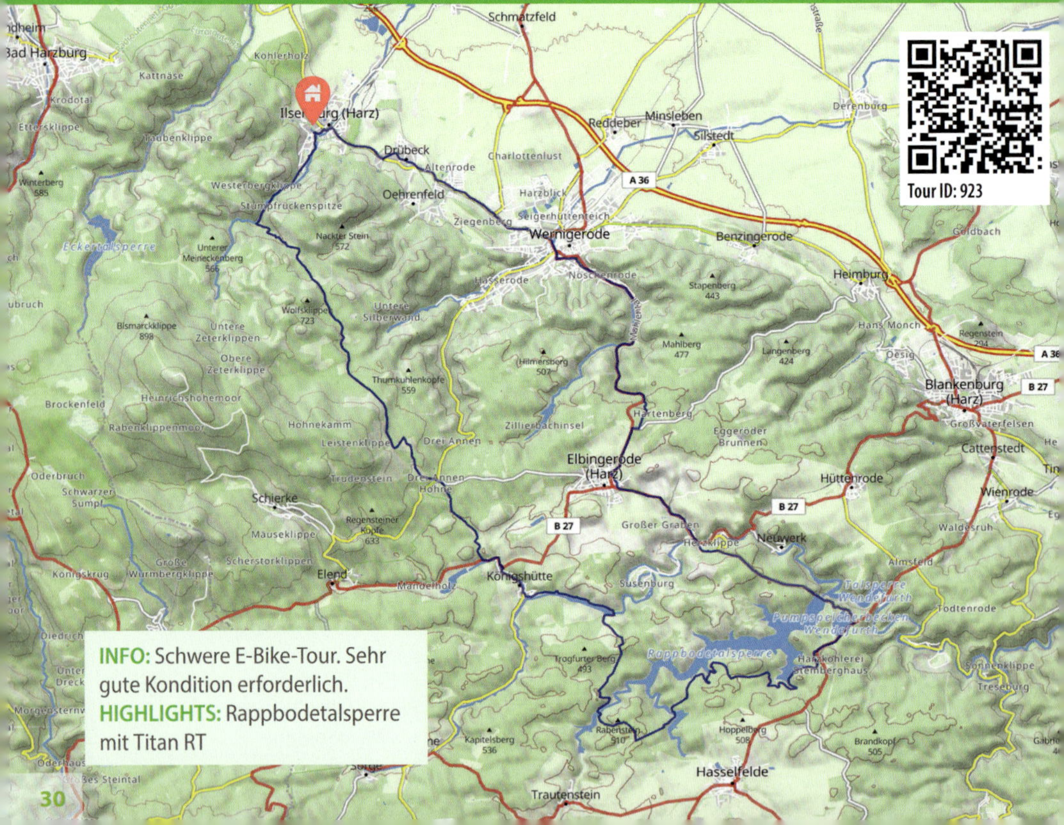

Tour ID: 923

INFO: Schwere E-Bike-Tour. Sehr gute Kondition erforderlich.
HIGHLIGHTS: Rappbodetalsperre mit Titan RT

Besuch am Salzgittersee

111 km | 590 hm | hP 268 m

INFO: Schwere E-Bike-Tour. Sehr gute Kondition erforderlich.
HIGHLIGHTS: Salzgittersee, Innenstadt Osterwieck

Tour ID: 924

Wernigerode und Elbingerode

39 km | 620 hm | hP 549 m

INFO: Mittelschwere E-Bike-Tour. Gute Grundkondition erforderlich.
HIGHLIGHTS: Schloss Wernigerode, Kirche St. Jakobi Elbingerode, Zillierbachtalsperre

Tour ID: 925

Harz

Rosen-Hotel Sangerhausen

Wir freuen uns, Sie in unserem Haus in der Berg- und Rosenstadt Sangerhausen begrüßen zu dürfen. Das familiengeführte Hotel ist der perfekte Anlaufpunkt für Ausflügler. Der Biergarten lädt in der warmen Jahreszeit zur gemütlichen Runde im Grünen ein. „Alles unter einem Dach. Wohlfühlen, genießen und entspannen!"

Juri-Gagarin-Straße 30 • 06526 Sangerhausen
Telefon +49 3464 54 46 44
info@rosenhotel.net
www.rosenhotel.net

Europa-Rosarium Runde von Sangerhausen   46 km | 610 hm | hP 420 m

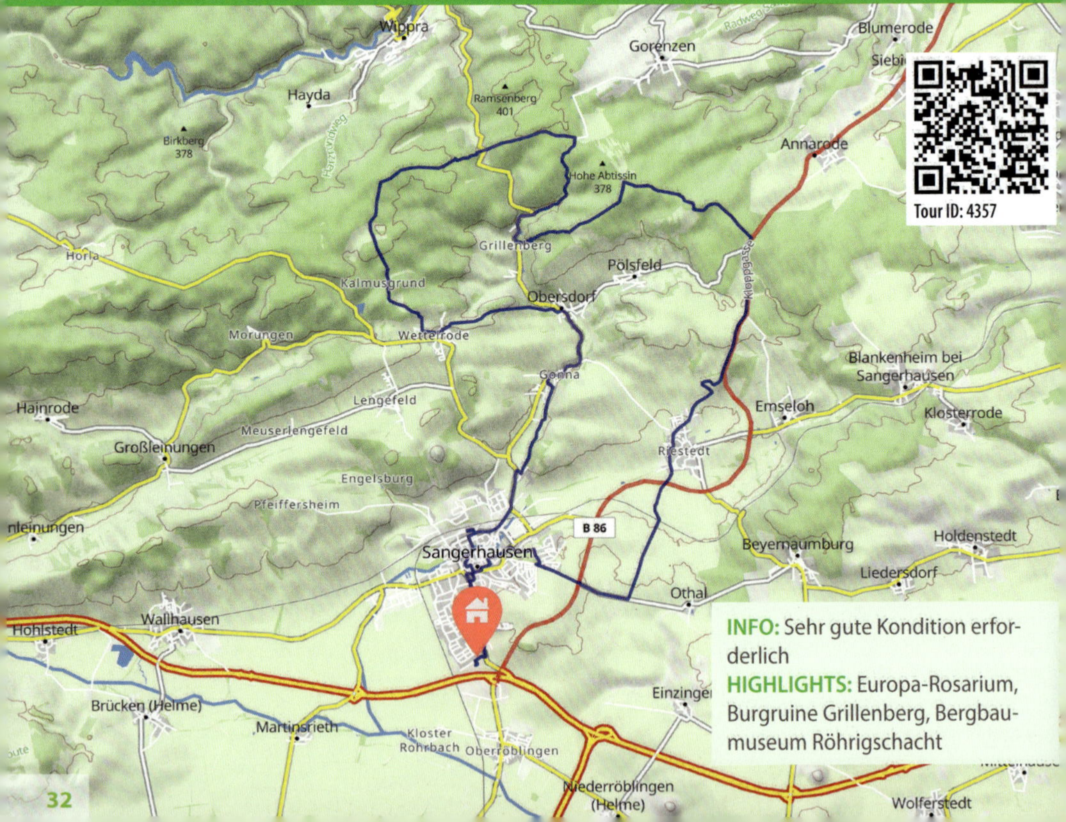

Tour ID: 4357

INFO: Sehr gute Kondition erforderlich

HIGHLIGHTS: Europa-Rosarium, Burgruine Grillenberg, Bergbaumuseum Röhrigschacht

Talsperre Kelbra

67 km | 280 hm | hP 240 m

Tour ID: 4358

INFO: Gute Grundkondition erforderlich
HIGHLIGHTS: Kyffhäuser-Denkmal, Talsperre Kelbra, Taternlinde an der Solquelle bei Auleben

Kyffhäuser-Denkmal

56 km | 220 hm | hP 435 m

Tour ID: 4359

INFO: Gute Grundkondition erforderlich
HIGHLIGHTS: Kyffhäuser-Denkmal, Schloss Wallhausen, Denkmal in Wallhausen „König Heinrich - Königin Mathilde -Kaiser Otto I."

Und was machst Du gerne im Urlaub?

Wandern

Motorrad fahren

Reiten

eBike fahren

Kanu fahren

MTB fahren

Finde Dein Hotel für alle Deine Lieblingsaktivitäten

FreizeitHotels.info

Sachsen / Sachsen-Anhalt

Luther-Hotel Wittenberg Wittenberg

Inmitten der Altstadt Wittenbergs empfängt Sie das Luther-Hotel mit liebevoll eingerichteten Gäste-Zimmern, einer Sauna mit Blick über die Lutherstadt, zwei Restaurants mit regionale und saisonale Gerichten. Kurvenreiche Wege verlocken zu ausgedehnten E-Bike-Touren durch die Dübener Heide. Wir geben Ihnen ein Zuhause auf Reisen!

Neustraße 7-10 • 06886 Lutherstadt Wittenberg
Telefon +49 3491 4580
info@luther-hotel-wittenberg.de
www.luther-hotel-wittenberg.de

21138

Besuch auf Burg Eisenhardt

80 km | 500 hm | hP 180 m

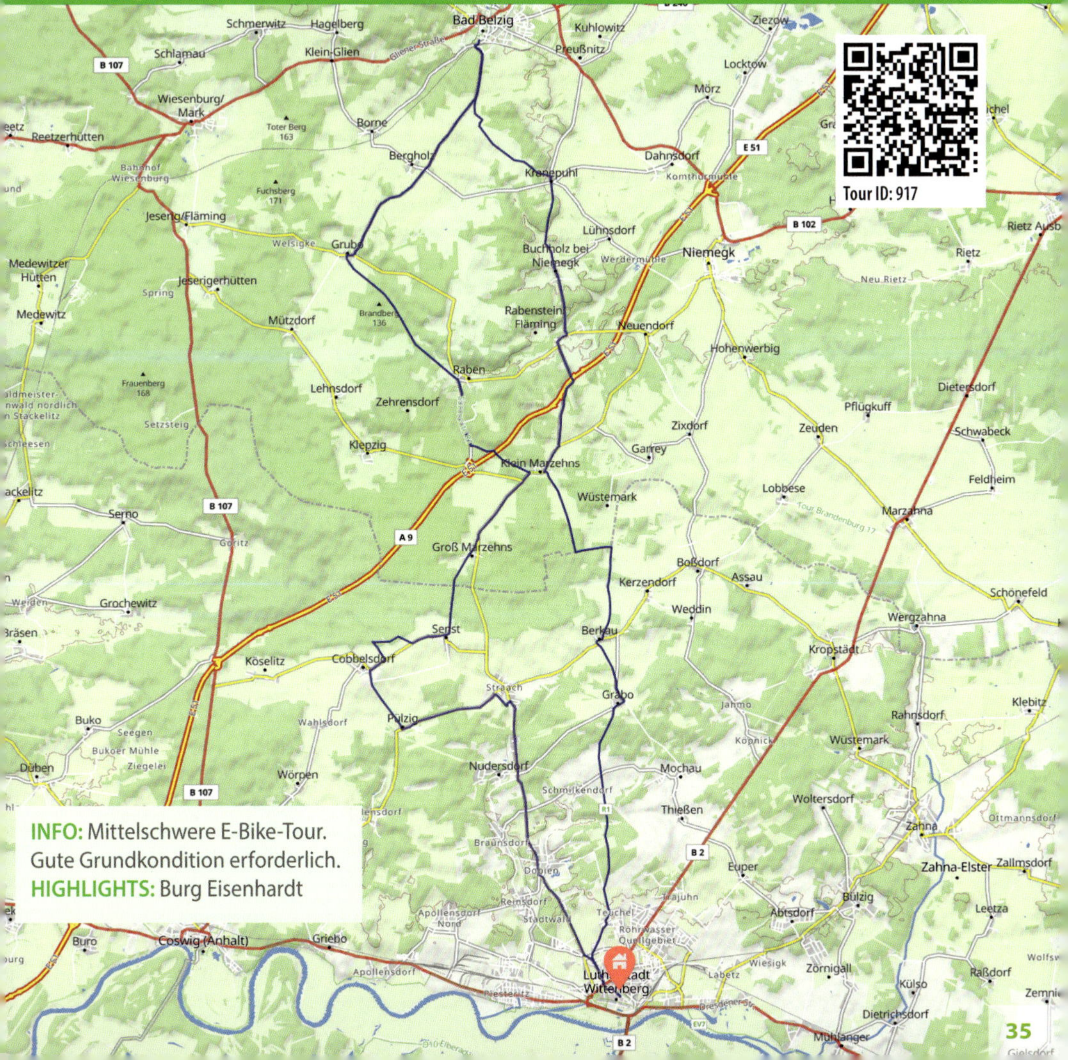

Tour ID: 917

INFO: Mittelschwere E-Bike-Tour. Gute Grundkondition erforderlich.
HIGHLIGHTS: Burg Eisenhardt

35

Lausitz

Campingplatz Reck Malschwitz

Sie lieben das Campen und suchen nach einem geeigneten Campingplatz für Ihren Urlaub oder ein gemütliches langes Wochenende? Sie wollen Ihre Ferien in dem UNESCO-Biosphärenreservat verbringen?
Naturliebhaber finden hier einem idealen Ausgangspunkt für ausgedehnte Radtouren im UNESCO-Biosphärenreservat.

Warthaer Dorfstr. 05 • 02694 Malschwitz / OT Wartha
Telefon +49 (0) 35932 / 30674
info@campingplatz-reck.de
www.campingplatz-reck.de

Rund um Bautzen

71 km | 520 hm | hP 349 m

Tour ID: 887

INFO: Mittelschwere E-Bike-Tour. Gute Grundkondition erforderlich.
HIGHLIGHTS: Millenium-Denkmal

Besuch in Görlitz

79 km | 580 hm | hP 313 m

INFO: Mittelschwere E-Bike-Tour. Gute Grundkondition erforderlich.
HIGHLIGHTS: Monumentberg (Aussichtsturm), Schloss Krobnitz

Tour ID: 886

Seenrunde

89 km | 310 hm | hP 156 m

Tour ID: 885

INFO: Mittelschwere Rennrad-Tour. Gute Grundkondition erforderlich.
HIGHLIGHTS: Bärwalder See, Bernsteinsee

Sachsen
SPA Hotel Landlust Dresden Dresden

Das SPA-Hotel Landlust erwartet Sie mit ganz besonderen individuellen Zimmern/Apartments und Ferienwohnungen in mehreren teils denkmalsgeschützter Gebäude im historischen Dorfkern von Niedergorbitz. Zudem bieten wir Ihnen auf unserem Naturgrundstück mit Schwimmteich viel Ruhe und Entspannung. In der Gastwirtschaft Hexenhaus oder im Gasthof Herrenhaus verwöhnen wir Sie mit sächsischer Küche. Sie sind herzlich willkommen!
Kesselsdorfer Strasse 153 • 01169 Dresden
Telefon +49351-414190
info@landlust-dresden.de
www.landlust-dresden.de

An der Elbe bis nach Wehlen
75 km | 280 hm | hP 188 m

Tour ID: 854

INFO: Leichte Radtour
HIGHLIGHTS: Bunter Wasserturm, Blick auf die Altstadt von Dresden, Marienbrücke

Sashsen / Sachsen-Anhalt

Hotel Weißer Hirsch Hohnstein

Familiäres Ferien- & Radhotel im grünen Herzen des Nationalpark Sächsische Schweiz, direkt am historischen Marktplatz der Burg- & Puppenstadt Hohnstein. Unser familiär geführtes Privathotel hat ruhige Komfortzimmer mit WLAN, SkyTV, MiniBar in allen Preiskategorien, schöne Familien-, Mehrbettzimmer auch für Biker, Wandergruppen & Kletterer, Appartements und ein wechselndes Frühstücksbuffet je nach Bedarf.

Obere Straße 1 • 01848 Hohnstein
Telefon +49 35975 / 8630
info@mb-hotel.de
www.mb-hotel.de

Entlang der Elbe

67 km | 920 hm | hP 334 m

Tour ID: 836

INFO: Gute Kondition erforderlich. Fährfahrten der Elbe vorhanden
HIGHLIGHTS: Festung Königstein, Grenzpfosten zur tschechischen Grenze

Nationalpark Sächsische Schweiz

80 km | 1090 hm | hP 414 m

Tour ID: 837

INFO: gute Kondition erforderlich
HIGHLIGHTS: Lichtenhainer Wasserfall, Schloss Hohnstein, Saurierpark Sebnitz

Schlössertour

73 km | 1200 hm | hP 392 m

Tour ID: 838

INFO: Gute Kondition erforderlich
HIGHLIGHTS: Schloss Königstein, Schloss Lohmen, Schloss Rottwerndorf

Erzgebirge
Hotel Neustädter Hof Schwarzenberg

Im malerischen und immergrünen Erzgebirge, direkt am Flüsschen Schwarzwasser gelegen, liegt das idyllische Städtchen Schwarzenberg, die Perle des Erzgebirges. Dort nennt das 4 **** – Hotel „Neustädter Hof" sein zu Hause. Genießen Sie am Tor zum Fichtelberg und unweit der Grenze zu Tschechien wunderschöne Landschaften, kulturelle Attraktionen, vielfältige Freizeitmöglichkeiten und lassen Sie einfach mal die Seele baumeln.

Grünhainer Str. 24 • 08340 Schwarzenberg
Telefon: +49 3774 1250
info@neustaedterhof.de
www.neustaedterhof.de

Muldebahnradweg – Blick auf die Staumauer Eibenstock
50 km | 860 hm | hP 680 m

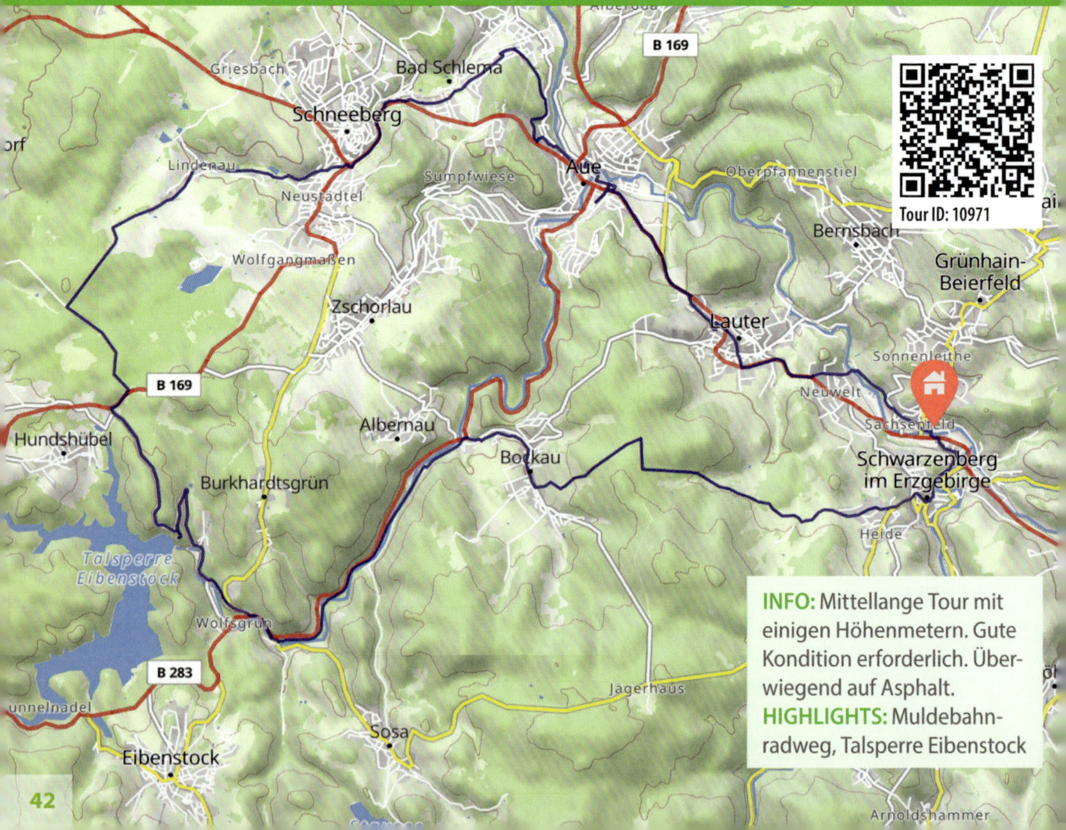

Tour ID: 10971

INFO: Mittellange Tour mit einigen Höhenmetern. Gute Kondition erforderlich. Überwiegend auf Asphalt.
HIGHLIGHTS: Muldebahnradweg, Talsperre Eibenstock

Hammerbrücke – Wasserfall Blauenthal

55 km | 790 hm | hP 830 m

Tour ID: 10972

INFO: Mittellange Tour mit einigen Höhenmetern. Grundkondition erforderlich. Überwiegend auf Asphalt.
HIGHLIGHTS: Hammerbrücke, Muldebahnradweg, Wasserfall Blauenthal, Schloss und Kirche Schwarzenberg

Auersberg – Talsperre Sosa

52 km | 1020 hm | hP 1010 m

Tour ID: 10973

INFO: Mittellange Tour mit einigen Höhenmetern. Gute Kondition erforderlich. Überwiegend auf Asphalt.
HIGHLIGHTS: Auersberg, Talsperre Sosa,

Erzgebirge
Berghotel Talblick Rechenberg-Bienenmühle

Herzlich willkommen am Kamm des Erzgebirges auf 770m üNN. Bei frischer Bergluft, weitem Blick ins Tal und mit herzlicher Gastlichkeit begrüßen wir Sie. Hier können Sie in fantastisch ursprünglicher Natur wandern, mit dem Zweirad die Gegend erkunden oder einfach nur entspannen. Im Winter lockt Holzhau als beliebter Wintersportort. Dort gibt es mit der BLOCKLINE eine brandneue, eindrucksvolle Strecke voller Naturerlebnisse. Auf insgesamt 140 Kilometern und etwa 2500 Höhenmetern erwartet Biker das große Gefühl unendlicher Freiheit und Sehnsucht.

Alte Strasse 144 • 09623 Rechenberg-Bienenmühle
Telefon +49 37327/ 838290
berghotel@talblick.de
www.talblick.de

Talsperrentour 71 km | 1170 hm | hP 767 m

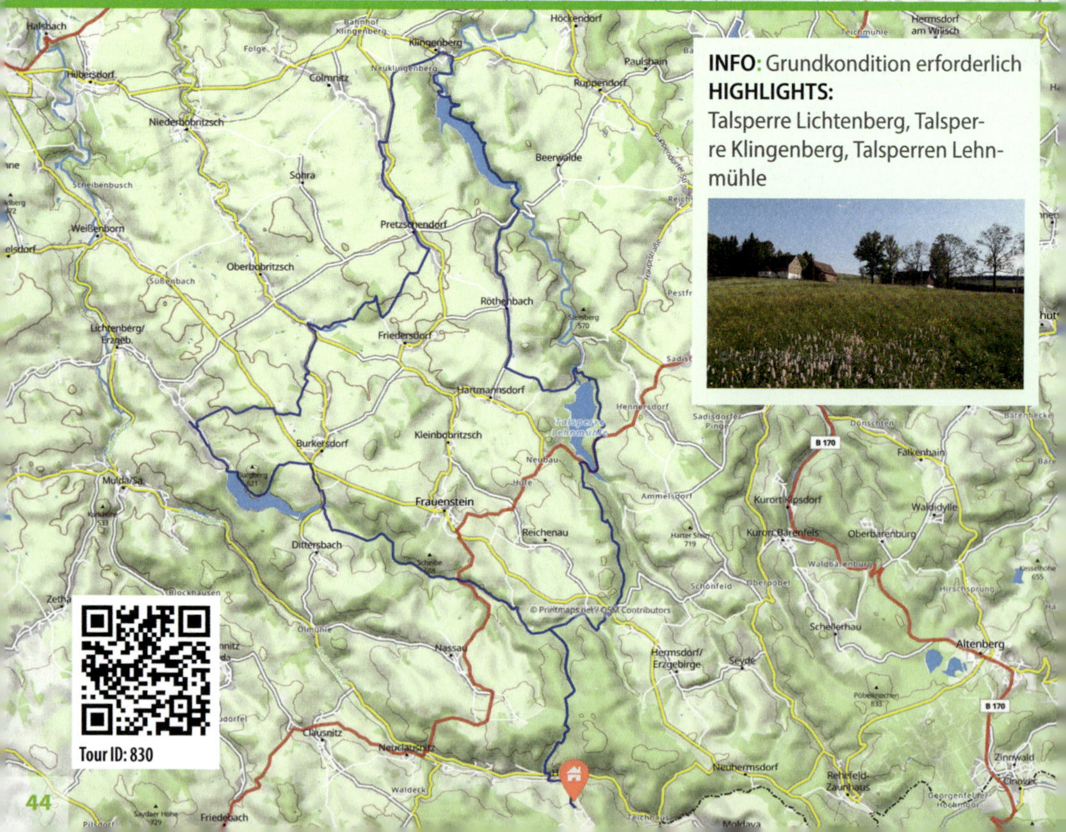

INFO: Grundkondition erforderlich
HIGHLIGHTS:
Talsperre Lichtenberg, Talsperre Klingenberg, Talsperren Lehnmühle

Tour ID: 830

Frauenstein und Altenberg

60 km | 1320 hm | hP 805 m

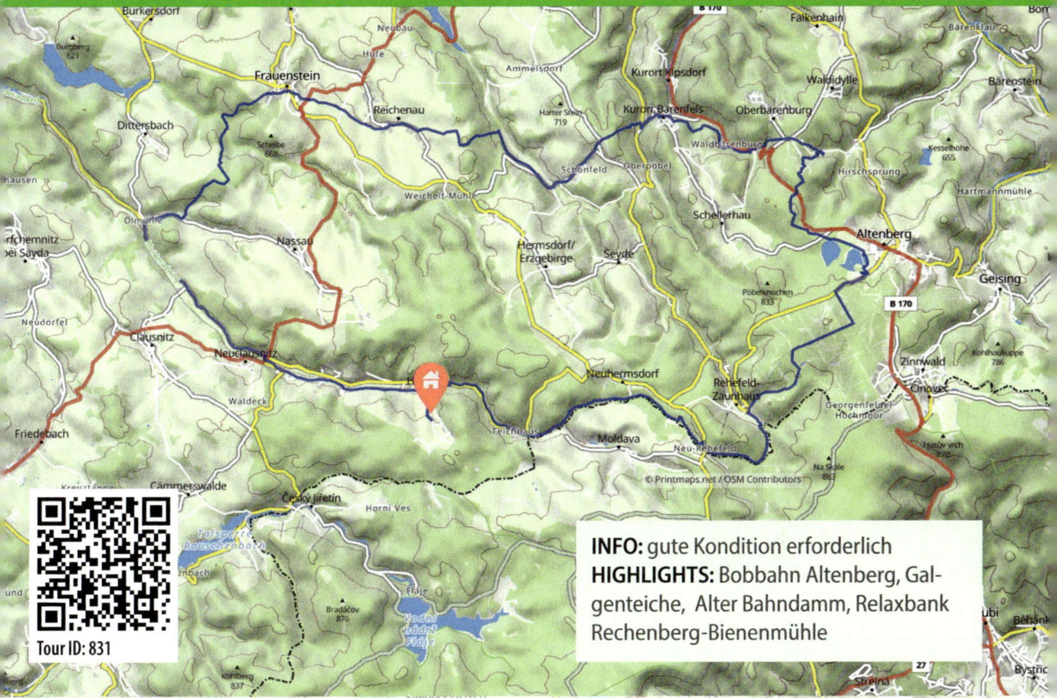

Tour ID: 831

INFO: gute Kondition erforderlich
HIGHLIGHTS: Bobbahn Altenberg, Galgenteiche, Alter Bahndamm, Relaxbank Rechenberg-Bienenmühle

Besuch in Tschechien

68 km | 1120 hm | hP 860 m

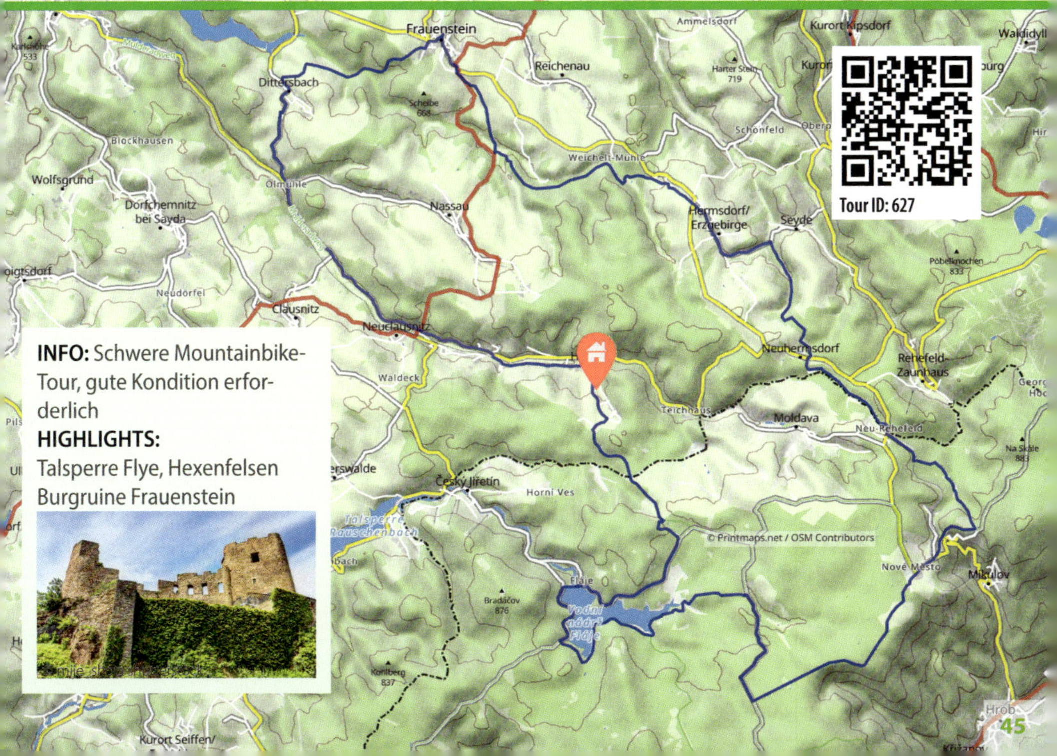

Tour ID: 627

INFO: Schwere Mountainbike-Tour, gute Kondition erforderlich
HIGHLIGHTS:
Talsperre Flye, Hexenfelsen Burgruine Frauenstein

Erzgebirge
Landhaus Bergidyll Bärenstein

Landhaus im Hotel-Charakter, alle Zimmer und Appartements eingerichtet mit Dusche/WC und TV. Das Bikereldorado Erzgebirge garantiert durch kurvenreiche Straßen die Abwechslung von Berg und Tal, kombiniert mit Stätten der Geschichte des sächsischen Motorradbaus. Bei uns findet ihr die schönsten Strecken vor der Haustür. Wir heißen euch herzlich willkommen im Bergidyll!

Niederschlag 20 • 09471 Bärenstein
Telefon +49 37347 / 1327
info@landhaus-bergidyll.de
www.landhaus-bergidyll.de

Rund um Annaberg-Buchholz
70 km | 1250 hm | hP 820 m

Tour ID: 852

INFO: Grundkondition erforderlich
HIGHLIGHTS: Talsperre Preßnitz, Hochofen Schmalzgrube, Schlossplatz Wolkenstein

46

Vogtland

Gaststätte Pension Zum Aumatal Weida

Unser Haus befindet sich in zentraler Lage zu den Autobahnen A4 und A9 in einer wunderschönen, waldreichen Gegend. Ein idealer Ausgangspunkt für Ihre Motorradtouren im Vogtland. In unserem Restaurant zu den "5 Kontinenten" werden Sie mit Speisen aus Asien, Afrika, Australien, Amerika und Europa verwöhnt. Aber auch Gerichte der Thüringer Küche werden Sie bei uns finden.

Liebsdorfer Straße 6 • 07570 Weida/Thüringen
Telefon +49 36603 / 600930
info@zum-aumatal.de
www.zum-aumatal.de

Bis nach Göschwitz und zurück

86 km | 900 hm | hP 383 m

Tour ID: 833

INFO: normale Kondition erforderlich
HIGHLIGHTS: Teufelsbrücke, Aussichtsturm am Frießnitzer See

Seentour

79 km | 890 hm | hP 388 m

INFO: normale Kondition erforderlich
HIGHLIGHTS: Schloss Blankenhain, Koberbach Talsperre, Stauwehr Neumühle, Leubatalsperre, Weidatalsperre, Aumatalsperre

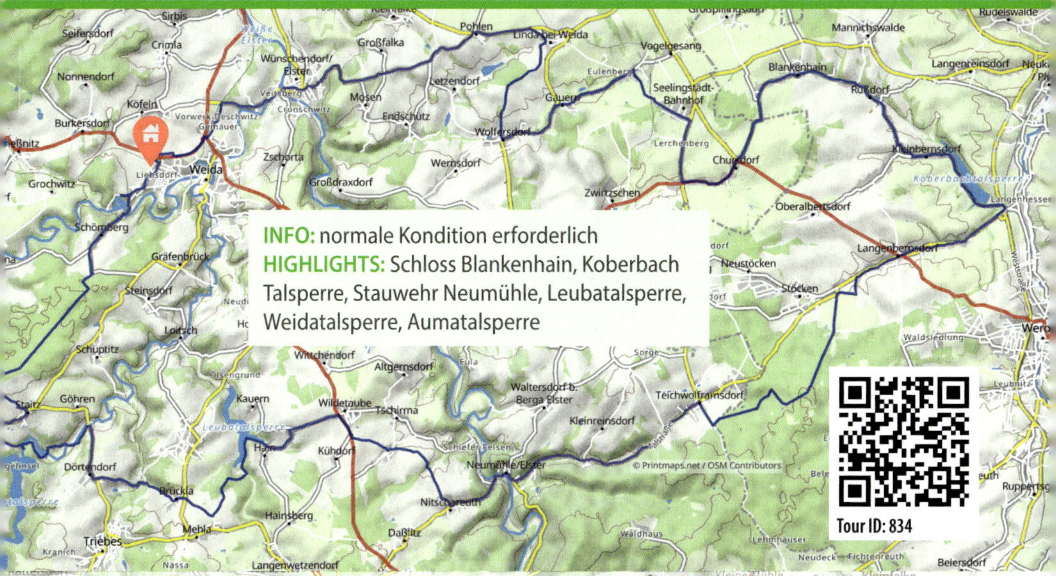

Tour ID: 834

Talsperrentour

78 km | 1050 hm | hP 510 m

INFO: Grundkondition erforderlich, meist loser Untergrund
HIGHLIGHTS: Weidatalsperre, Talsperre Zeulenroda, Talsperre Lössau

Tour ID: 830

49

Thüringer Wald

Ferienzentrum Oberhof Oberhof

Der richtige Platz für Ihren Urlaub - am berühmten Rennsteig. Viele Weltmeisterschaften, Weltcups, internationale und nationale Wettkämpfe sowie die zahlreichen Erfolge der Wintersportler haben Oberhofs Ruf als Wintersportzentrum geprägt. In unserem Ferienzentrum Oberhof sind Einzel-, Doppel-, Mehrbett- und Familienzimmer sowie Familienappartements buchbar.

Zellaer Straße 48 • 98559 Oberhof
Telefon +49 36842 / 2810
info@ferienzentrum-oberhof.de
www.ferienzentrum-oberhof.de

Oberhof - Zella-Mehlis - Suhl   66 km | 1360 hm | hP 910 m

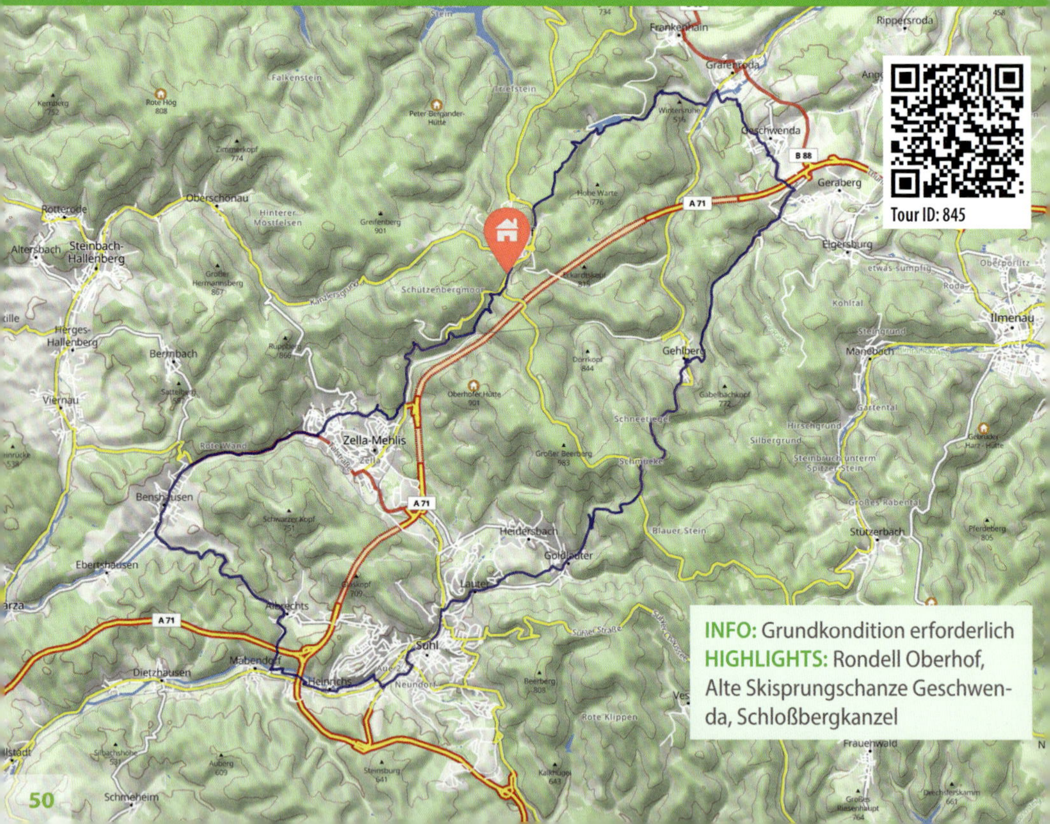

Tour ID: 845

INFO: Grundkondition erforderlich
HIGHLIGHTS: Rondell Oberhof, Alte Skisprungschanze Geschwenda, Schloßbergkanzel

Talsperren und Aussichtspunkte

92 km | 1540 hm | hP 890 m

Tour ID: 846

INFO: gute Kondition erforderlich
HIGHLIGHTS: Schmalwassertalsperre, Hammerteich Georgenthal, Cumbacher Teiche, Aussichtsturm Hoher Schorn

Ilmenau - Königsee und Schmiedefeld

87 km | 1330 hm | hP 939 m

Tour ID: 847

INFO: Grundkondition erforderlich
HIGHLIGHTS: Rennsteig Radweg

Thüringer Wald

Haus Oberland*** Masserberg

Das gemütliche Ferienhotel „Haus Oberland" in Masserberg befindet sich unmittelbar am Waldesrand mitten im Thüringer Wald. Es grenzt direkt an den bekanntesten Wanderweg Deutschlands, dem Rennsteig, an. Das Hotel ist für Biker leicht zu erreichen. Eigene Parkplätze stehen zur Verfügung. Nur wenige Meter entfernt befindet sich das Badehaus Masserberg sowie das Ortszentrum. Städte, wie Ilmenau, Arnstadt, Erfurt, Weimar, Gotha, Oberhof, Rudolstadt, Saalfeld oder Coburg, gut erreichbar. Gerne unterbreiten wir Ihnen ein auf Sie zugeschnittenes Sonderangebot.

Rennsteigstraße 2 • 98666 Masserberg
Tel. +49 36870 50460
info@hotel-haus-oberland.de
www.hotel-haus-oberland.de

Aussichtsturm Rennsteigwarte

40 km | 710 hm | hP 840 m

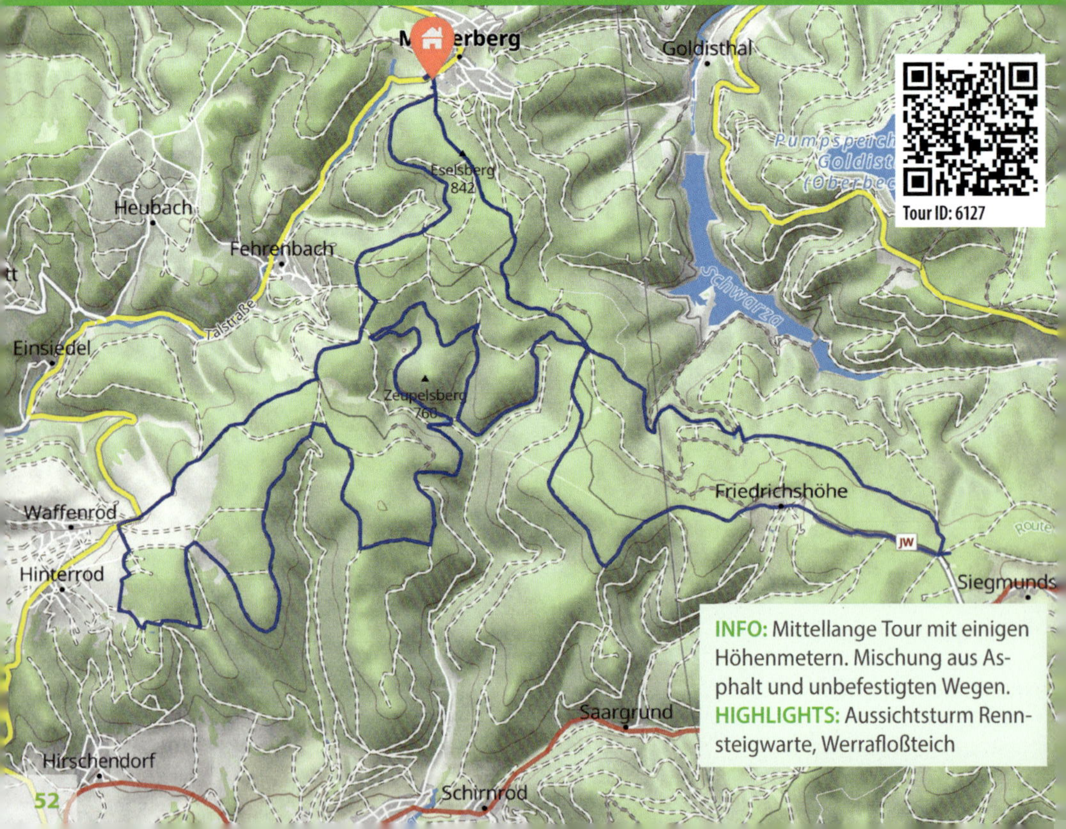

Tour ID: 6127

INFO: Mittellange Tour mit einigen Höhenmetern. Mischung aus Asphalt und unbefestigten Wegen.
HIGHLIGHTS: Aussichtsturm Rennsteigwarte, Werrafloßteich

Bahnhof Rennsteig

47 km | 720 hm | hP 820 m

Tour ID: 6128

INFO: Mittellange Tour mit einigen Höhenmetern. Mischung aus Asphalt und unbefestigten Wegen.
HIGHLIGHTS: Michaeliskirche Neustadt, Bahnhof Rennsteighöhe

Stadtdurchfahrt Eisfeld – Bergsee Ratscher

60 km | 990 hm | hP 820 m

Tour ID: 6129

INFO: Mittellange Tour mit einigen Höhenmetern. Gute Kondition erforderlich. Mischung aus Asphalt und unbefestigten Wegen.
HIGHLIGHTS: Eisfeld, Bergsee Ratscher

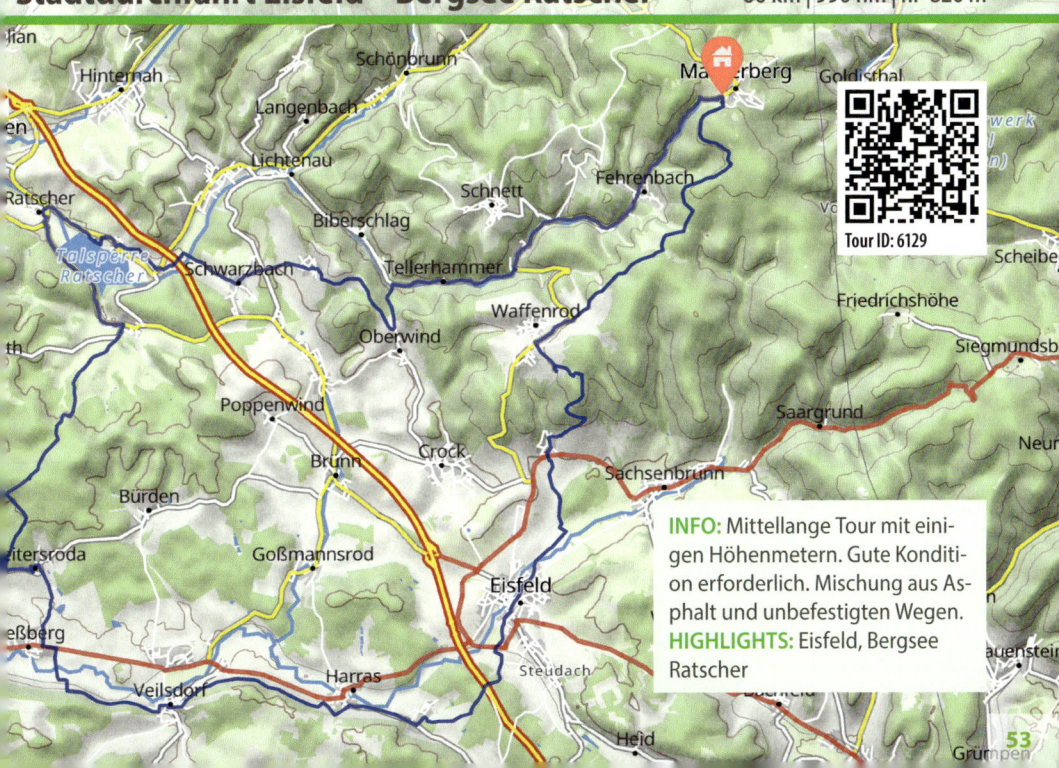

Thüringen
Gasthaus & Hotel Goldener Hirsch Suhl-Neundorf

Unser Haus verfügt über 100 Betten in liebevoll eingerichteten Gästezimmern. Alle Zimmer sind Nichtraucherzimmer und inklusive Dusche, WC, Telefon, Flachbildfernseher, W-LAN und einer Flasche Wasser/Tag. Für Rollstuhlfahrer gibt es zwei behindertengerechte Zimmer.
In unseren Restaurants servieren wir Ihnen sowohl regionale Spezialitäten wie auch internationale Köstlichkeiten.

An der Hasel 91-93 • 98527 Suhl
Telefon +493681 - 79700
reservierung@goldener-hirsch-suhl.de
www.goldener-hirsch-suhl.de

Talsperre Ratschen und Ilmenau

88 km | 1570 hm | hP 830 m

INFO: Einiges an Kondition erforderlich
HIGHLIGHTS: Bergsee Ratscher, Talsperre Schönbrunn, Marktplatz Ilmenau

Tour ID: 839

Rund um Gehlberg

72 km | 1610 hm | hP 940 m

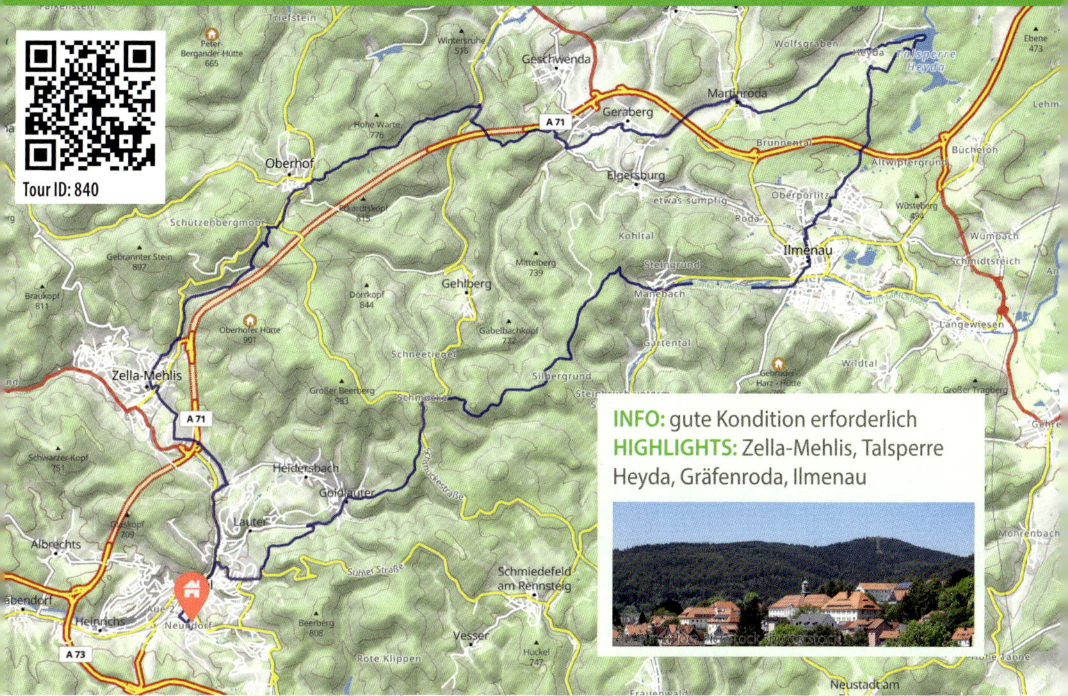

Tour ID: 840

INFO: gute Kondition erforderlich
HIGHLIGHTS: Zella-Mehlis, Talsperre Heyda, Gräfenroda, Ilmenau

Am Wasser entlang

98 km | 790 hm | hP 530 m

INFO: wenig Höhenmeter
HIGHLIGHTS: Talbrücke Haseltal, Werratal-Radweg, Kirche von Niederschmalkalden, Schmalkalden

Tour ID: 841

Thüringen

Waldhotel Friedrichroda Friedrichroda

Genießen Sie Ihren Urlaub in entspannter Atmosphäre in unserem 3 Sterne Hotel in Friedrichroda. Ruhig und malerisch, direkt am Waldrand gelegen, befindet sich das von Familie Bloch geführte Waldhotel Friedrichroda. Die hell und freundlich eingerichteten Zimmer sind mit Dusche oder Bad/WC, Fön, WLAN, Flat – TV und Telefon ausgestattet. Ruhe und Entspannung finden Sie im Saunabereich.

Im Grund 5 • 99894 Friedrichroda
Telefon +49 3623 – 33430
info@waldhotel-friedrichroda.de
waldhotel-friedrichroda.de

Besuch auf der Wartburg

70 km | 1230 hm | hP 630 m

Tour ID: 842

INFO: guten Grundkondition erforderlich
HIGHLIGHTS: Besuch auf der Wartburg, Eisenach, Waldgaststätte Waldfrieden

Schleswig-Hostein

Hotel-Restaurant Utspann Schafflund

Wir begrüßen Sie in unserem gepflegten und komfortablen Hotel. Ganz gleich, ob Sie beruflich oder privat reisen, können Sie sich im Utspann auf einen entspannten Aufenthalt freuen. Alle Zimmer sind Nichtraucher-Zimmer, verfügen über komfortable Boxspringbetten, ein gratis Mineralwasser, einen Flat-Screen TV sowie kostenloses W-LAN. Urlaub in Schleswig-Holstein ist unglaublich vielfältig. Und zwar vor allem im Binnenland, wo Familien, Entspannungssuchende, Fahrradfans und Kulturliebhaber*innen gleichermaßen auf ihre Kosten kommen.

Hauptstraße 47 • 24980 Schafflund
Tel. +49 4639 / 95050
service@utspann.de
www.utspann.de

Grenzroute

131 km | 350 hm | hP 24 m

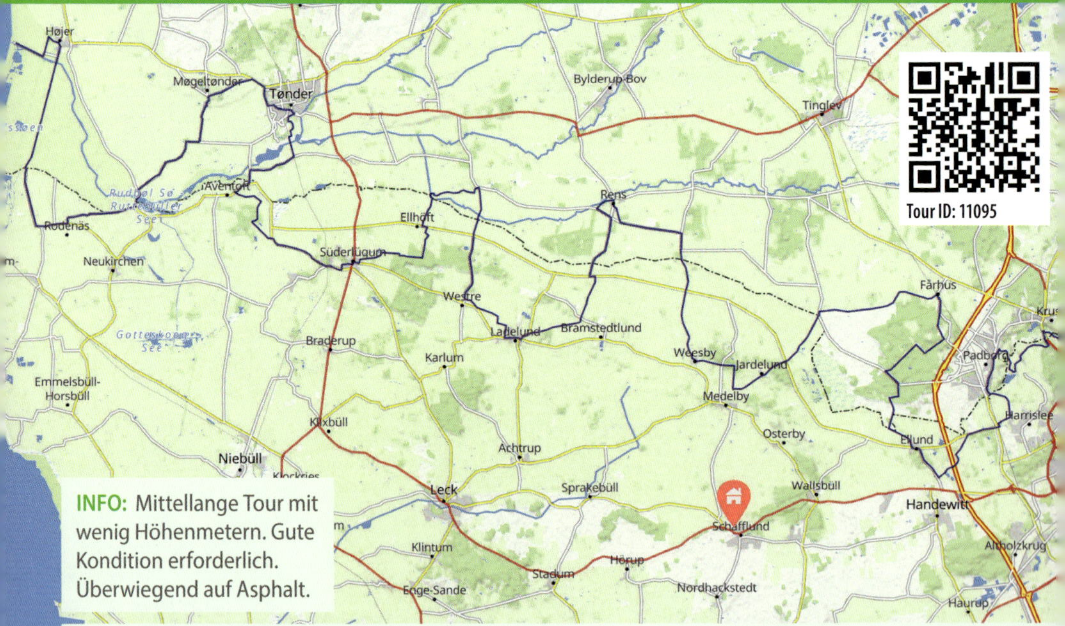

INFO: Mittellange Tour mit wenig Höhenmetern. Gute Kondition erforderlich. Überwiegend auf Asphalt.

Tour ID: 11095

Die 130 km lange Grenzroute lässt Radfahrer in die Kulturhistorie der deutsch-dänischen Grenzregion eintauchen. Zwischen Nordseedeich und Flensburger Förde kreuzt die Strecke den früheren Grenzverlauf, der 80 Jahre lang den Landstrich prägte. Idyllische Wege führen Sie heute durch abwechslungsreiche Naturlandschaften. Im Westen genießen Sie die Weite der Marsch, Binnendünen und Heide charakterisieren die Geest und im Osten durchfahren Sie das eiszeitlich geprägte Hügelland. Zahlreiche Informationspunkte erzählen Ihnen kuriose, unterhaltsame und ortsbezogene Geschichten vom besonderen Leben an der Grenze.

Zu Besuch am Meer

55 km | 210 hm | hP 50 m

Tour ID: 11096

INFO: Mittellange Tour mit wenig Höhenmetern. Überwiegend auf Asphalt.
HIGHLIGHTS: Grenzübergang

Schafflunder Wassermühle – Handewitter Wald Runde

47 km | 80 hm | hP 42 m

Tour ID: 11097

INFO: Mittellange Tour mit wenig Höhenmetern. Überwiegend auf Asphalt.
HIGHLIGHTS: Schafflunder Wassermühle, Handewitt

Schleswig-Holstein

Scholler´s Restaurant & Hotel Westerrönfeld

Auf der Südseite des Nord-Ostsee-Kanals, direkt gegenüber der Kreisstadt Rendsburg, steht seit über 110 Jahren unser charmantes Hotel mit 14 individuellen Zimmern. Direkt am Fußgängertunnel gelegen ist es nicht weit zum Bahnhof und Sehenswürdigkeiten in der City Rendsburg. Die als Denkmal bekannte Eisenbahnhochbrücke mit der Schwebefähre ist fußläufig zu erreichen. Durch die zentrale Lage im Herzen Schleswig-Holsteins kommt man schnell zu weiteren Sehenswürdigkeiten und Zielen in unserem Land zwischen den Meeren.

Itzehoer Chaussee 2 • 24784 Westerrönfeld
Telefon +49 4331 89041
info@schollers-schuetzenheim.de
www.schollers-schuetzenheim.de

Der Nord-Ostsee-Kanal

78 km | 80 hm | hP 14 m

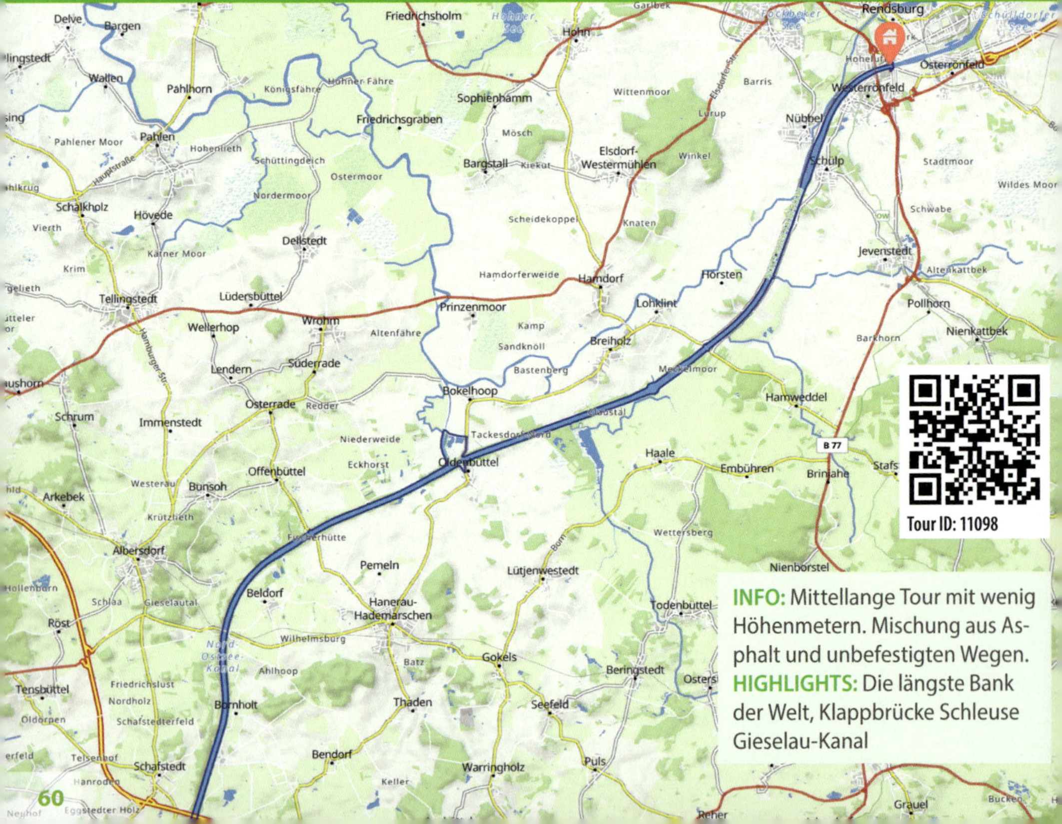

Tour ID: 11098

INFO: Mittellange Tour mit wenig Höhenmetern. Mischung aus Asphalt und unbefestigten Wegen.

HIGHLIGHTS: Die längste Bank der Welt, Klappbrücke Schleuse Gieselau-Kanal

Eckernförde – Schöner Weg am Windebyer Noor

66 km | 250 hm | hP 46 m

Tour ID: 11099

INFO: Mittellange Tour mit wenig Höhenmetern. Mischung aus Asphalt und unbefestigten Wegen.
HIGHLIGHTS: NOK-Fähre Sehestedt, Eckernförde

Zu Besuch in Kiel

86 km | 320 hm | hP 40 m

Tour ID: 11100

INFO: Mittellange Tour mit wenig Höhenmetern. Überwiegend auf Asphalt.
HIGHLIGHTS: NOK-Fähre Sehestedt, Kiel, Hochbrücke Kiel

Schleswig-Holstein Süd

Pension Haidhus Reinbek-Neuschönningstedt

Ankommen und sich wie zu Hause fühlen, das steht im Haidhus im Vordergrund. Unser familiär geführtes Haus zeichnet sich durch eine persönliche und herzliche Betreuung aus. Wir haben stets den Anspruch, dass Sie sich bereits bei Ihrer Abreise auf Ihren nächsten Aufenthalt bei uns freuen. Bei uns sind Familien mit Kindern immer herzlich willkommen.

Möllner Landstraße 10-12 • 21465 Reinbek-Neuschönningstedt
Telefon +49 40 / 7 111645
info@haidhus.de
www.haidhus.de

Ratzeburg und Mölln   95 km | 490 hm | hP 81 m

Tour ID: 4099

INFO: Mittelschwere E-Bike-Tour. Gute Grundkondition erforderlich.
HIGHLIGHTS: Ratzeburger See, Kaiserbahn-Radweg, „Grüner Tunnel"

Schloss Ahrensburg und Bahnradweg
97 km | 380 hm | hP 66 m

Tour ID: 4100

INFO: Mittelschwere E-Bike-Tour. Gute Grundkondition erforderlich.
HIGHLIGHTS: Schloss Ahrensburg und Schlosspark, Duvenstedter Brook, BahnRadWeg Henstedt-Ulzburg – Bad Oldesloe

Elbe und der Sachsenwald
77 km | 420 hm | hP 86 m

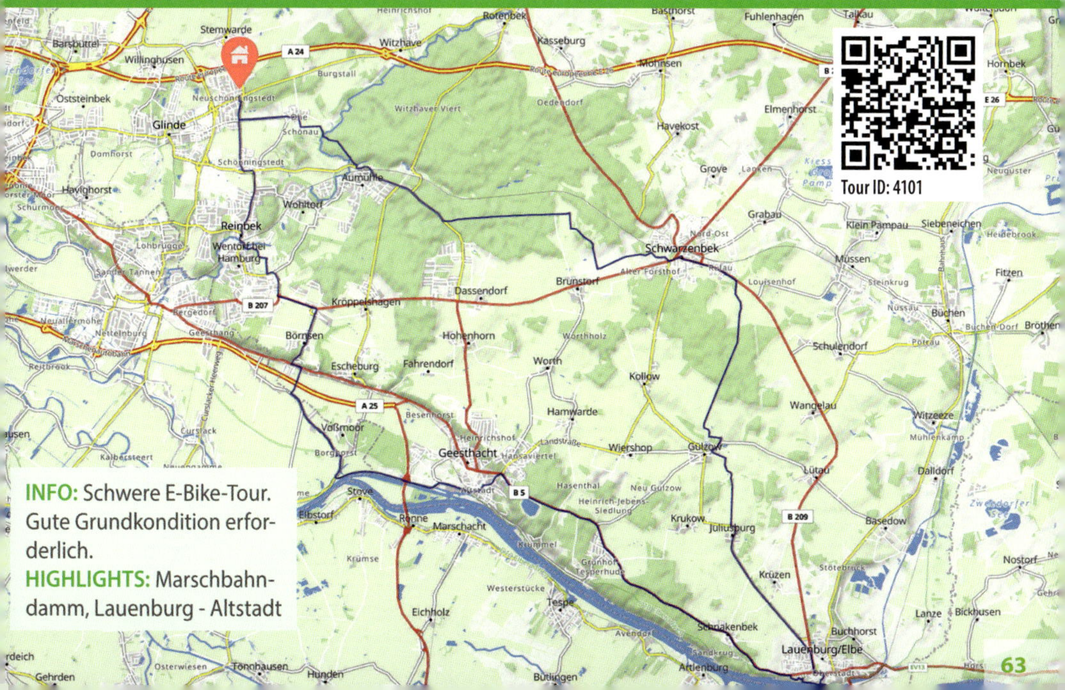

Tour ID: 4101

INFO: Schwere E-Bike-Tour. Gute Grundkondition erforderlich.
HIGHLIGHTS: Marschbahndamm, Lauenburg - Altstadt

Pension Lindhofer Bad Bevensen

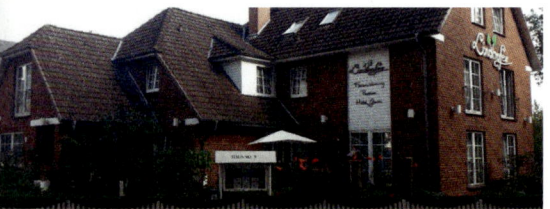

Unsere Gäste sollen sich bei uns wie zu Hause fühlen und sich vom ersten Tag an erholen. Das ist unser Wunsch, darin sehen wir unsere Aufgabe, der wir uns täglich stellen. Haben Sie Fragen zu Ihrer Urlaubsplanung, Ihrem Kurzaufenthalt, benötigen Sie kurzfristig eine Übernachtung, so können Sie sich jederzeit an mich wenden. Unser Haus ist ganzjährig geöffnet, ein Angebot das unsere Gäste gerne in Anspruch nehmen.

Ferienwohnung, Pension & Hotel Garni

Lindhofer

Hausverwaltung: Ursula Komander

Herzlich Willkommen in der Lüneburger Heide

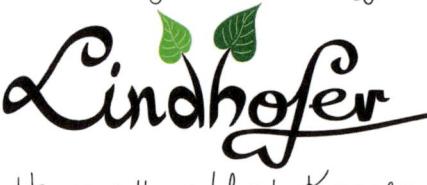

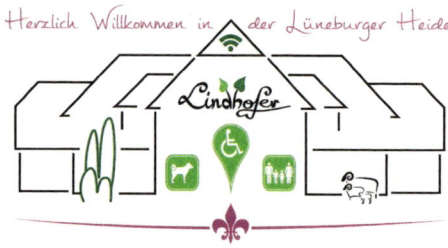

Römstedterstr. 5
29549 Bad Bevensen
www.pension-lindhofer.de

Tel. +49 5821 / 2981
Mobil +49 163 / 8716023
pension-lindhofer@t-online.de

Barrierefreie Wohnungen mit befahrbaren Duschen. Zentral gelegen: Einkaufsmöglichkeiten, Kurhaus mit Jod-Sole-Therme, Diana Kliniken sowie Herz- und Gefäßzentrum

Ebstorf und Uelzen

79 km | 370 hm | hP 110 m

Tour ID: 4063

INFO: Grundkondition erforderlich
HIGHLIGHTS: Hardausee, Aussichtsturm Hoesseringen

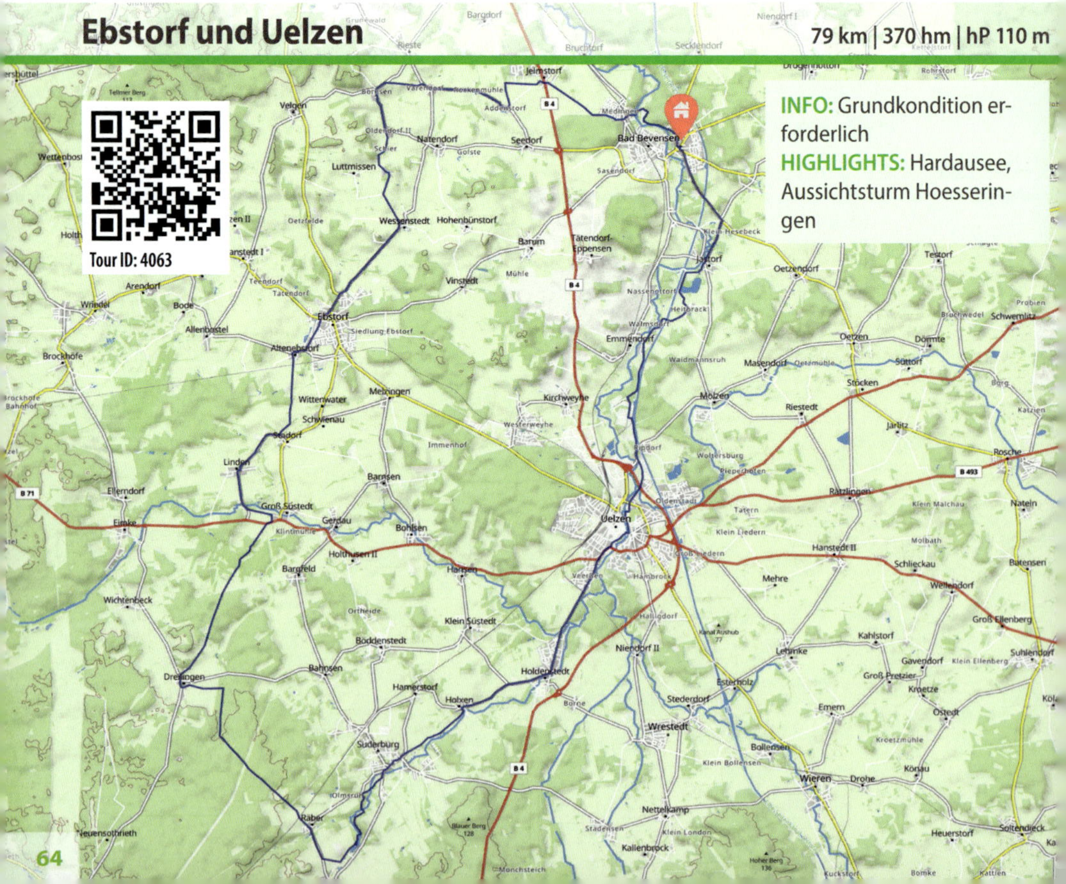

Lauenburg und Bleckede

102 km | 430 hm | hP 80 m

Tour ID: 4062

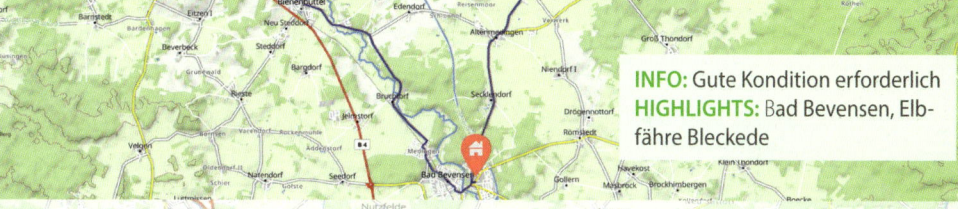

INFO: Gute Kondition erforderlich
HIGHLIGHTS: Bad Bevensen, Elbfähre Bleckede

Lüneburg, Ellringen und Dahlenburg

81 km | 390 hm | hP 90 m

INFO: Grundkondition erforderlich
HIGHLIGHTS: Wassermühle Ellringen, Dahlenburg: Die alte St.Laurentius-Kapelle

Tour ID: 4061

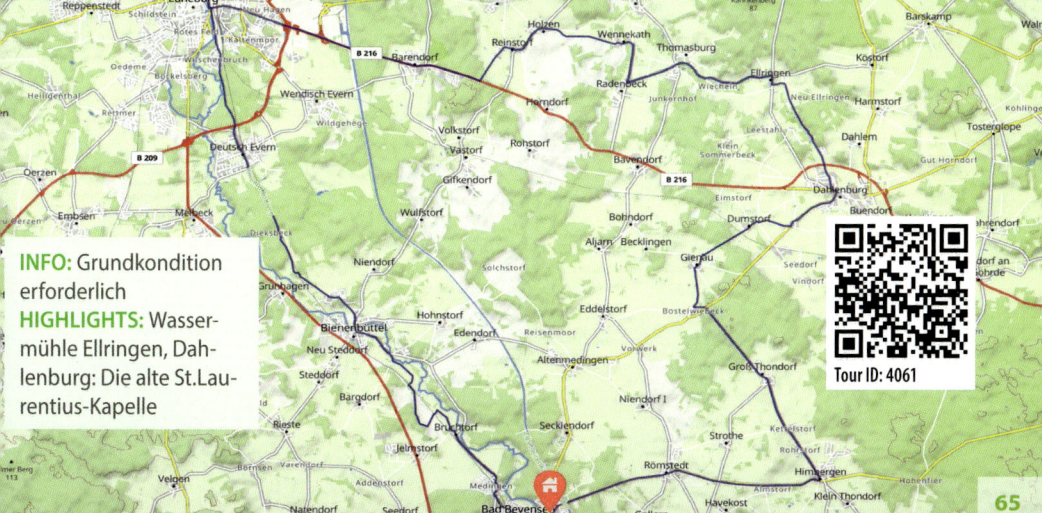

Lüneburger Heide
Akzent Hotel Berlin Bad Bevensen

Unser familiengeführtes 3 Sterne „Hotel Berlin" befindet sich in bester Lage von Bad Bevensen. Bad Bevensen, die Stadt der Jod-Sole-Therme ist das bedeutendste Thermalheilbad der Lüneburger Heide. Unsere 27 Zimmer sind hell, zeitgemäß und komfortabel eingerichtet. In unserem Café/ Restaurant verwöhnen wir Euch morgens mit einem reichhaltigen Frühstücksbuffet sowie abends mit frischen nationalen Gerichten und Spezialitäten aus der Region.

Alter Wiesenweg 11 • 29549 Bad Bevensen
Telefon +49 5821 5060
info@hotel-berlin-bad-bevensen.de
www.hotel-berlin-bad-bevensen.de

Hitzacker und Lüchow

103 km | 460 hm | hP 101 m

Tour ID: 951

INFO: Mittelschwere E-Bike-Tour. Gute Grundkondition erforderlich.
HIGHLIGHTS: Stadt Lüchow

Lüneburg und Scharnebeck

70 km | 310 hm | hP 88 m

Tour ID: 952

INFO: Mittelschwere E-Bike-Tour. Gute Grundkondition erforderlich.
HIGHLIGHTS: Schiffshebewerk Lüneburg, Elbe Seiten Kanal

Bad Bodenteich und Uelzen

71 km | 290 hm | hP 82 m

Tour ID: 953

INFO: Mittelschwere E-Bike-Tour. Gute Grundkondition erforderlich.
HIGHLIGHTS: Burg Bad Bodenteich, Hundertwasser-Bahnhof Uelzen

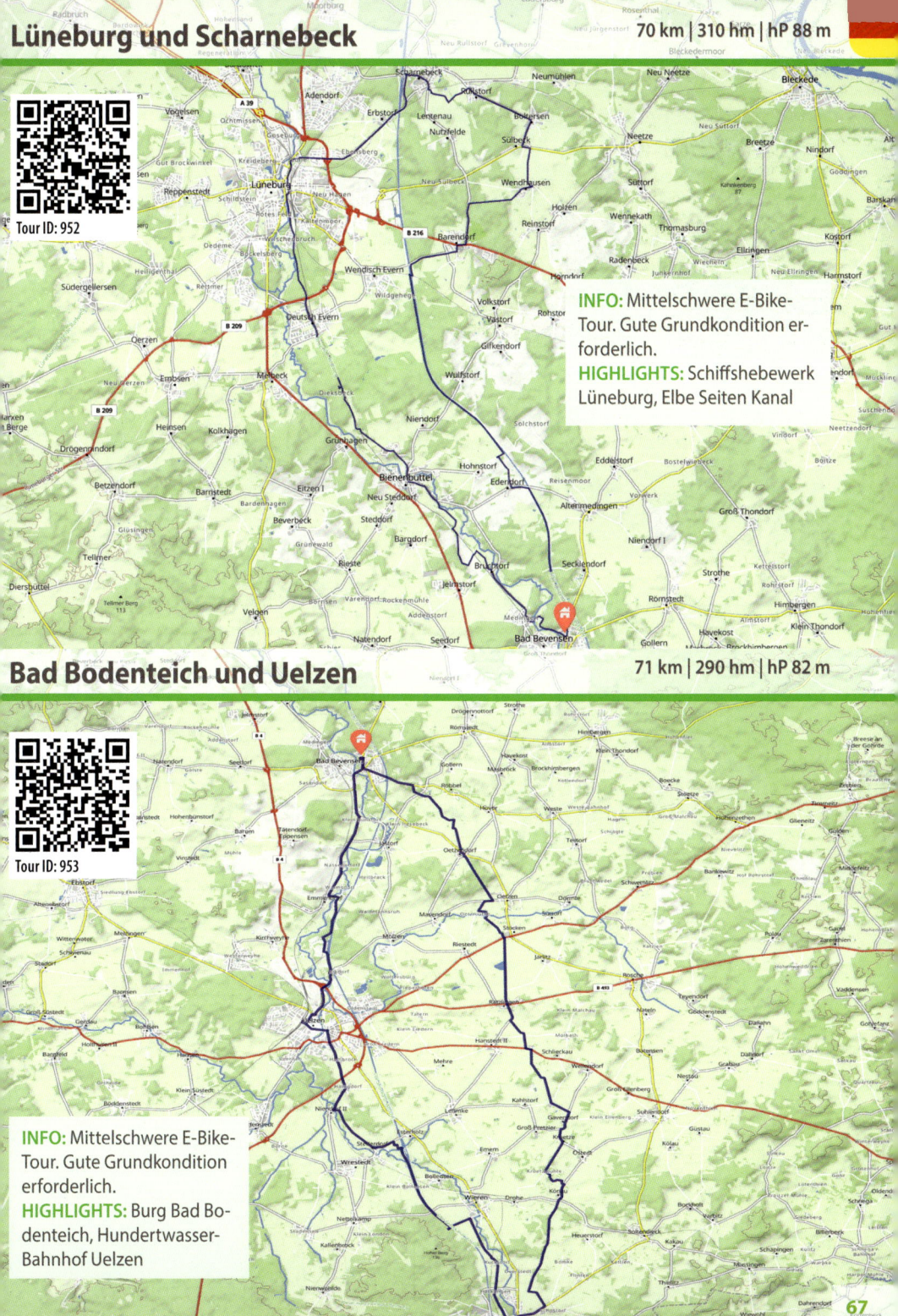

Lüneburger Heide

Hotel Ludwig im Park **Wolfsburg**

Das im Jahre 1983 erbaute Hotel lädt seit insgesamt 35 Jahren Gäste aus aller Welt in seine Türen ein. Es grenzt an einen wunderschönen Park, von dem Sie täglich Gebrauch machen können. Außerdem eröffnete vor 25 Jahren hier in unserem Haus das mit dem Michelin-Stern ausgezeichnete Restaurant "La Fontaine". Beide genießen einen exzellenten Ruf.

Gifhorner Straße 25 • 38442 Wolfsburg
Telefon +49 (0) 5362 9400
info@ludwigimpark.de
www.ludwigimpark.de

Von Helmstedt entlang der Aller

96 km | 450 hm | hP 180 m

Tour ID: 4073

INFO: Grundkondition erforderlich
HIGHLIGHTS: Rathaus Helmstedt

Schloss Seggerde

85 km | 350 hm | hP 130 m

Tour ID: 4074

INFO: Grundkondition erforderlich
HIGHLIGHTS: Schloss und Gut Seggerde

Windmühlenmuseum und Bernsteinse

68 km | 170 hm | hP 73 m

Tour ID: 4075

INFO: Grundkondition erforderlich
HIGHLIGHTS: Bernsteinsee, Windmühlenmuseum Gifhorn

Lüneburger Heide

Hotelpark Königshof Königslutter

In Königslutter, der sympathischen Domstadt am Elm, finden Sie in ruhiger Lage den AVALON Hotelpark Königshof (3-Sterne-Komfort-Superior). Neben 174 Zimmern bietet das Hotel das Abendrestaurant „MERLIN" mit Gartenterrasse, eine Hotelbar, Tagungsräume und einen großen Freizeitbereich mit Schwimmbad, Sauna, Fitnessraum, Tennisplätzen, Kegel- und Bowlingbahnen. Eingebettet in den Naturpark Elm-Lappwald ist die Hotelanlage ein idealer Ausgangspunkt für Rad- und Wandertouren in die leicht hügelige Umgebung.

Braunschweiger Straße 21a • 38154 Königslutter
Telefon +49 5353 5030
info@hotelpark-koenigshof.de
www.hotelpark-koenigshof.de

Lübbensteine mit Kaiserdom Königslutter

51 km | 430 hm | hP 290 m

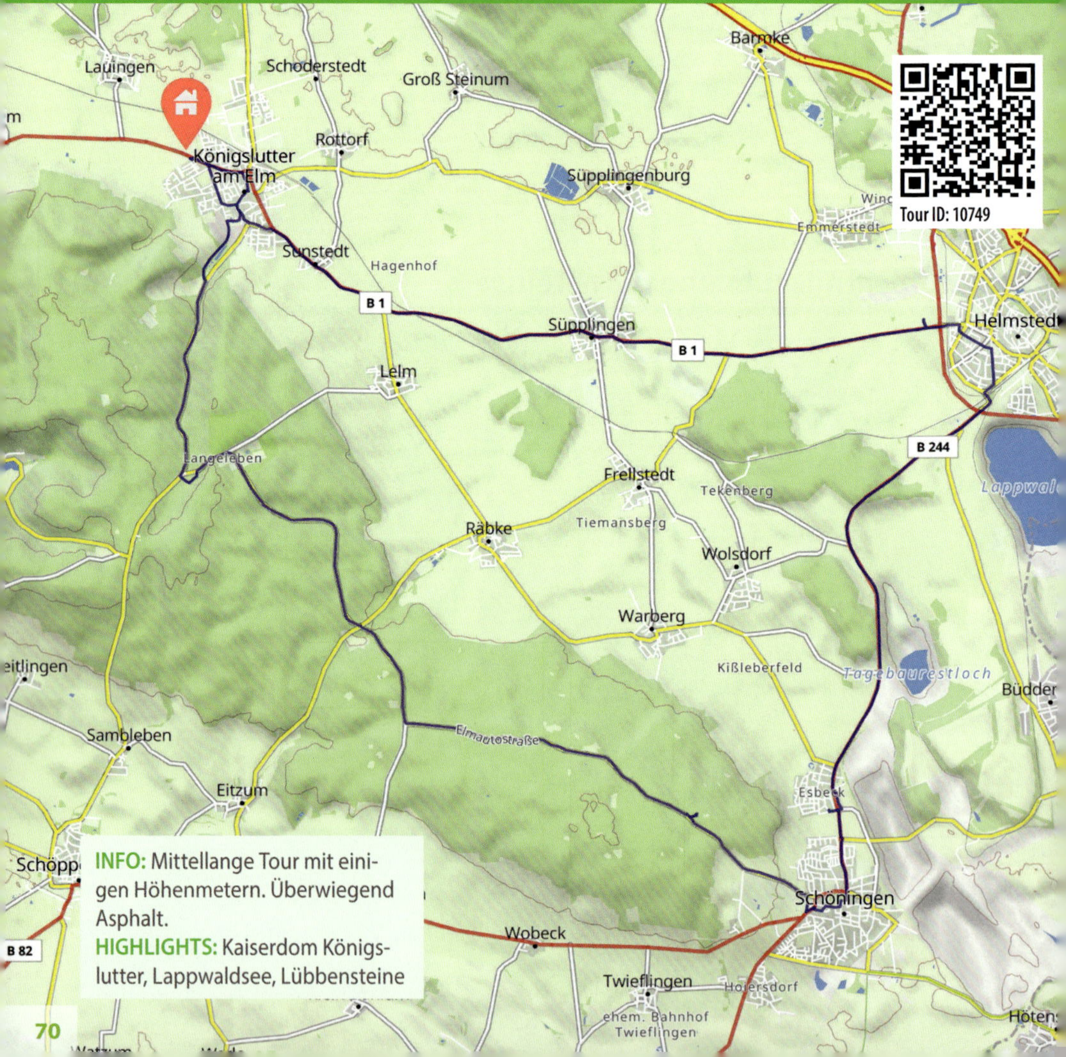

Tour ID: 10749

INFO: Mittellange Tour mit einigen Höhenmetern. Überwiegend Asphalt.
HIGHLIGHTS: Kaiserdom Königslutter, Lappwaldsee, Lübbensteine

Weserbergland

Landgasthaus Textor Trendelburg

Kommen Sie nach Trendelburg in das Landgasthaus Textor im zauberhaften Diemeltal und direkt an der Deutschen Märchenstraße gelegen. Sie finden uns ca. 35 km nördlich von Kassel am Fuße des Reinhardswalds. Genießen Sie neben unserer guten Luft die zahlreichen Freizeitangebote unserer Region. Unsere Gäste haben die Möglichkeit Fahrräder sicher unter zu stellen. Direkt am Diemelradweg.

Friedrichsfelderstraße 1 • 34388 Trendelburg
Telefon +49 5675 302
info@landgasthaus-textor.de
www.landgasthaus-textor.de

Besuch in Höxter

62 km | 380 hm | hP 174 m

INFO: Leichte E-Bike-Tour am Fluß entlang
HIGHLIGHTS: Altstadt Höxter, Bad Karlshafen, Wasserschloß Wülmersen

Tour ID: 940

Weserbergland
Haus Weserblick Bad Karlshafen

Unser gepflegtes, ruhiges Haus liegt direkt an der Weser, in unmittelbarer Waldesnähe. Nur 500 Meter sind es bis zum Kurzentrum, zum Gradierwerk, zur Therme und zur Stadtmitte. Alle Zimmer sind sehr gemütlich eingerichtet und haben Dusche/WC. Die Zimmer im Gästehaus sind mit TV ausgestattet. In unserem Frühstücksraum erwartet Sie ein reichhaltiges Frühstücksbuffet. Tourentipps vorhanden.

Unter den Eichen 4 • 34385 Bad Karlshafen
Telefon +49 5672 2890
info@haus-weserblick.de
www.haus-weserblick.de

Höxter, Brakel und Beverungen — 68 km | 640 hm | hP 341 m

Tour ID: 4016

INFO: Mittelschwere E-Bike-Tour. Gute Grundkondition erforderlich.
HIGHLIGHTS: Höxter, Marktplatz Brakel, Beverungen

Rechts und links der Weser

85 km | 470 hm | hP 177 m

Weser und Solling

71 km | 700 hm | hP 503 m

INFO: Mittelschwere E-Bike-Tour. Gute Grundkondition erforderlich.
HIGHLIGHTS: Historische Altstadt Hannoversch Münden

INFO: Mittelschwere E-Bike-Tour. Gute Grundkondition erforderlich.
HIGHLIGHTS: Schloss Bevern, Hochsollingturm

73

Weserbergland

Gasthaus Kirchhoff Beverungen

Herzlich Willkommen im Gasthaus Kirchhoff. Sie finden uns inmitten des Weserbergland, dem perfekten Start für ihre Touren entlang der Weser oder durch die Täler der Mittelgebirgslandschaft. Abends genießen sie in unserem Restaurant Heimatliebe regionale und abwechslungsreiche Speisen. Sie übernachten in einem unserer 11 liebevoll hergerichteten und voll ausgestatteten Zimmern oder unserer Ferienwohnung.

Drenker Straße 1 • 37688 Beverungen
Telefon +49 5275 / 631
info@gasthaus-kirchhoff.de
www.gasthaus-kirchhoff.de

Auf nach Paderborn

109 km | 1100 hm | hP 420 m

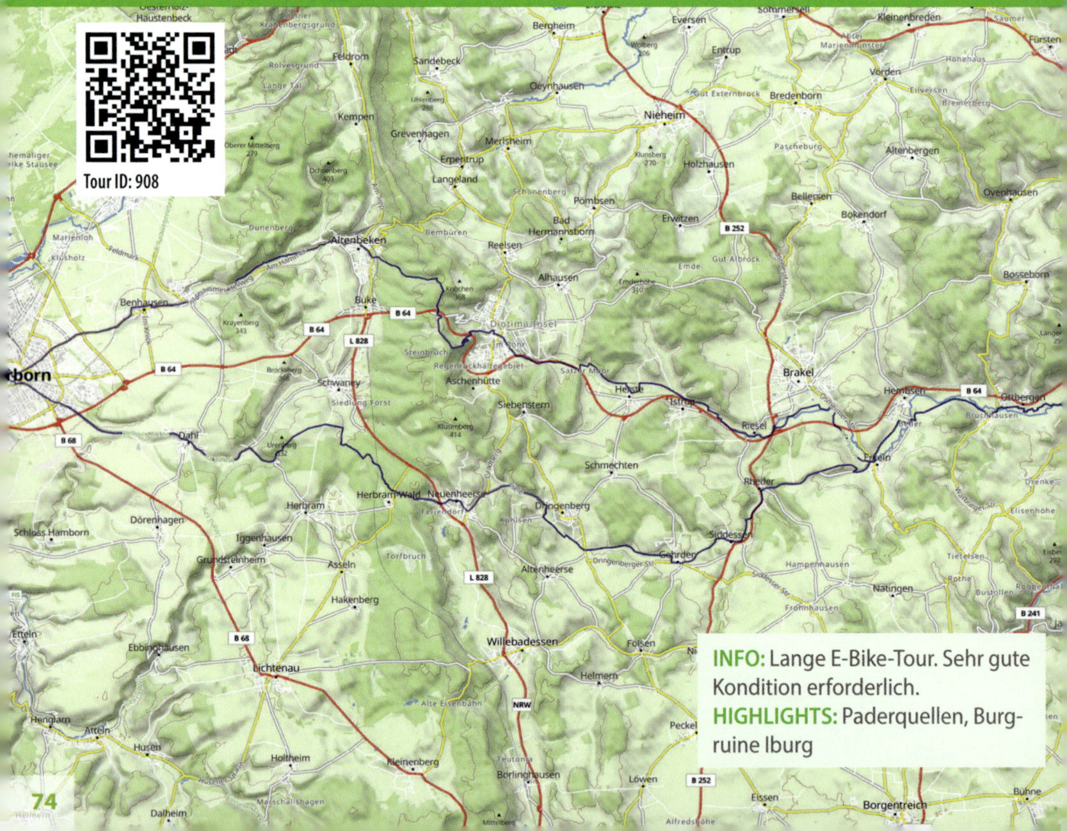

Tour ID: 908

INFO: Lange E-Bike-Tour. Sehr gute Kondition erforderlich.
HIGHLIGHTS: Paderquellen, Burgruine Iburg

Durch das Weserbergland

64 km | 1060 hm | hP 520 m

INFO: Leichte E-Bike-Tour. Sehr gute Kondition erforderlich.
HIGHLIGHTS: Hochsollingturm, Kirchenruine Winnefeld

Tour ID: 909

Besuch am Wasserschloss Thienhausen

95 km | 990 hm | hP 460 m

INFO: Leichte bis mittlere E-Bike-Tour. Sehr gute Kondition erforderlich.
HIGHLIGHTS: Wasserschloss Thienhausen

Tour ID: 910

Weserbergland
Die Scheune & Krug zum grünen Kranz Bodenfelde

Die Scheune - Ferien bei Roddy & Susanne - in Wahmbeck im schönen Flecken Bodenfelde bietet Ferienwohnungen an. Direkt an der Weser gelegen, haben alle Wohnungen einen wunderschönen Blick auf die Weser. Die große, freundliche Gartenanlage ist mit einem Spielgerüst für kleine Gäste ausgestattet. Weitere Spielmöglichkeiten - Tischtennisplatte, Basketballkorb, Trampolin - stehen unseren Gästen zur Verfügung. Das angrenzende Gasthaus - Krug zum grünen Kranz bei Roddy & Susanne - verwöhnt mit selbstgebackenen Kuchen, deftigen Speisen oder einem frisch gezapften Bier.

Lange Dorfstrasse 8 • 37194 Bodenfelde OT Wahmbeck
Telefon +49 152 26675019
kontakt@weserferienscheune.com
www.weserferienscheune.com

Besuch am Wasserschloss Wülmersen   69 km | 750 hm | hP 330 m

Tour ID: 6142

INFO: Mittellange Tour mit einigen Höhenmetern. Mischung aus Asphalt und unbefestigten Wegen.
HIGHLIGHTS: Wasserschloss Wülmersen, Weserfähre Wahmbeck

Auf dem Weserradweg unterwegs

54 km | 580 hm | hP 420 m

Tour ID: 6143

INFO: Mittellange Tour mit einigen Höhenmetern. Mischung aus Asphalt und unbefestigten Wegen.
HIGHLIGHTS: Fähre bei Wehrden

Besuch in Hannover. Münden

80 km | 820 hm | hP 450 m

Tour ID: 6144

INFO: Mittellange Tour mit einigen Höhenmetern. Mischung aus Asphalt und unbefestigten Wegen.
HIGHLIGHTS: Kloster Bursfelde, Altstadt Hann. Münden

Weserbergland
Hotel Alte Rathausschänke Hann. Münden

Unser Hotel in der Altstadt von Hann. Münden, direkt in der Innenstadt und unmittelbar an drei Radwegen gelegen, empfängt Sie mit freundlicher Atmosphäre. Starten Sie morgens nach dem Frühstück auf traumhafte Touren an der Weser, Fulda oder Werra.
Unsere Zimmer sind gemütlich eingerichtet.

Ziegelstraße 12 • 34346 Hann. Münden
Telefon +49 5541 8866
info@Hotel-Rathausschaenke.de
www.hotel-rathausschaenke.de

Sightseeing in Kassel

74 km | 710 hm | hP 530 m

INFO: Mittelschwere E-Bike-Tour. Gute Grundkondition erforderlich.
HIGHLIGHTS: Herkules, Kassel: Orangerie

Tour ID: 900

Besuch in Göttingen

63 km | 720 hm | hP 410 m

Tour ID: 901

INFO: Mittelschwere E-Bike-Tour. Gute Grundkondition erforderlich.
HIGHLIGHTS: Altes Rathaus Göttingen

An der Weser nach Bad Karlshafen

87 km | 660 hm | hP 220 m

Tour ID: 902

INFO: Mittelschwere E-Bike-Tour. Gute Grundkondition erforderlich.
HIGHLIGHTS: Fähre Oedelsheim

Weserbergland

Landhotel Am Rothenberg Uslar-Volpriehausen

Fernab der klassischen Ferienziele verspricht der Solling viele Möglichkeiten für das Erlebnis von Natur und ländlicher Idylle. Die Mittelgebirgslandschaft und das große Waldgebiet Solling bieten viele Möglichkeiten zum Wandern, Radfahren und auch für Motorradtouren. Als Ausflugsziele bieten sich das Dornröschenschloß Sababurg, mit dem angrenzenden Tierpark, der Hutewald Nienover, der Alaris Schmetterlingspark in Uslar, der Tierpark Neuhaus, der PS Speicher Einbeck und vieles mehr an. Wir verwöhnen Sie in unserem Gasthof mit einem reichhaltigen Sollingfrühstück und einem regionalen Abendessen. Außerdem können Sie in unserer Saunaanlage entspannen.

Rothenbergstraße 4 • 37170 Uslar-Volpriehausen
Telefon +49 5573 9590
info@am-rothenberg.de
www.am-rothenberg.de

Tour durch den Solling

76 km | 1160 hm | hP 490 m

Tour ID: 4131

INFO: Gute Kondition erforderlich
HIGHLIGHTS: Stiftskirche St. Blasii und Marien, Badesee Lauenberg

MTB-Tour um Uslar rum

60 km | 960 hm | hP 380 m

Tour ID: 4132

INFO: Sehr gute Kondition erforderlich
HIGHLIGHTS: Panorama auf Schönhagen, Schloss Nienover, Weserradweg

Besuch in Göttingen

58 km | 620 hm | hP 360 m

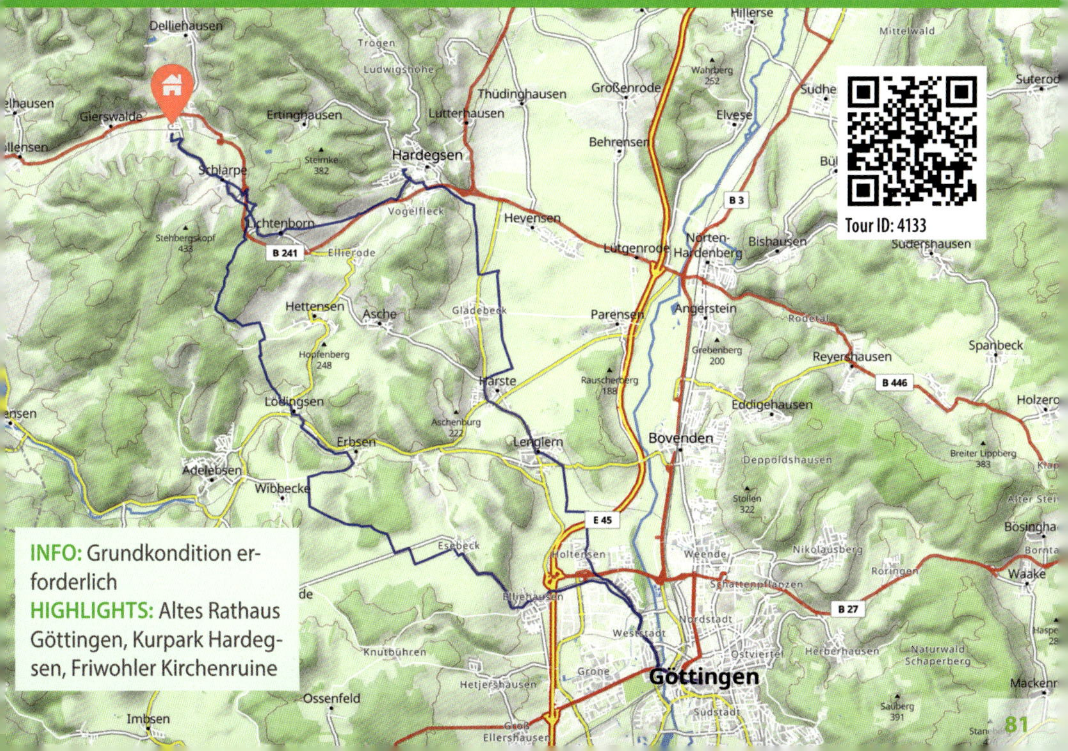

Tour ID: 4133

INFO: Grundkondition erforderlich
HIGHLIGHTS: Altes Rathaus Göttingen, Kurpark Hardegsen, Friwohler Kirchenruine

Weserbergland
Hotel Schlafschön Hann. Münden

Das SCHLAFSCHÖN ist unser individueller gastronomischer Fingerabdruck wie ihn nur eine Familie abgeben kann, die seit Generationen von Kopf bis Fuß auf den herzlichen Empfang ihrer Gäste eingestellt ist. Für Ihre Touren bieten wir einen idealen Ausgangspunkt. Sowohl bergige Strecken in den Reinhardswald, also auch flache Touren an der Weser bieten genug Abwechslung für Ihren Urlaub.

Letzter Heller 5 • 34346 Hann. Münden
Telefon +49 5541 6446
info@hotel-schlafschoen.de
www.hotel-schlafschoen.de

Bilstein und Fuldaradweg
81 km | 790 hm | hP 630 m

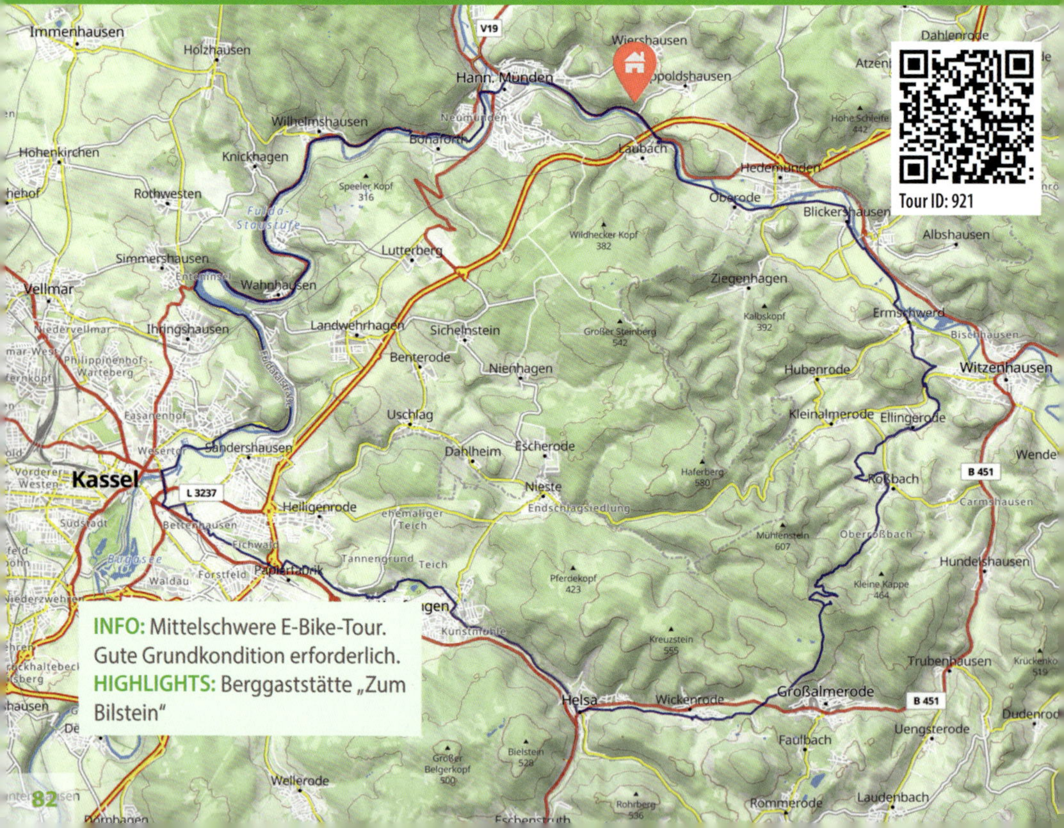

Tour ID: 921

INFO: Mittelschwere E-Bike-Tour. Gute Grundkondition erforderlich.
HIGHLIGHTS: Berggaststätte „Zum Bilstein"

Burgen und Schlösser

50 km | 640 hm | hP 370 m

Tour ID: 4098

INFO: Gute Grundkondition erforderlich.
HIGHLIGHTS: Schloss Berlepsch, Burg Hanstein

Dörnberg und Schloss Wilhelmstal

68 km | 820 hm | hP 480 m

Tour ID: 922

INFO: Gute Grundkondition erforderlich.
HIGHLIGHTS: Helfensteine, Schloss Wilhelmsthal

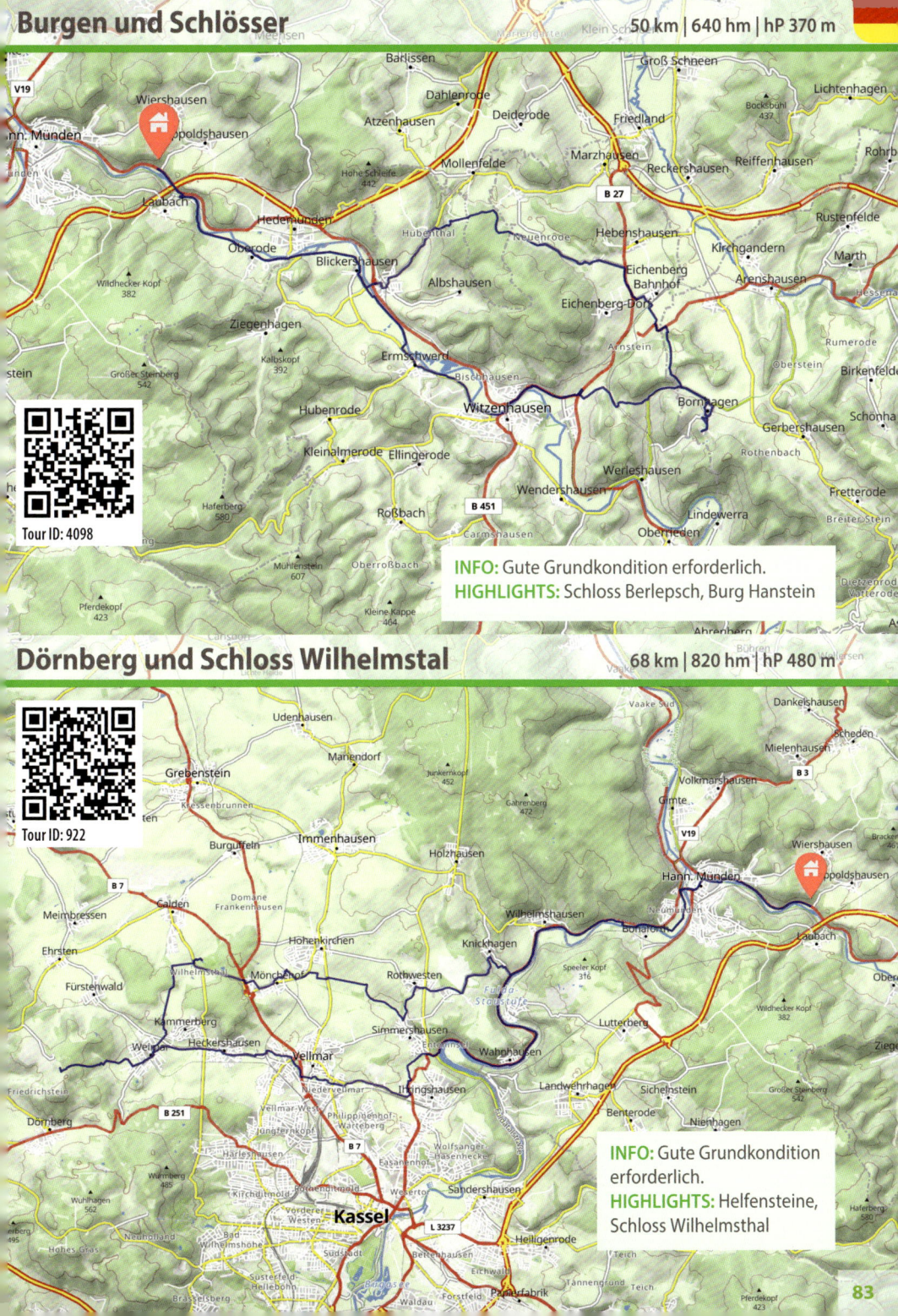

Teutoburger Wald
H&S Hotel Detmold**** Detmold

Inmitten der historischen Altstadt mit den geschichtsträchtigen Fachwerkhäusern und dem Residenzschloss liegt das stilvolle Residenz Hotel Detmold. Unsere Zimmer sind gemütlich und komfortabel eingerichtet. Beginnen Sie den Tag mit einem ausgiebigen Frühstück. Wir bieten Ihnen neben regionalen Köstlichkeiten auch internationale Speisen aus der ganzen Welt.

Paulinenstraße 19 • 32756 Detmold
Telefon +49 (0) 5231 / 9370
info.detmold@hs-hotels.de
www.residenz-detmold.de

Schloss-und Auenpark mit Ems Radweg
81 km | 590 hm | hP 340 m

Tour ID: 10526

INFO: Mittellange Tour mit einigen Höhenmetern. Gute Kondition erforderlich. Mischung aus Asphalt und unbefestigten Wegen.
HIGHLIGHTS: Birkendamm Fahrradstraße, Schloss-und Auenpark Schloß Neuhaus

Stausee Schiedersee

58 km | 450 hm | hP xx m

Tour ID: 10527

INFO: Mittellange Tour mit einigen Höhenmetern. Gute Kondition erforderlich. Überwiegend auf Asphalt.
HIGHLIGHTS: Residenzschloss Detmold, Schloss Schieder, Schiedersee

Hermannsdenkmal und Bielstein Runde

39 km | 840 hm | hP 390 m

Tour ID: 10528

INFO: Mittellange Tour mit einigen Höhenmetern. Gute Kondition erforderlich. Überwiegend auf Asphalt.
HIGHLIGHTS: Residenzschloss Detmold, Hermannsdenkmal, Bielstein

Teutoburger Wald

Waldhotel Peter auf´m Berge Bielefeld

Das Wald-Hotel-Restaurant Peter auf'm Berge ist ein freundlich geführtes Hotel, das alles bietet, was Reisende brauchen, um sich wohlzufühlen. Zu unseren Vorzügen gehört neben der modernen Ausstattung der Räumlichkeiten, dem Angebot von Restaurant, Saal und Biergartenbereich auch die schöne und verkehrstechnisch günstige Lage im Naturpark nördlicher Teutoburger Wald.

Bergstraße 45 • 33619 Bielefeld
Telefon +49 521 911260
info@peter-aufm-berge.de
www.peter-aufm-berge-bielefeld.de

Auf nach Osnabrück

104 km | 810 hm | hP 236 m

Tour ID: 941

INFO: Mittelschwere E-Bike-Tour. Gute Grundkondition erforderlich.
HIGHLIGHTS: Schloss Iburg

Münsterland

Hotel Rosenboom Nottuln

Unsere Bar und Restaurant erwartet Sie im Hotel in einer zentralen Lage in Nottuln. Der Longinus-Turm liegt 4 km vom Hotel entfernt, das kostenloses WLAN bietet. Radwege führen in direkter Nähe der Unterkunft und laden zur Erkundung der Umgebung ein. Unsere Zimmer sind gemütlich und komfortabel eingerichtet. Wir freuen uns auf Sie!

Burgstrasse 39 • 48301 Nottuln
Telefon +49 2502 / 2219566
info@holger-rosenboom.de
www.holger-rosenboom.de

Kurzer Besuch im Schloss Senden

55 km | 340 hm | hP 200 m

Tour ID: 825

INFO: gute Kondition erforderlich
HIGHLIGHTS:
Allee am Schloss Senden
Dortmund-Ems-Kanal
Klutensee

Münsterland

Alexianer Hotel Münster

In der münsterländischen Parklandschaft bietet das Hotel Komfort für die Nacht. Der Wasserturm stammt aus dem Jahr 1911. Mit dem Umbau wurde alles kernsaniert, dennoch blieb der Charme erhalten.
28 Einzel- & 19 Doppelzimmer sind allesamt barrierefrei, 4 Zimmer sind zusätzlich rollstuhlgerecht. Das Hotel ist ein Inklusionsbetrieb. Hier arbeiten Menschen mit und ohne Behinderungen Seite an Seite.

Alexianerweg 9 • 48163 Münster
Telefon 02501 966 23100
hotel-wasserturm@alexianer.de
www.hotel-am-wasserturm.alexianer.de

Hiltruper See – Hohe Ward Runde

48 km | 120 hm | hP 70 m

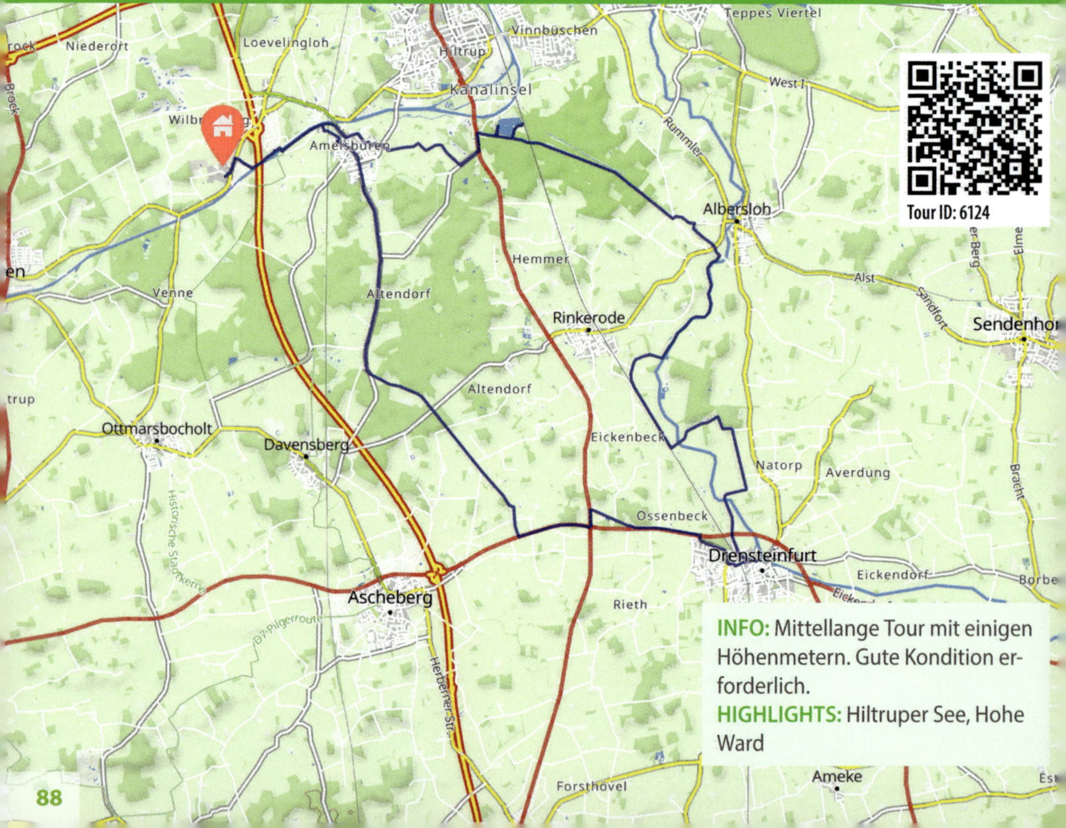

Tour ID: 6124

INFO: Mittellange Tour mit einigen Höhenmetern. Gute Kondition erforderlich.
HIGHLIGHTS: Hiltruper See, Hohe Ward

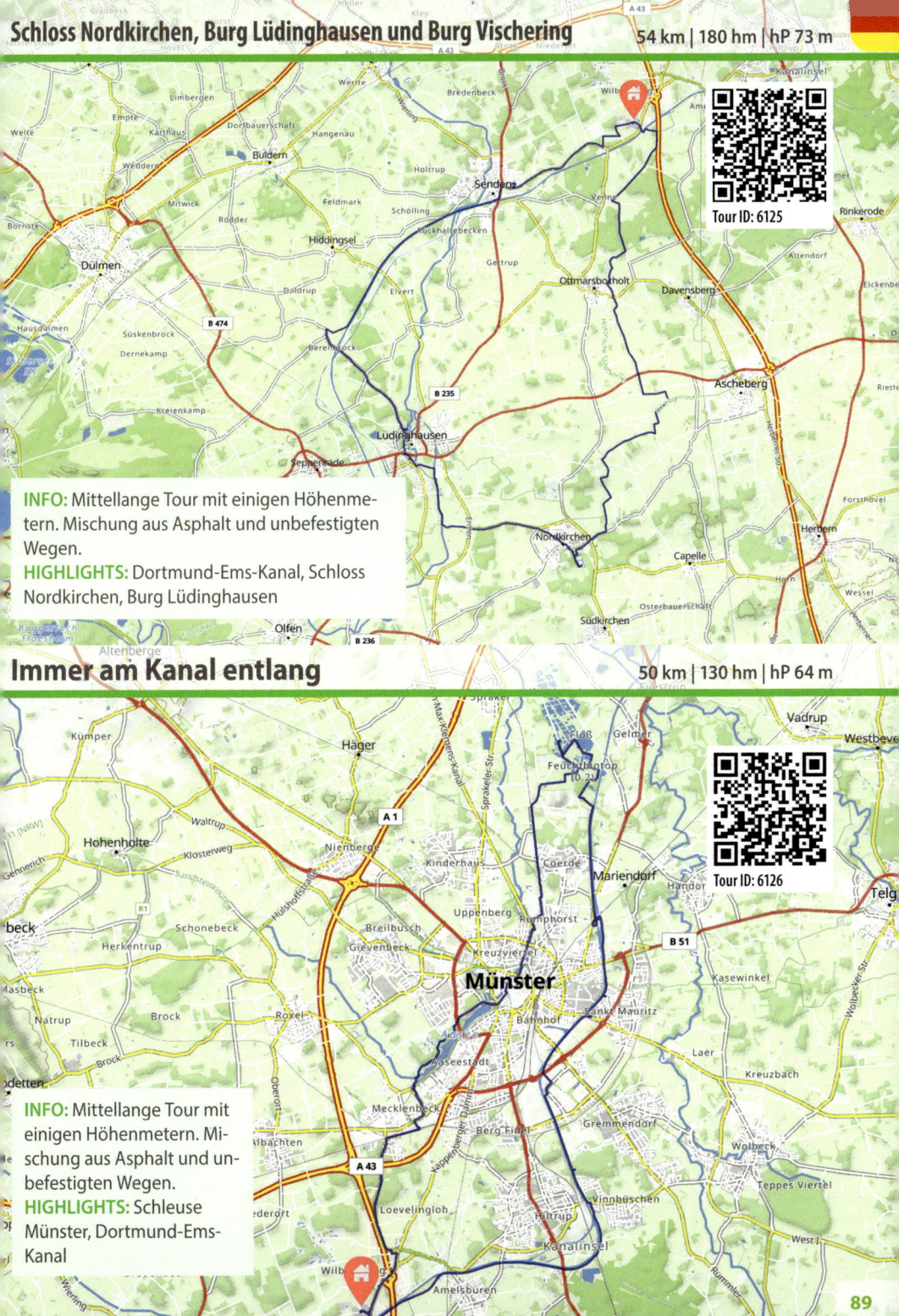

Münsterland
H&S Hotel Wildpferd Dülmen

Zwischen Wildpferden, Seenplatte und den Baumbergen-Dülmen. Wildpferde, Pilgerpfade, Straßentheater und Radwanderwege – das sind nur einige der Attraktionen, die Dülmen zu bieten hat. Ob Sie Natur oder Kultur bevorzugen, sich sportlich betätigen oder einfach relaxen möchten, ländliche Abgeschiedenheit oder städtischen Trubel genießen wollen – das H&S Hotel Wildpferd Dülmen hat's.

Münsterstraße 52 • 48249 Dülmen
Telefon +49 2594 9710
info.duelmen@hs-hotels.de
www.hshotel-duelmen.de

Hullerner Stausee

44 km | 180 hm | hP 72 m

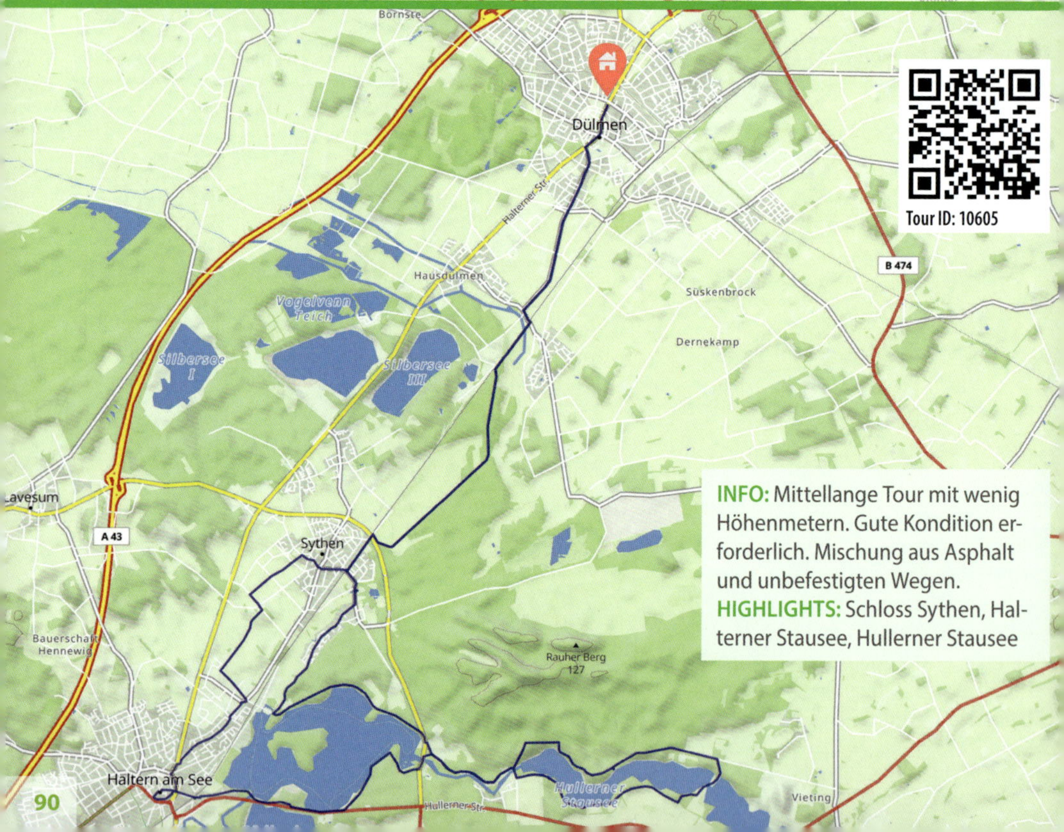

Tour ID: 10605

INFO: Mittellange Tour mit wenig Höhenmetern. Gute Kondition erforderlich. Mischung aus Asphalt und unbefestigten Wegen.
HIGHLIGHTS: Schloss Sythen, Halterner Stausee, Hullerner Stausee

Dortmund-Ems-Kanal

81 km | 270 hm | hP 95 m

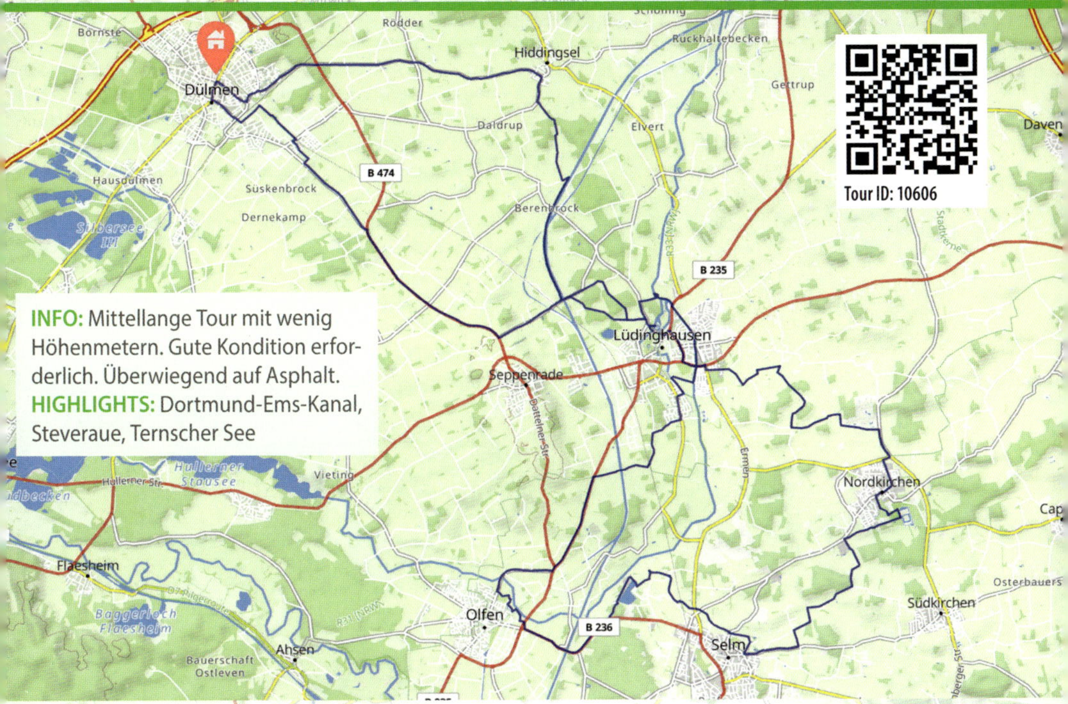

INFO: Mittellange Tour mit wenig Höhenmetern. Gute Kondition erforderlich. Überwiegend auf Asphalt.
HIGHLIGHTS: Dortmund-Ems-Kanal, Steveraue, Ternscher See

Tour ID: 10606

Rhododendronwald in Welte

44 km | 160 hm | hP 97 m

INFO: Mittellange Tour mit wenig Höhenmetern. Gute Kondition erforderlich. Überwiegend auf Asphalt.
HIGHLIGHTS: Rhododendronwald in Welte, Eisenbahnmuseum „Alter Bahnhof Lette", Schloss Coesfeld

Tour ID: 10607

Niederrhein-Ruhrgebiet
Wald & Golfhotel Lottental Bochum

Wir begrüßen Sie in unserem 3-Sterne-Garni-Hotel, direkt am grünen Gürtel in Bochums Süden gelegen – nur 10 Minuten entfernt von der Bochumer Innenstadt. Wir sind hier mitten im Naherholungsgebiet des Bochumer Südens. Sie finden in unmittelbarer Nähe zahlreiche Angebote für sportliche Aktivitäten. Weil wir in unserem Garni-Hotel nur Übernachtungen mit einem reichhaltigen Frühstücksbuffet und eine Bar mit ausgesuchtem Getränkesortiment anbieten, empfehlen wir Ihnen gerne gute Küchen in unserer Nähe.

Grimbergstrasse 52a • 44797 Bochum
Telefon +49 234 97960
info@lottental.de
www.lottental.de

Ruhrtalfähre und der Syberg
57 km | 630 hm | hP 250 m

Tour ID: 10237

INFO: Mittellange Tour mit einigen Höhenmetern. Mischung aus Asphalt und unbefestigten Wegen.
HIGHLIGHTS: Ruhrwasserfall, Ruine Hardenstein, Entlang der Ruhrtalbahn, Der Syberg

Zeche Ewald – Grimberger Sichel
66 km | 370 hm | hP 160 m

Tour ID: 10378

INFO: Mittellange Tour mit einigen Höhenmetern. Mischung aus Asphalt und unbefestigten Wegen.
HIGHLIGHTS: Zeche Ewald, Grimberger Sichel, Knotenpunkt 44 - Zoom Erlebniswelt

Leinpfad bei Hattingen und Kemnader See
62 km | 380 hm | hP 130 m

Tour ID: 10239

INFO: Mittellange Tour mit wenig Höhenmetern. Mischung aus Asphalt und unbefestigten Wegen.
HIGHLIGHTS: Kemnader See, Ruhrtalradweg bei Hattingen, Leinpfad bei Hattingen

Niederrhein -Ruhrgebiet

Webers - Das Hotel im Ruhrturm Essen

Im Herzen des Ruhrgebiets, ideal gelegen am schönen Ruhrtalradweg ist das Webers Hotel - das Hotel im Ruhrturm der ideale Ausgangspunkt für Ihre Radtouren im Ruhrgebiet. Verkehrsgünstig und durch ruhig zu den wichtigsten Knotenpunkten der Ruhrmetropole, direkt an den Autobahnen A52 und A40 gelegen, ist das Hotel die beste Übernachtungsmöglichkeit in Essen. Nur wenige Autominuten ist das Zentrum, die Messe Essen und viele besondere Highlights rund um Essen zu erreichen. 137 komfortabel eingerichtete Zimmer in drei Kategorien bieten den idealen Rahmen für Ihre Reise und Ihren Kurzurlaub um die pulsierende Kraft des Ruhrgebiets zu erleben.

Huttropstraße 60 • 45138 Essen
Telefon +49 201 17003 300
info@webershotel.de
www.webershotel.de

Schulenbergtunnel – Die Trassen „Schlucht" Runde 101 km | 890 hm | hP 290 m

Tour ID: 10808

INFO: Lange Tour mit einigen Höhenmetern. Gute Kondition erforderlich. Überwiegend auf Asphalt.
HIGHLIGHTS: Bahntrassenradweg „Kohlenbahn", Schulenbergtunnel

Gruga Radweg – Rhein-Herne-Kanal

50 km | 300 hm | hP 120 m

Tour ID: 10809

INFO: Mittellange Tour mit wenig Höhenmetern. Überwiegend auf Asphalt.
HIGHLIGHTS: Gruga Radweg, Rhein-Herne-Kanal, Zeche Bonifacius

Das wunderschöne Deilbachtal

64 km | 750 hm | hP 270 m

Tour ID: 10810

INFO: Mittellange Tour mit einigen Höhenmetern. Gute Kondition erforderlich. Überwiegend auf Asphalt.
HIGHLIGHTS: Ausblick auf Baldeneysee, Kampmannbrücke, Deilbachtal, Baldeneysee

Niederrhein

Wegermann´s Bio-Landhotel Hattingen

Wegermann's Bio-Landhaus im Wodantal am Rande der „Elfringhauser Schweiz"liegt in einem Stück Natur mitten im Revier. Dies bezieht sich durchaus nicht nur auf die reizende Gegend, in der das Landhaus liegt. Auch Küche und Keller präsentieren sich natürlich, angereichert mit der Kreativität eines Kochs, der den Eigengeschmack der Zutaten verstärken, nicht aber mit allerlei Schnick-Schnack überdecken will

Wodantal 62 • 45529 Hattingen
Telefon +49 2324 395010
info@wegermanns-bio-landhaus.de
www.wegermanns-bio-landhaus.de

Bahntrassenradweg

48 km | 490 hm | hP 239 m

Tour ID: 826

INFO: Schwere Fahrradtour. Sehr gute Kondition erforderlich.
HIGHLIGHTS: Schulenbergtunnel, Bahntrassenradweg „Kohlenbahn", Ruhrtalfähre

Eifel
Hof Eulenhof Gransdorf

Zentral gelegen, inmitten von grünen Wiesen, in ruhiger Umgebung, finden Sie unser 3 Sterne Hotel. Hier können Sie, nach einem leckeren Frühstück, gerne auch mit Lunchpaket, zu den Touren mit dem eBike, direkt vor unserer Haustür starten. Gerne helfen wir Ihnen auch dabei, die richtige Route zu finden. Nach einem tollen Tag laden unser neugestalteter Innenhof, die Liegewiese oder unsere Café Lounge zum Verweilen ein. In unseren gemütlichen Zimmern können Sie den Tag ausklingen lassen.

Hof Eulendorf 2 • 54533 Gransdorf
Tel.: 0171 6041047
E-Mail: corina.schneider@icloud.com

Rund um die AirBase Spangdahlem herum
51 km | 780 hm | hP 400 m

Tour ID: 4195

INFO: Grundkondition erforderlich
HIGHLIGHTS: An der Kyll entlang, Torschänke in Dudeldorf, Bahntrassenweg zwischen Philippsheim und Dudelsdorf

Eifel
Hotel-Restaurant Pappelhof Weidenbach

In romantischer Alleinlage, direkt am Wald, erwartet Sie der Pappelhof. Wenn Sie Ruhe und Entspannung suchen, die Natur erleben möchten und das alles in familiärer Atmosphäre, dann kommen Sie zu uns. Mit dem Lift erreichen Sie die modernen Gästezimmer (59 Betten), alle ausgestattet mit Dusche, WC, Telefon und teilweise Balkon. Die vielgelobte Küche bietet auch dem verwöhnten Gaumen Freude und Abwechslung.

An der B 257 • 54570 Weidenbach
Telefon +49 6599 810
info@hotel-pappelhof.de
www.pappelhof.de

Bertradaburg – Salm Runde von Weidenbach   47 km | 740 hm | hP 640 m

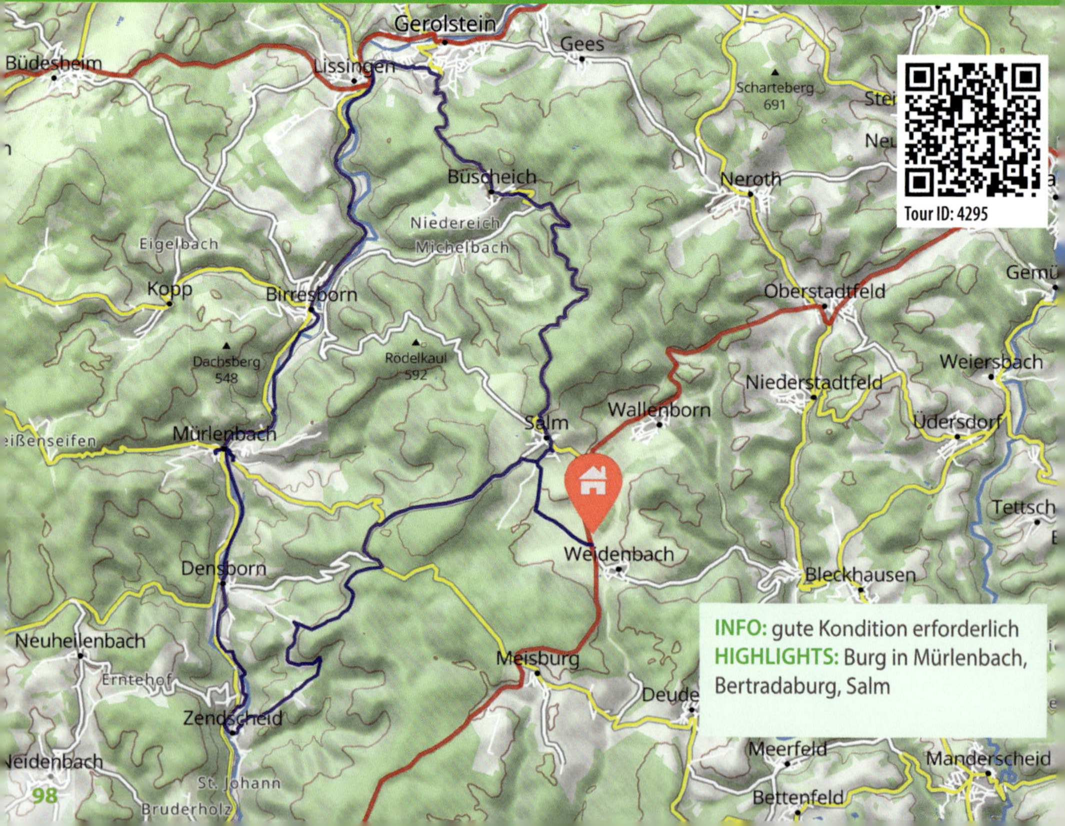

Tour ID: 4295

INFO: gute Kondition erforderlich
HIGHLIGHTS: Burg in Mürlenbach, Bertradaburg, Salm

Dechentunnel Kyll-Radweg

51 km | 740 hm | hP 580 m

Tour ID: 4296

INFO: gute Kondition erforderlich
HIGHLIGHTS: Dechentunnel Kyll-Radweg, Burg in Mürlenbach, Bertradaburg

Meerfelder Maar – Bertradaburg

57 km | 860 hm | hP 630 m

Tour ID: 4297

INFO: gute Kondition erforderlich
HIGHLIGHTS: Bleckhausener Mühle, Meerfelder Maar

Eifel
Waldhotel Kurfürst **Kaisersesch**

Wir verfügen über insgesamt 23 Zimmer, die in verschiedene Kategorien und Größen aufgeteilt sind. Alle Zimmer sind mit Dusche/WC, Föhn, Kosmetikspiegel, Flachbildfernseher, Radio, Telefon, W-LAN (WiFi), Kühlschrank, Balkon oder Terrasse ausgestattet. Wir bieten Ihnen in unserem Restaurant eine stets aktuelle, sehr saisonal ausgerichtete Speisekarte.

Auf der Wacht 21 • 56759 Kaisersesch
Telefon +49 2653 / 98710
info@waldhotel-kurfuerst.com
www.waldhotel-kurfuerst.de

Zum alten Eisenbahntunnel

58 km | 730 hm | hP 510 m

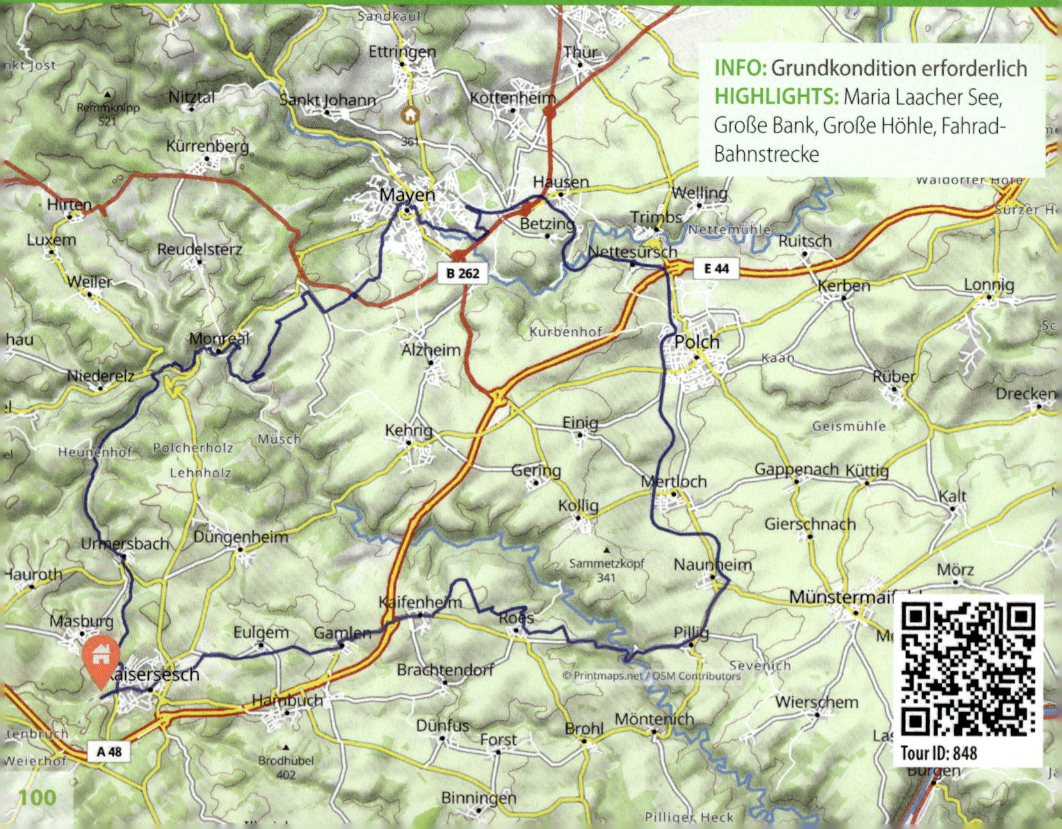

INFO: Grundkondition erforderlich
HIGHLIGHTS: Maria Laacher See, Große Bank, Große Höhle, Fahrad-Bahnstrecke

Tour ID: 848

Tour der Aussichtstürme

65 km | 1120 hm | hP 570 m

Tour ID: 849

INFO: Gute Kondition erforderlich
HIGHLIGHTS: Dauner Viadukt mit Aussichtsplatz, Aussichtsturm bei Sassen, Dauner Viadukt, Vulcano Infoplattform

Ein Besuch an der Mosel

81 km | 1190 hm | hP 541 m

Tour ID: 850

INFO:
Gute Kondition erforderlich
HIGHLIGHTS: Jungferweiher, Cochem, schöner Blick auf Burg Pyrmont

Eifel

Landhaus Schend Immerath

Lassen Sie sich verwöhnen in unserem komfortablen Haus mit kleinem Wellness-Bereich. Nach einem reichhaltigen Frühstücksbuffet starten Sie in den Tag. Die Streckenführung unserer dreitägigen „Eifler Rad-Erlebnisse" ist außergewöhnlich. Vorbei an Maaren, den Kraterseen erloschener Vulkane, führt sie hinab ins malerische Moseltal mit seinen Weinbergen. Und das immer entlang des Maare-Mosel-Radwegs. Insgesamt 55 Kilometer lang, lässt er sich gut in Etappen erkunden.

Hauptstr. 9 • 54552 Immerath
Tel. +49 6573 306
E-Mail: landhaus-schend@t-online.de
www.landhaus-schend.de

Schalkenmehren & Weinfelder Maar

55 km | 790 hm | hP 580 m

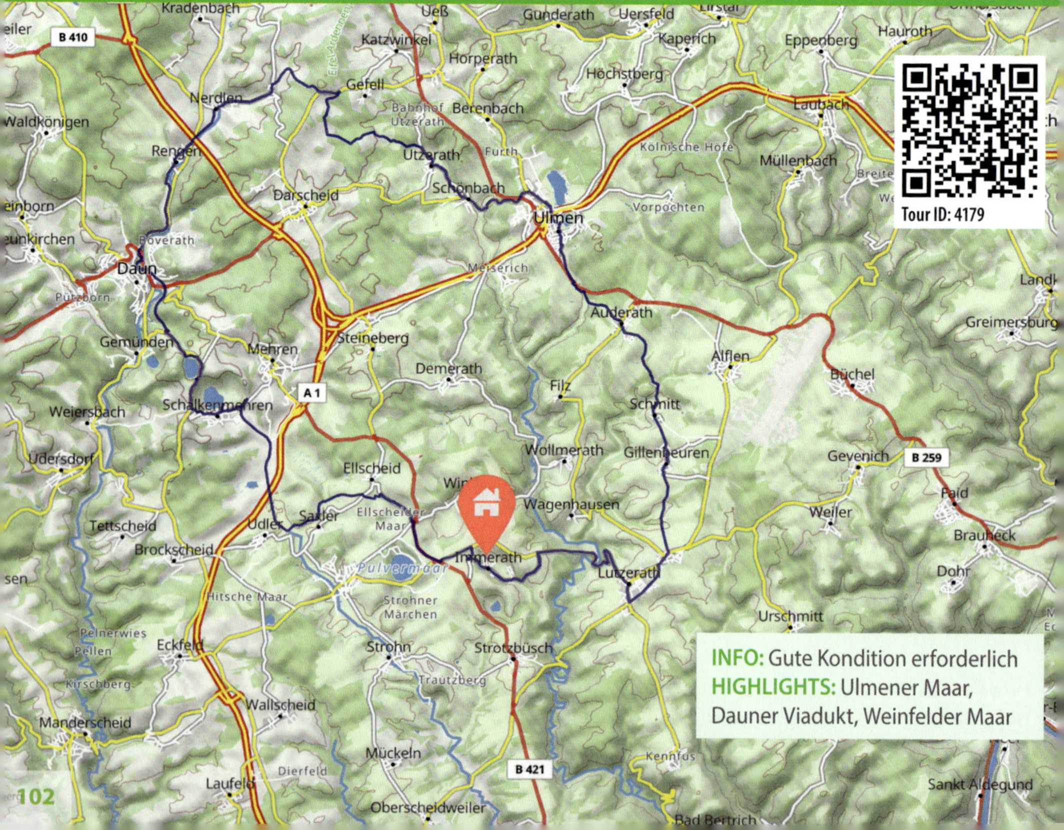

Tour ID: 4179

INFO: Gute Kondition erforderlich
HIGHLIGHTS: Ulmener Maar, Dauner Viadukt, Weinfelder Maar

Kloster Ruine Stuben & Moselschleife

62 km | 870 hm | hP 430 m

Tour ID: 4180

INFO: Gute Kondition erforderlich
HIGHLIGHTS: Kloster Ruine Stuben, Moselschleife bei Bremm

Besuch an der Mosel

73 km | 950 hm | hP 470 m

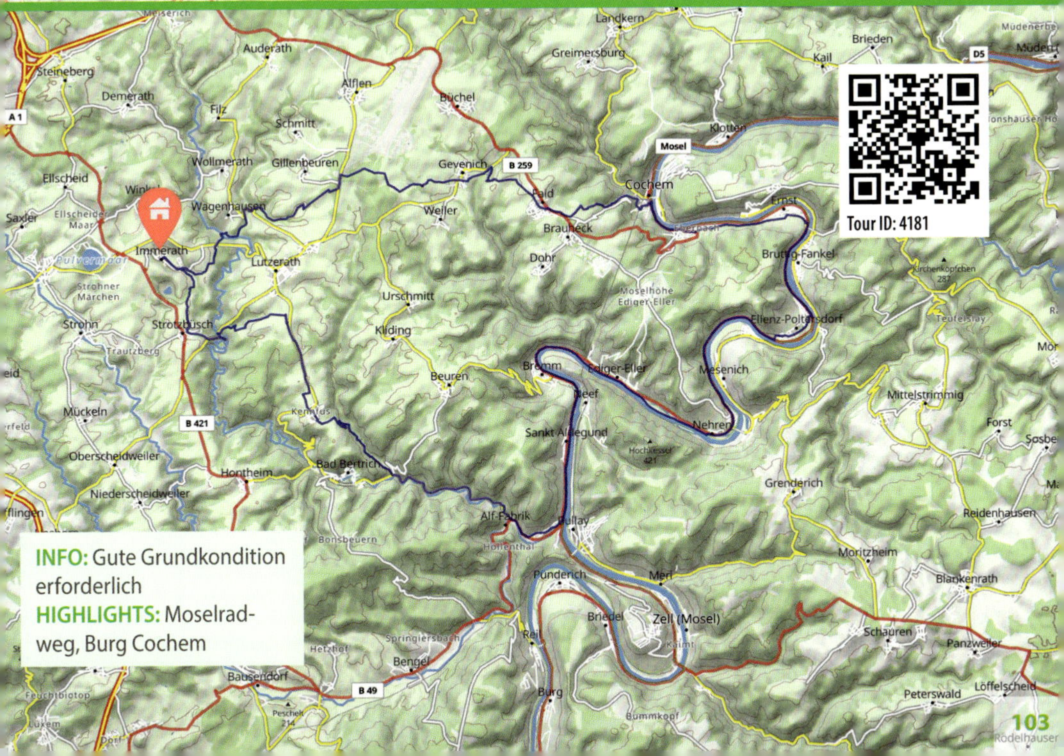

Tour ID: 4181

INFO: Gute Grundkondition erforderlich
HIGHLIGHTS: Moselradweg, Burg Cochem

Hunsrück

Hotel Venezia Sohren

In unserem Hotel stehen Ihnen 5 Mehrbettzimmer, 8 Doppelzimmer und 2 Einzelzimmer zur Verfügung. Sämtliche Doppelzimmer können auch als Einzelzimmer gebucht werden. Für unsere Hotelgäste, die am Flughafen Hahn ankommen oder abfliegen, bieten wir unseren kostenlosen Shuttle-Service an. Auch sind wir gerne bei der Planung Ihrer Weiter- und Rückreise behilflich.

Niedersohrener Str. 14 • 55487 Sohren
Telefon +49 6543 98880
info@hotel-pizzeria-venezia.de
www.hotel-pizzeria-venezia.de

Besuch an der Mosel

97 km | 1310 hm | hP 560 m

Tour ID: 4093

INFO: gute Kondition erforderlich
HIGHLIGHTS: Radweg an der Mosel

Durch den Hunsrück

86 km | 1130 hm | hP 480 m

INFO: gute Kondition erforderlich
HIGHLIGHTS: Sohren, Kirchberg

Tour ID: 4093

Nördlich von Sohren

54 km | 530 hm | hP 530 m

INFO: Grundkondition erforderlich
HIGHLIGHTS: Flugplatz Nannhausen

Tour ID: 4094

Saarland
Schwarzrinderseen WeinDorf Weiskirchen

Entspannen Sie in Europas ersten Fasshotel. Hoher Schlafkomfort sowie ein eigenes voll ausgestattetes Badezimmerfass sorgen für einen gemütlichen Aufenthalt. Die Gastronomie „Der WeinStrand" lädt zum Essen und Verweilen in besonderem Ambiente ein.
Bei uns findet Ihr familiengerechte Strecken entlang der Flusstäler, genauso wie schweißtreibende Anstiege.

Schwarzrindersee 1A • 66709 Weiskirchen
Telefon +49 (0) 6874 / 6516
info@dasweindorf.de
www.dasweindorf.de

Besuch in Trier 90 km | 1440 hm | hP 600 m

Tour ID: 914

INFO: Schwere E-Bike-Tour. Sehr gute Kondition erforderlich.
HIGHLIGHTS: Entlang der Weinberge, Porta Nigra

Saarland
Holiday Inn Express Hotel Merzig **Merzig**

Das Holiday Inn Express Hotel Merzig liegt im Sport- und Freizeitpark Merzig, einem Freizeit- und Erholungsgebiet mit Restaurants, einem Brauhaus, einem Wellness- und Spa-Center mit Schwimmbad sowie mehreren Sporteinrichtungen. Durch die Verkehrsgünstige Lage und der direkten Anbindung an den Saar-Rad-Weg lassen sich eine Vielzahl an Ausflügen planen. Am Morgen starten Sie mit unserem Express-Start Frühstück gestärkt in den Tag.

Saarwiesenring 4 • 66663 Merzig
Telefon +49 0861 / 80700
info@hiexmerzig.com
www.ihg.com

3-Länder-Tour

71 km | 920 hm | hP 420 m

INFO: Schwere E-Bike-Tour. Sehr gute Kondition erforderlich.
HIGHLIGHTS: Monument „Schengener Abkommen"

Tour ID: 912

Besuch in Trier
98 km | 600 hm | hP 260 m

INFO: Mittelschwere E-Bike-Tour. Gute Grundkondition erforderlich.
HIGHLIGHTS: Dom Trier

Tour ID: 914

Besuch in Saarbrücken
90 km | 320 hm | hP 206 m

Tour ID: 913

INFO: Mittelschwere E-Bike-Tour. Gute Grundkondition erforderlich.
HIGHLIGHTS: Fußgängerzone Saarbrücken

Saarland

Buchnas Landhotel Saarschleife Mettlach

Erkunden Sie das Dreiländereck Frankreich-Saarland-Luxemburg mit herrlichen E-Bike Touren. Lassen Sie sich von unserem gastlichen Wohlfühl-Ambiente in unserer Buchnas Landzeit – Wellness & Spa verwöhnen. Genießen Sie in unseren Restaurants Buchnas Dorfküche – bodenständig & lecker, kreative und regionale Speisen in lockerem Ambiente und Buchnas Landküche – feines Essen, ambitionierte, regionale und handwerklich traditionelle Speisen.

Cloefstraße 44 • 66693 Mettlach-Orscholz
Telefon +49 6865 1790
info@hotel-saarschleife.de
www.hotel-saarschleife.de

Chateau de Malbrouck – Allee Runde

52 km | 570 hm | hP 420 m

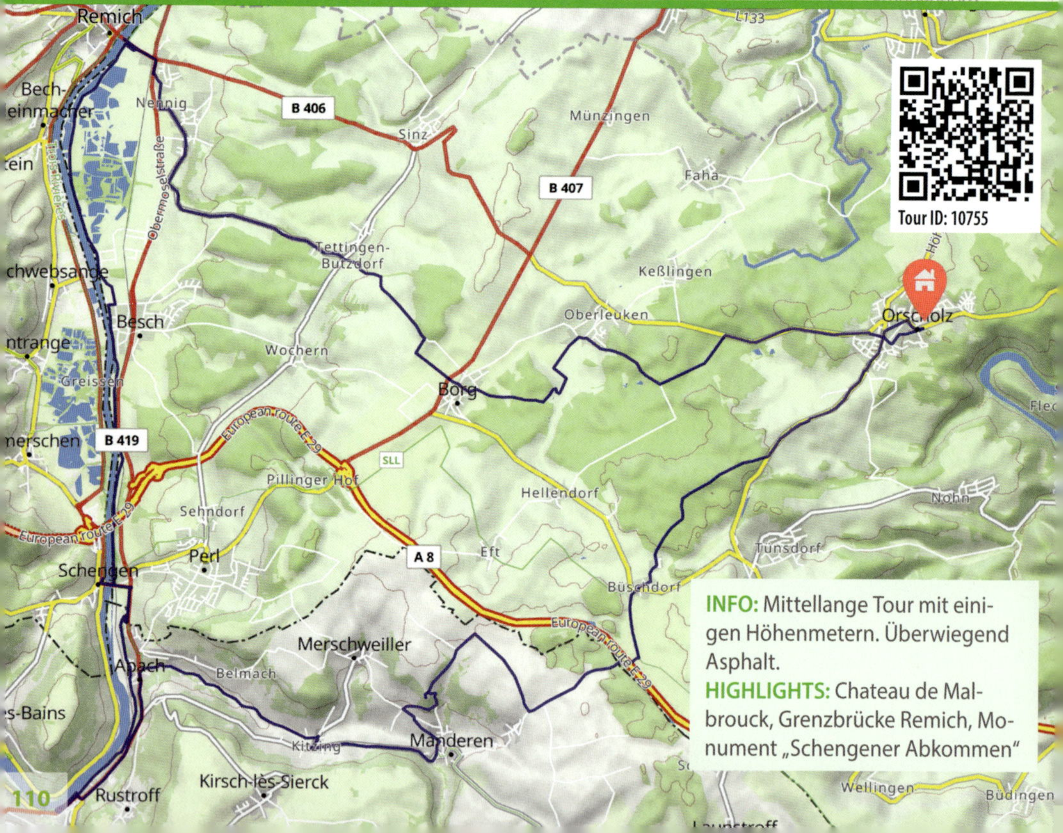

Tour ID: 10755

INFO: Mittellange Tour mit einigen Höhenmetern. Überwiegend Asphalt.
HIGHLIGHTS: Chateau de Malbrouck, Grenzbrücke Remich, Monument „Schengener Abkommen"

Burgblick Runde von Mettlach

65 km | 730 hm | hP 410 m

Tour ID: 10756

INFO: Mittellange Tour mit einigen Höhenmetern. Überwiegend Asphalt.
HIGHLIGHTS: Generaldirektion von Villeroy und Boch, Burgruine und die St. Laurentius

Römische Villa Borg

50 km | 660 hm | hP 410 m

Tour ID: 10757

INFO: Mittellange Tour mit einigen Höhenmetern. Überwiegend Asphalt.
HIGHLIGHTS: Römische Villa Borg, Monument „Schengener Abkommen"

Palz

Landhaus Tausendschön Fischbach

Unsere 8 Doppelzimmer und 1 Einzelzimmer mit der Möglichkeit von Zustellbetten, ist jedes im eigenem Stil, alle mit Dusche und WC, Fernseher, Fön, Kühlschrank und Safe ausgestattet, teilweise ist ein Balkon verfügbar. Auf unsere Übernachtungsgäste wartet ein reichhaltiges Frühstücksbüffet, für einen guten Start in den Morgen.

Bitscher Straße 7a • 66996 Fischbach
Telefon +49 6393 / 5718
info@landhaus-tausendschoen.de
www.landhaus-tausendschoen.de

Wissembourg, Bad Bergbauern und Klingenmünster

78 km | 1000 hm | hP 370 m

Tour ID: 4076

INFO: Gute Kondition erforderlich
HIGHLIGHTS: Wissenbourg centre ville, Bad Bergzabern

Tour de France

53 km | 660 hm | hP 300 m

INFO: Grundkondition erforderlich
HIGHLIGHTS: Jaegerthal

Besuch in Pirmasen

76 km | 950 hm | hP 450 m

INFO: Gute Kondition erforderlich
HIGHLIGHTS: Bismarkdenkmal, Radweg Richtung Kaltenbach

Tour ID: 4077

Tour ID: 4078

Pfalz

Art-Hotel Braun Kirchheimbolanden

Ein Urlaub auf dem Land soll langweilig sein? Nicht bei uns! Direkt an der historischen Altstadt von Kirchheimbolanden, der „kleinen Residenz" gelegen und nur 5 Minuten Autofahrt oder 15 Wanderminuten oder 10 Minuten mit dem ebike mitten in die Weinberge, Felder und Wälder rund um den Donnersberg, den höchsten Berg der Pfalz. Bei uns haben Sie die Möglichkeit eine Auszeit mitten in der Natur und am Abend einen Bummel in unserer Altstadt oder eine kulinarische Rundreise durch unsere regionalen Restaurants und Bars zu genießen.

Uhlandstr. 1 • 67292 Kirchheimbolanden
Telefon +49 (0) 6352 40060
info@hotelbraun.de
www.hotelbraun.de

Worms und Schloss Alzey

80 km | 440 hm | hP 320 m

Tour ID: 10244

INFO: Mittellange Tour mit einigen Höhenmetern. Überwiegend Asphalt.
HIGHLIGHTS: Rossmarkt, Schloss Alzey, Radweg an der Pfrimm

Selzquelle – Blick auf Flonheim

68 km | 720 hm | hP 360 m

Tour ID: 10245

INFO: Mittellange Tour mit einigen Höhenmetern. Überwiegend Asphalt.
HIGHLIGHTS: Selzquelle, Rossmarkt, ehemalige Kloster Sion

Tour zum Drosselfels

44 km | 680 hm | hP 440 m

Tour ID: 10246

INFO: Mittellange Tour mit einigen Höhenmetern. Überwiegend Asphalt.
HIGHLIGHTS: Selzquelle, Schneckenturm, Drosselfels

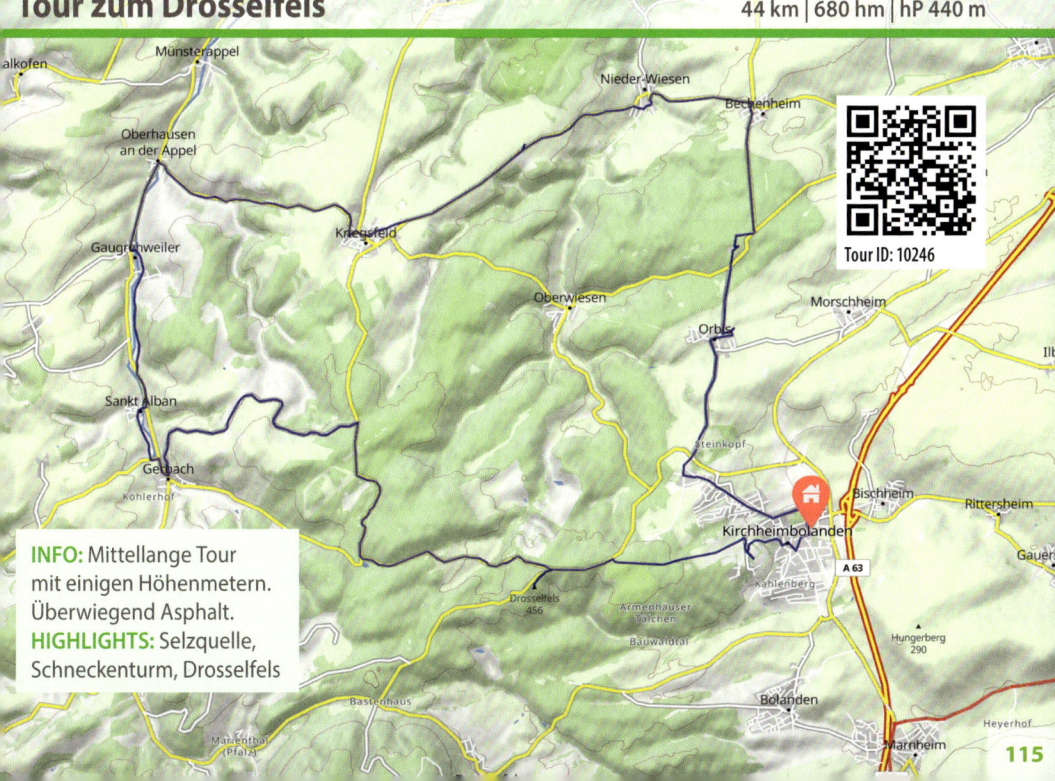

Rheinhessen

Hotel Amtsgerichts Blick Oppenheim

Zwei Leidenschaften, Zwei Hotels, Eine Gastgeberfamilie
Egal ob Sie die Region Rhein-Selz erwandern oder mit dem Fahrrad erkunden möchten, in Oppenheim sind sie immer richtig! Das Hotel Altes Amtsgericht liegt direkt am Rhein-Terrassenweg und bietet neben den 14 Zimmern im historischen Gemäuer, Tagungs- und Veranstaltungsräume sowie ein Café. Genießen Sie im Terrassengarten mit Panorama-Blick über Rheinebene und Weinberge hausgemachten Kuchen und Kaffee-Spezialitäten. Das Hotel Amtsgerichts Blick wurde 2020 fertiggestellt und bietet 43 großzügige Doppel- und Familienzimmer direkt am Rheinradweg.

Am Wattengraben 14 • 55276 Oppenheim
Telefon +49 6133 / 5724963
amtsgericht@weisrock.net
www.amtsgerichtsblick.de

Zu Besuch auf Schloss Alzey

60 km | 510 hm | hP 250 m

Tour ID: 11104

INFO: Mittellange Tour mit einigen Höhenmetern. Gute Kondition erforderlich. Überwiegend auf Asphalt.
HIGHLIGHTS: Schloss Alzey, Altstadt Alzey

116

Mainzer Dom mit Marktplatz

84 km | 510 hm | hP 200 m

Tour ID: 11105

INFO: Mittellange Tour mit einigen Höhenmetern. Gute Kondition erforderlich. Überwiegend auf Asphalt.
HIGHLIGHTS: Mainzer Dom mit Marktplatz, Mainzer Rhein Promenade

Besuch am Rhein

115 km | 1010 hm | hP 290 m

Tour ID: 11106

INFO: Lange Tour mit vielen Höhenmetern. Gute Kondition erforderlich. Mischung aus Asphalt und unbefestigten Wegen. Gutes Akkumanagement oder nachladen erforderlich.
HIGHLIGHTS: Wartturm Nierstein, Blick zum Niederwalddenkmal

Romantischer Rhein

Hotel Felsenkeller Rüdesheim

Wir nehmen uns Zeit für jeden Gast und schaffen ein Ambiente zum Wohlfühlen, Entspannen und Genießen. Eine Garage für Ihr eBike halten wir natürlich bereit. Ebenso Tourentipps und Ausflugsziele. Wir sind auf den auf euch vorbereitet und freuen uns auf Ihren Besuch!

Oberstr. 39/41 • 65385 Rüdesheim am Rhein
Telefon +49 6722 94250
buero@felsenkeller-ruedesheim.de
www.felsenkeller-ruedesheim.de

Niederwald-Denkmal-Denkmal-Runde

67 km | 1450 hm | hP 444 m

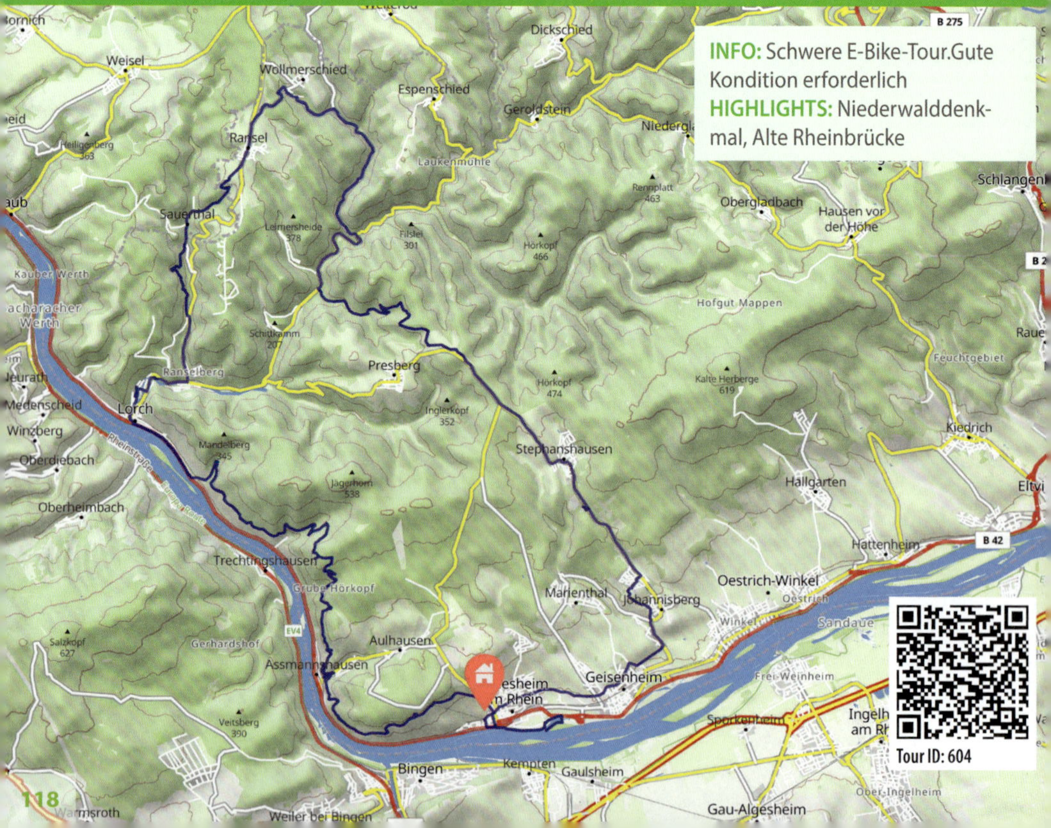

INFO: Schwere E-Bike-Tour. Gute Kondition erforderlich
HIGHLIGHTS: Niederwalddenkmal, Alte Rheinbrücke

Tour ID: 604

Besuch in Eltville und Ingelheim

72 km | 360 hm | hP 266 m

Tour ID: 4015

INFO: Gute Grundkondition erforderlich
HIGHLIGHTS: Napoleonsturm Sprendlingen, Eltville am Rhein

Besuch in Mainz

65 km | 150 hm | hP 98 m

Tour ID: 880

INFO: leichte E-Bike-Tour
HIGHLIGHTS: Alte Kaiserbrücke in Mainz, Neues Rheinufer, Mainzer Dom

Romantischer Rhein
Burghotel Reichenstein Trechtingshausen

Für Genießer, die das Besondere suchen. Das Burghotel Reichenstein verwöhnt mit 24 Zimmern, die mittelalterliches Burgflair mit modernem Wohngenuss vereinen. Im Restaurant Puricelli genießen Sie eine klassisch-regionale Küche modern interpretiert und liebevoll angerichtet. Räder können kostenlos untergestellt werden. E-Bikes können kostenlos aufgeladen werden.

Burgweg 24 • 55413 Trechtingshausen
Telefon +49 (0) 6721 6117
info@burg-reichenstein.com
www.burg-reichenstein.com

Burgenrunde

70 km | 740 hm | hP 463 m

Tour ID: 881

INFO: Mittelschwere Tour. Gute Kondition erforderlich.
HIGHLIGHTS: Fähre St. Goar- St. Goarshausen, Burg Katz, Loreley

Rund um Stromberg

83 km | 1040 hm | hP 615 m

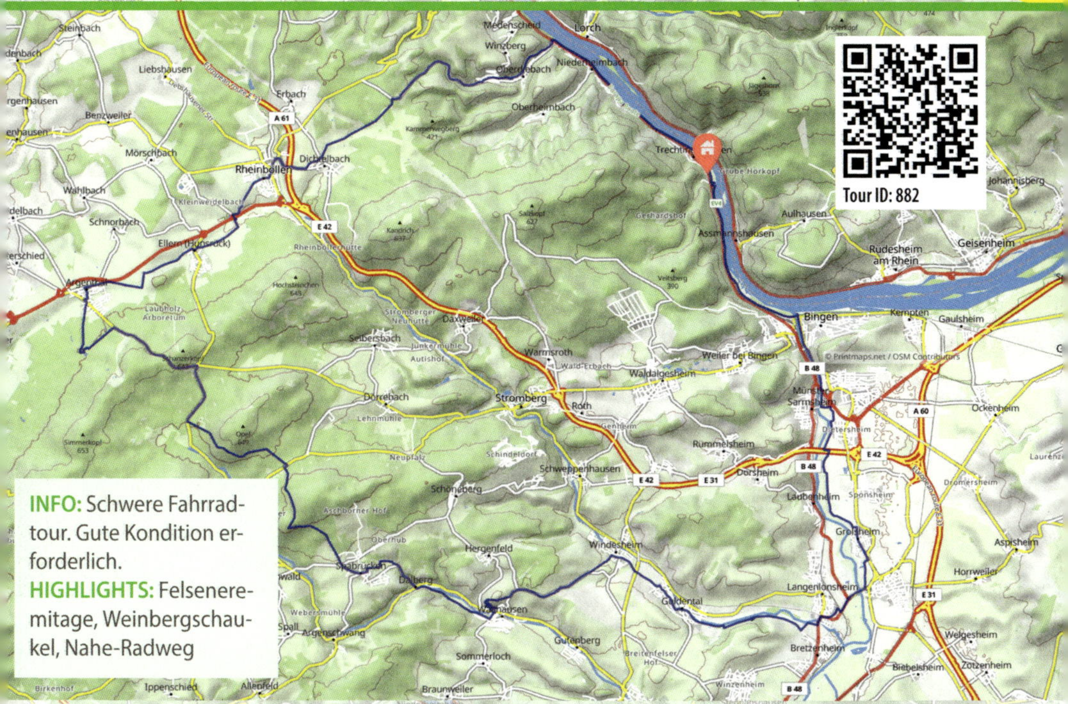

Tour ID: 882

INFO: Schwere Fahrradtour. Gute Kondition erforderlich.
HIGHLIGHTS: Felseneremitage, Weinbergschaukel, Nahe-Radweg

Rund um Bad Kreuznach

83 km | 850 hm | hP 363 m

Tour ID: 883

INFO: Mittelschwere Fahrradtour. Kondition erforderlich.
HIGHLIGHTS: Nahe-Radweg, Burgmuseum Reichenstein, Rhein-Nahe Eck, Mäuseturm

Romantischer Rhein

Hotel Restaurant Krone Kestert/Rhein

Seit dem 19ten Jahrhundert pflegt das Hotel Krone Gastlichkeit in Kestert.

Die herrliche Lage unseres Hotels in der faszinierenden Rheinregion ist Voraussetzung für pure Lebensfreude. Seit vielen hundert Jahren hat sich die Landschaft nicht verändert, aber die Art und Weise sie zu erleben und Urlaub zu machen. Im Rheintal laden eine durchgehende Fahrradstrecke entlang des Rheins zum gemächlichen Fahren ein. Nutzen Sie unser Hotel als Ausgangspunkt ihre Touren.

Rheinstraße 37 • 56348 Kestert/Rhein
Telefon +49 (0)6773 / 7142
info@krone-kestert.de
www.krone-kestert.de

Besuch in Schlangenbad

106 km | 1290 hm | hP 547 m

Tour ID: 884

INFO: Schwere E-Bike-Tour. Sehr gute Kondition erforderlich.
HIGHLIGHTS: Schlangenbad, Eltville am Rhein, Rüdesheim

Rhein und Mosel

78 km | 530 hm | hP 416 m

INFO: Mittelschwere E-Bike-Tour. Grundkondition erforderlich.

HIGHLIGHTS: Schloss Stolzenfels, Altstadt Koblenz, Kobern-Gondorf

Tour ID: 4096

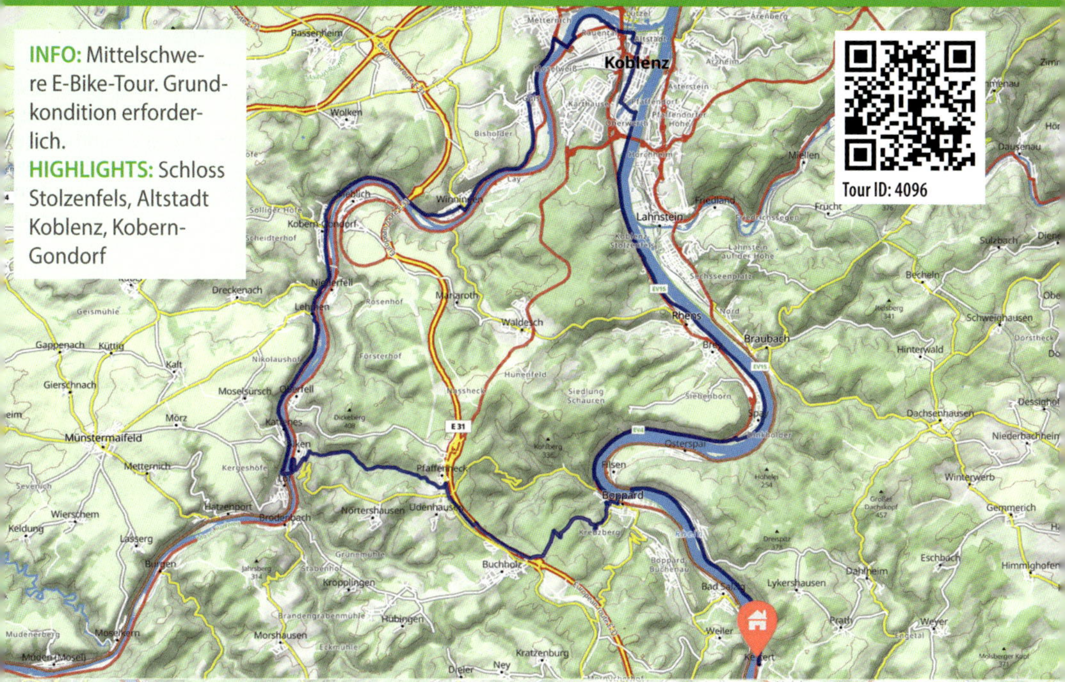

Den Rhein rauf und runter

73 km | 330 hm | hP 119 m

Tour ID: 4097

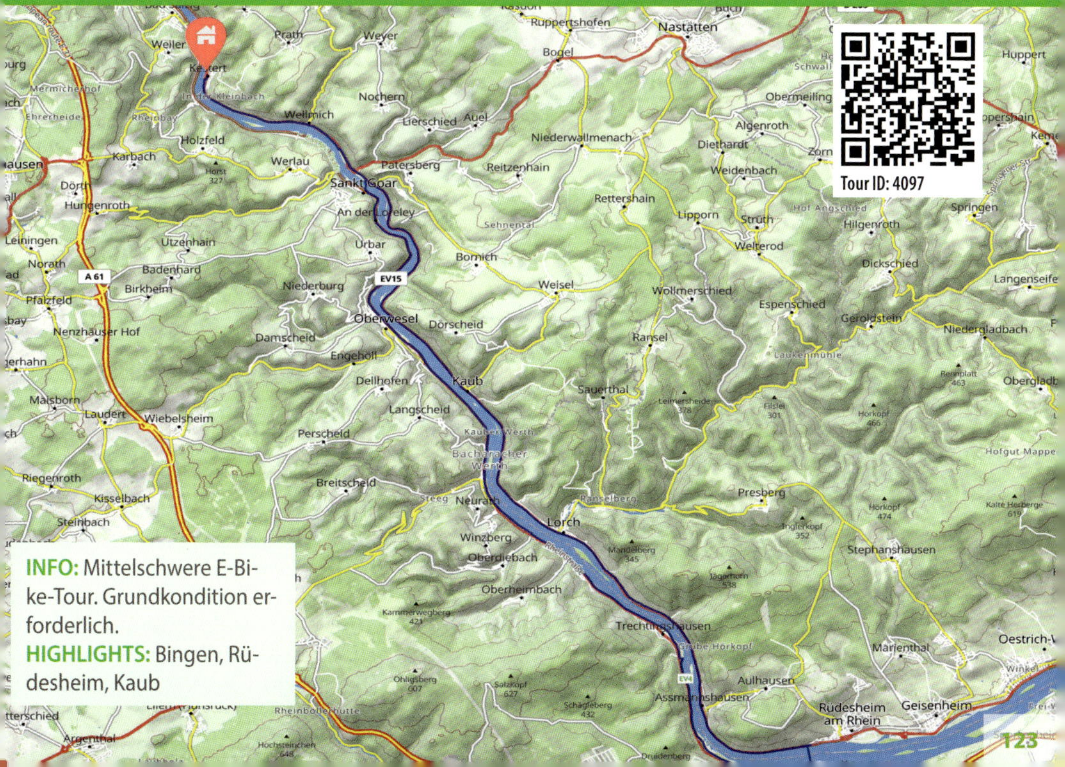

INFO: Mittelschwere E-Bike-Tour. Grundkondition erforderlich.

HIGHLIGHTS: Bingen, Rüdesheim, Kaub

Romantischer Rhein

Hotel Schloss Rheinfels St. Goar

Herzlich willkommen an der schönsten und romantischten Rheinstrecke, dem Tal der Loreley. Ob als Zwischenstopp auf Ihrer Tour um sich verwöhnen zu lassen oder als Ausgangspunkt um die Umgebung zu entdecken, bei uns sind Sie richtig. Genießen Sie den Rheinblick im Sommer von unserer Terrasse, lassen Sie sich kulinarisch verwöhnen in unserem Restaurant und entspannen Sie im Pool oder bei einer Massage im Wellness Bereich.

Schlossberg 47 • 56329 St. Goar
Telefon +49 6741 8020
info@schloss-rheinfels.de
www.schloss-rheinfels.de

Dreiburgenblick

44 km | 700 hm | hP 410 m

Tour ID: 10228

INFO: Mittellange Tour mit einigen Höhenmetern. Gute Kondition erforderlich. Mischung aus Asphalt und unbefestigten Wegen.
HIGHLIGHTS: Dreiburgenblick Patersberg

Loreley – Oberwesel, Ochsenturm Runde

57 km | 780 hm | hP 560 m

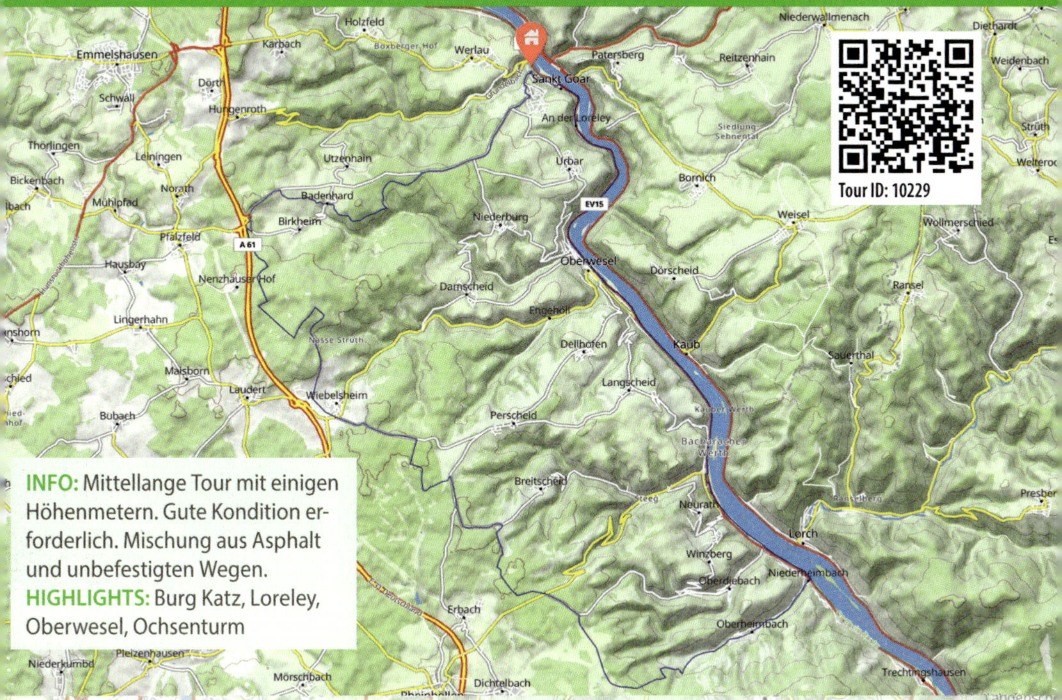

Tour ID: 10229

INFO: Mittellange Tour mit einigen Höhenmetern. Gute Kondition erforderlich. Mischung aus Asphalt und unbefestigten Wegen.
HIGHLIGHTS: Burg Katz, Loreley, Oberwesel, Ochsenturm

Schleuse Dausenau – Bad Ems Runde

72 km | 1200 hm | hP 430 m

Tour ID: 10230

INFO: Mittellange Tour mit vielen Höhenmetern. Gute Kondition erforderlich. Mischung aus Asphalt und unbefestigten Wegen.
HIGHLIGHTS: Burg Nassau, Schleuse Dausenau

Sauerland
Landhotel "Haus Püster" Warstein

Wer ein Hotel im Sauerland sucht, der ist im Hotel Püster also bestens aufgehoben. Sie finden unser Hotel direkt angebunden an die interessantesten Radwege des Sauerlandes. Die Kaiserroute führt als bedeutendster Radweg der Region direkt am Hotel vorbei zum nahe gelegenen Möhnesee.

Marmorweg 27 • 59581 Warstein-Allagen
Telefon +49 2925 97970
info@hotel-puester.de
www.hotel-puester.de

Rund um den Möhnesee

68 km | 490 hm | hP 254 m

Tour ID: 926

INFO: Mittelschwere E-Bike-Tour. Grundkondition erforderlich.
HIGHLIGHTS: Radweg um den Möhnesee

Lippstadt und Soest

74 km | 480 hm | hP 315 m

INFO: Mittelschwere E-Bike-Tour. Grundkondition erforderlich.
HIGHLIGHTS: Marktplatz Soest

Tour ID: 927

Zur Abbachtalsperre

89 km | 1100 hm | hP 307 m

Tour ID: 928

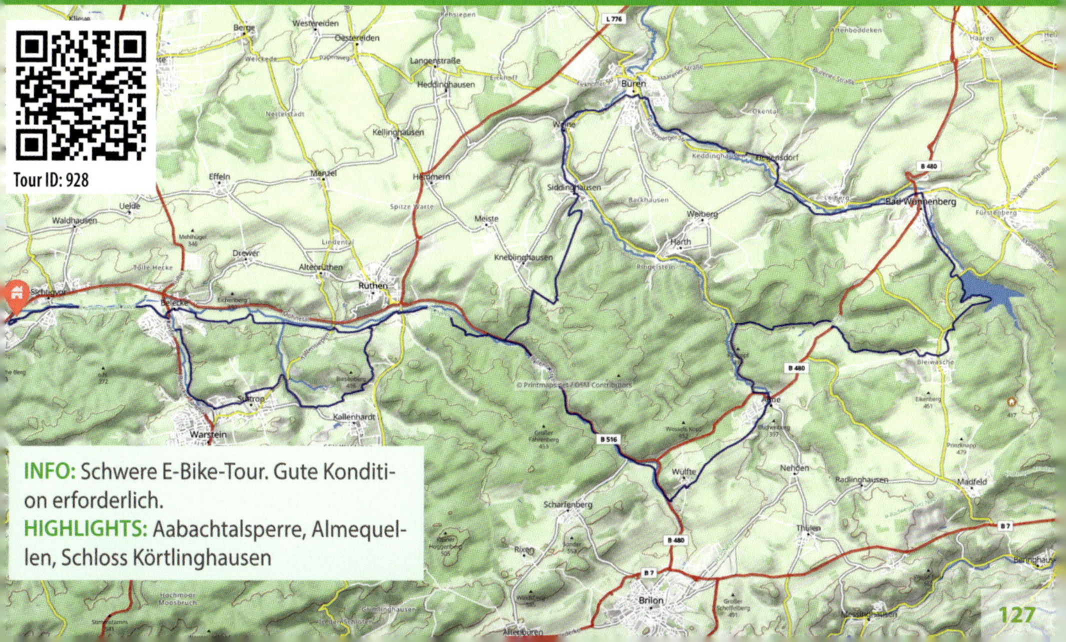

INFO: Schwere E-Bike-Tour. Gute Kondition erforderlich.
HIGHLIGHTS: Aabachtalsperre, Almequellen, Schloss Körtlinghausen

Sauerland
Hotel&Gastronomie Steinhoff — Finnentrop-Schönholthausen

Genießen Sie den Komfort und die Gemütlichkeit unseres Hauses und erholen Sie sich einmal im Herzen des Südsauerlandes vom Stress und der Hektik des Alltags! Ob nach einer Wanderung, einem Ausflug oder einer Radtour: auf unserer überdachten Außenterrasse können Sie bei Kaffee und Kuchen oder etwas Herzhaften, dazu ein kühles Getränk, entspannen.

Zur Schlerre 3 • 57413 Finnentrop-Schönholthausen
Telefon +49 (0) 2721 97470
info@steinhoff.nrw
www.steinhoff.nrw

Finnentrop-Eslohe-Schmallenberg

80 km | 830 hm | hP 460 m

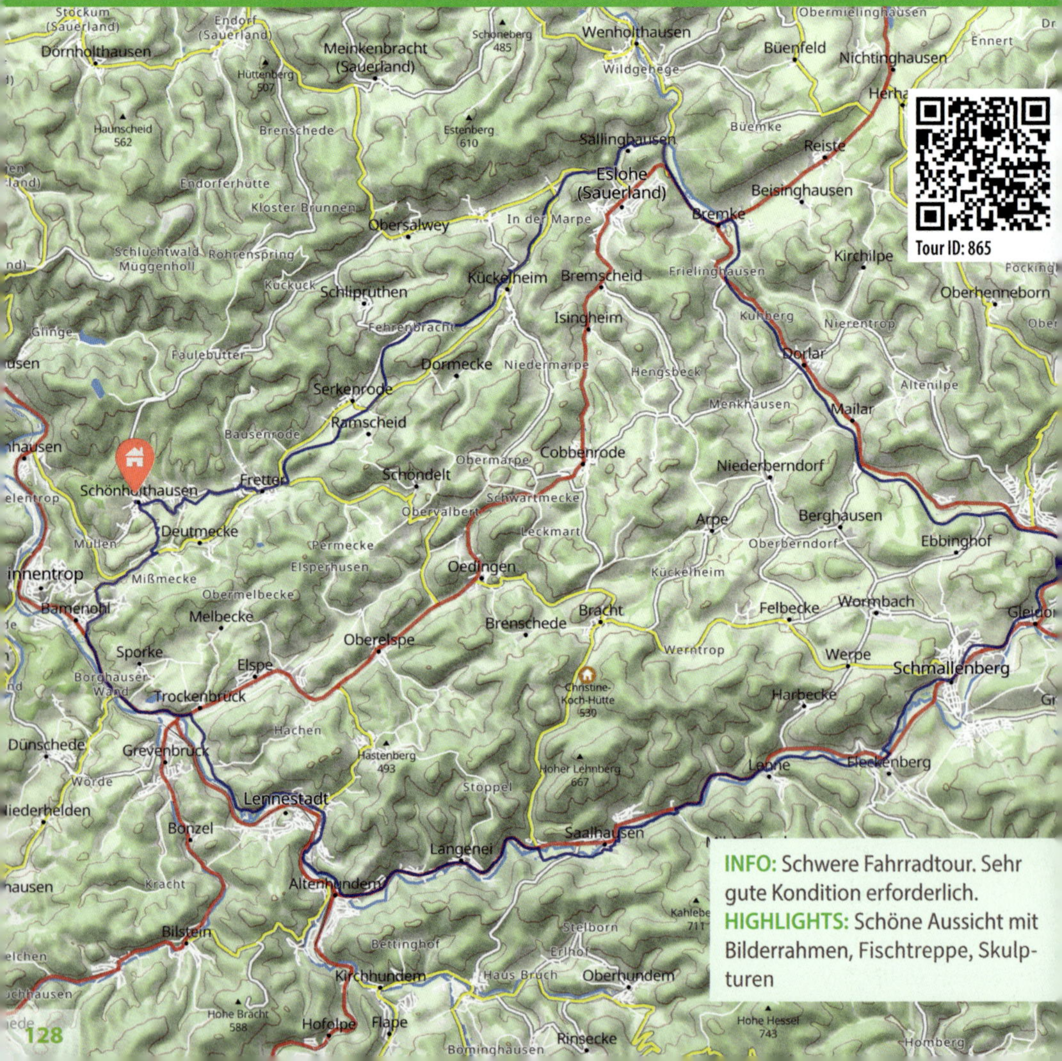

Tour ID: 865

INFO: Schwere Fahrradtour. Sehr gute Kondition erforderlich.
HIGHLIGHTS: Schöne Aussicht mit Bilderrahmen, Fischtreppe, Skulpturen

Sauerland
„Wald Hotel - Willingen" ***s Willingen

Wir bieten Ihnen eine Hotelanlage mit funktionellem Komfort, Beauty- und Wellnessbereich, einer lockeren Atmosphäre und einer traditionellen Küche. Genießen Sie unser umfangreiches kulturelles und kulinarisches Angebot umgeben von der herrlichen Landschaft des Hochsauerlandes und inmitten von Wiesen und Wäldern. Unser Restaurant verwöhnt Sie mit frischer und herzhafter Küche.

Am Köhlerhagen 3 • 34508 Willingen
Telefon +49 5632 9820
info@waldhotel-willingen.de
www.waldhotel-willingen.de

Tour zum Edersee

86 km | 1340 hm | hP 660 m

Tour ID: 895

INFO: Schwere E-Bike-Tour. Gute Kondition erforderlich.
HIGHLIGHTS: Versunkene Brücke bei Asel-Süd

Sauerland
Kur- und Sporthotel Göbel Willingen

Unser Kur- & Sporthotel Göbel mit 70 Betten liegt direkt im Zentrum von Willingen, Waldeckerstr. 5 (gegenüber dem Willinger Rathaus). Wir bieten Ihnen Komfort-Doppel u. Einzelzimmer, W-LAN kostenfrei, 14 Meter Panoramapool 29 Grad, freie Saunen und Infrarotkabine, Dampfbad, Whirlpool. Kostenfreie Kegelbahn im Haus. Für die Räder stehen kostenfreie Garagen zur Verfügung!

Waldecker Straße 5-7 • 34508 Willingen
Telefon +49 5632 40090
info@hotel-goebel.de
www.hotel-goebel.de

Zu Besuch in Winterberg   68 km | 1460 hm | hP 822 m

Tour ID: 888

INFO: Schwere E-Bike-Tour. Sehr gute Kondition erforderlich.
HIGHLIGHTS: Winterberg, Ruhr durchfahrt, Aussicht Hunau-Turm

Tour um den Hennesee

77 km | 1330 hm | hP 792 m

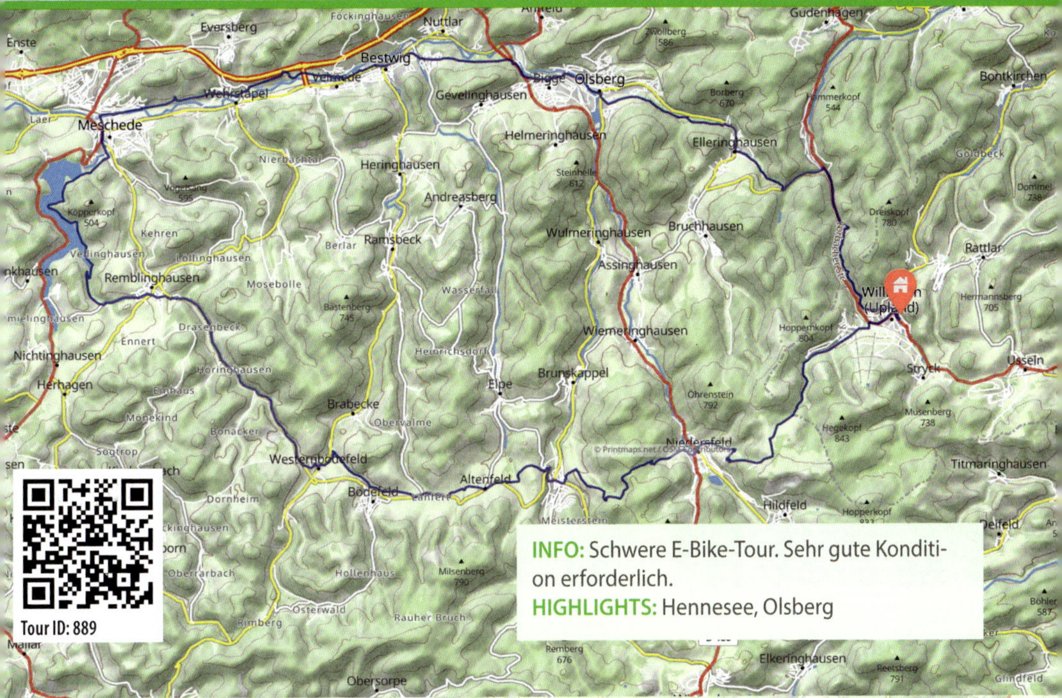

INFO: Schwere E-Bike-Tour. Sehr gute Kondition erforderlich.
HIGHLIGHTS: Hennesee, Olsberg

Tour ID: 889

Korbach, Bad Arolsen und der Diemelsee

81 km | 1060 hm | hP xx m

INFO: Schwere E-Bike-Tour. Sehr gute Kondition erforderlich.
HIGHLIGHTS: Korbach, Bad Arolsen, Diemelsee

Tour ID: 890

131

Sauerland

Hotel Haus am Stein*** Winterberg-Züschen

Lust das Sauerland bei genialen Touren auf euren Bikes zu erkunden? Dann seid ihr bei uns genau richtig! Entdeckt mit uns die schönsten Strecken des Sauerlandes! Kurvenreiche Strecken durch herrliche Natur sorgen für super Bikespaß. Nachdem Ihr euer Bike sicher und trocken untergebracht habt, begrüßen wir euch mit einem Begrüßungsgetränk im Hotel, zur geselligen Einstimmung auf das bevorstehende Wochenende. **Optional:** Wenn am Abend der Hunger ruft, schlemmt ihr an unserem großen Büfett. Danach lasst ihr den Abend in entspannter Runde im Biergarten oder an unserer urigen Theke ausklingen.

Nuhnetalstr. 12 • 59955 Winterberg-Züschen
Telefon 02981 458
eMail: info@haus-am-stein.de
www.haus-am-stein.de

Bromskirchen Tunnel – Fahrradbrücke nach Battenberg

54 km | 710 hm | hP 560 m

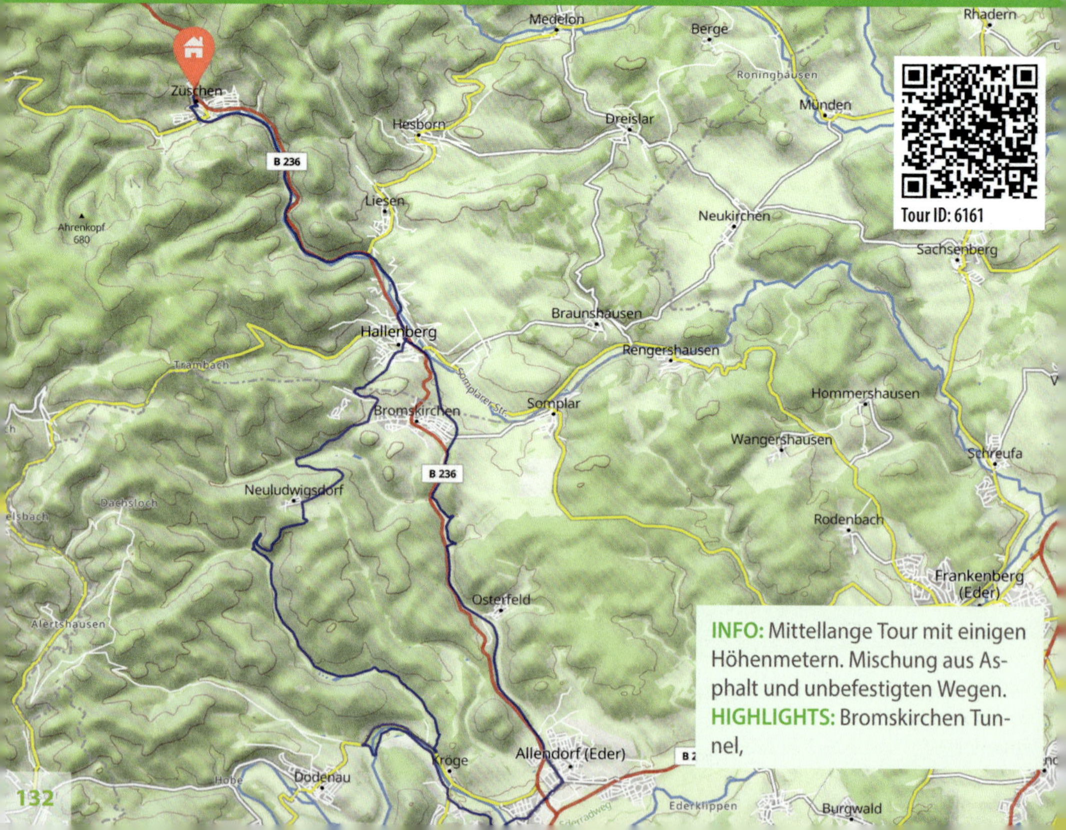

Tour ID: 6161

INFO: Mittellange Tour mit einigen Höhenmetern. Mischung aus Asphalt und unbefestigten Wegen.
HIGHLIGHTS: Bromskirchen Tunnel,

Westfeld – Hohenleyer Hütte

48 km | 860 hm | hP 770 m

Tour ID: 6162

INFO: Mittellange Tour mit einigen Höhenmetern. Gute Kondition erforderlich. Mischung aus Asphalt und unbefestigten Wegen.
HIGHLIGHTS: BikePark Winterberg, Hohenleyer Hütte

Hochheidehütte Runde von Züschen

46 km | 860 hm | hP 810 m

Tour ID: 6163

INFO: Mittellange Tour mit einigen Höhenmetern. Mischung aus Asphalt und unbefestigten Wegen.
HIGHLIGHTS: Linspher-Radweg, Winterberg, Hochheidehütte

133

Sauerland
Hotel-Restaurant Engemann-Kurve Winterberg

Seit mehr als 50 Jahren familiäre Gastlichkeit im ****Hotel Engemann Kurve im Zentrum von Winterberg. Hier erwartet Sie neben dem herzlichen Service und der ausgezeichneten Küche ein zeitgemäßer Hotel Komfort mit Wohlfühlzimmern im modernen und mediterranen Design und eine kleine aber feine Wellness Landschaft mit Schwimmbad, finnischer Sauna, Dampfbad und Infrarotkabine.

Haarfelder Str. 10 • 59955 Winterberg
Telefon +49 2981 / 92940
info@engemann-kurve.de
www.engemann-kurve.de

Den Edersee gestreift
79 km | 1140 hm | hP 684 m

Tour ID: 4024

INFO: Schwere E-Bike-Tour. Gute Kondition erforderlich.
HIGHLIGHTS: Edersee bei Herzhausen, Hallenberg

Rund um den Diemelsee

70 km | 1240 hm | hP 818 m

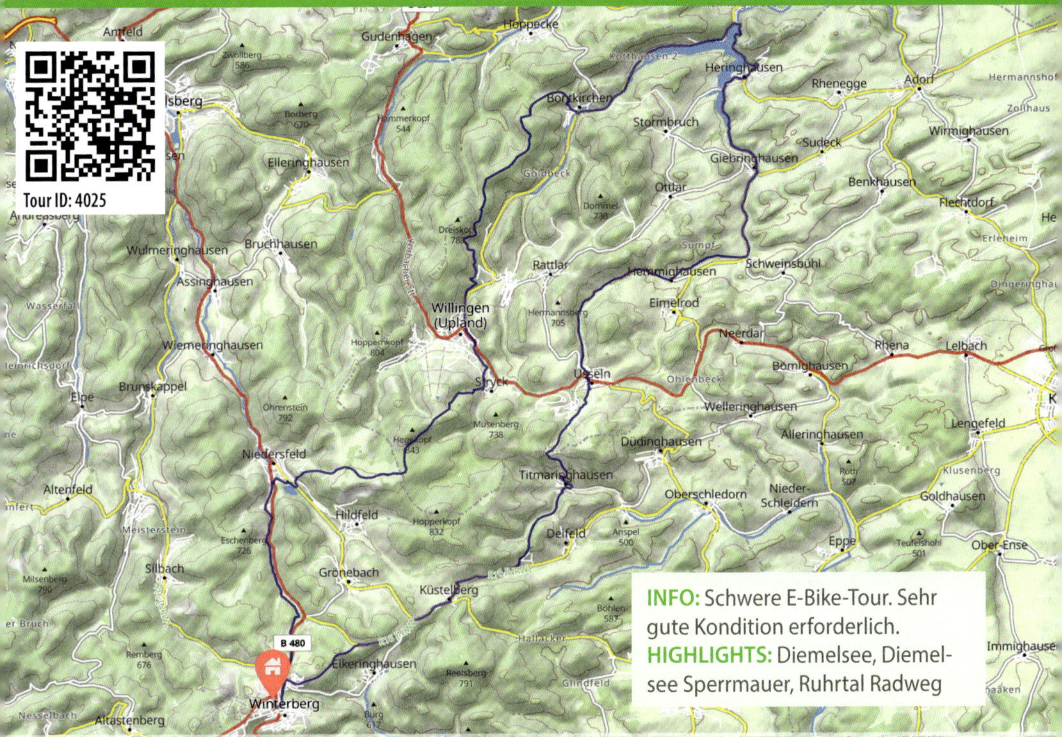

Tour ID: 4025

INFO: Schwere E-Bike-Tour. Sehr gute Kondition erforderlich.
HIGHLIGHTS: Diemelsee, Diemelsee Sperrmauer, Ruhrtal Radweg

Schmallenberg und Schloss Bad Berleburg

67 km | 1200 hm | hP 775 m

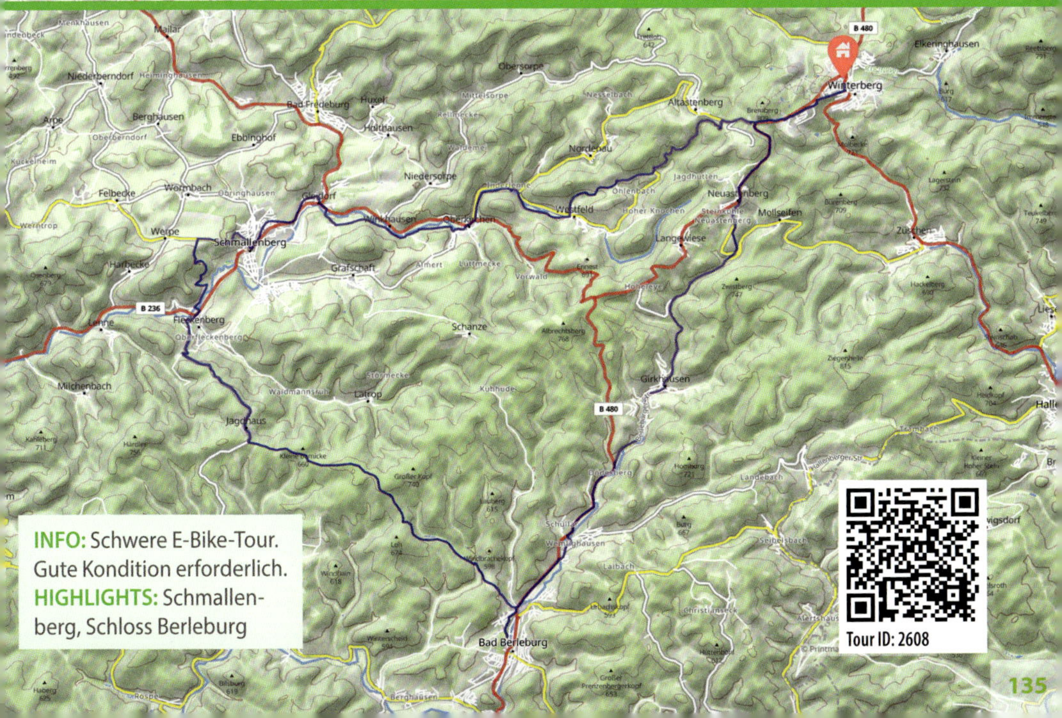

INFO: Schwere E-Bike-Tour. Gute Kondition erforderlich.
HIGHLIGHTS: Schmallenberg, Schloss Berleburg

Tour ID: 2608

135

Sauerland

Landgasthof Zum wilden Zimmermann Hallenberg

Urlaub von der 1. Minute an: Bei eurer Ankunft begrüßen wir euch mit einem Glas Haustrunk und stoßen mit euch auf einen erholsamen und schönen Urlaub an. Hallenberg ist die südlichste Stadt im Hochsauerlandkreis im auslaufenden Felsmassiv des Rothaargebirges, an der Landesgrenze zu Hessen gelegen.

Nuhnestrasse 25 • 59969 Hallenberg
Telefon +49 2984 8221
info@zwz.de
www.sauerland-powerland.com

Hallenberger Gipfelstürmer auf zum Kahlen Asten — 40 km | 810 hm | hP 760 m

Tour ID: 869

INFO: Schwere Fahrradtour. Gute Kondition erforderlich.
HIGHLIGHTS: Großer Stuhl, Wildwechsel-Brücken Tunnel

Mountainbike-Tour zur Staumauer Edersee

87 km | 1690 hm | hP 518 m

Tour ID: 870

INFO: Schwere Fahrradtour. Sehr gute Kondition erforderlich.
HIGHLIGHTS: Ederseeblick, Brücke bei Schmittloheim, Staumauer Edersee

Schloss Berleburg Wittgensteiner Land

70 km | 1470 hm | hP 808 m

Tour ID: 871

INFO: Schwere Fahrradtour. Gute Kondition erforderlich.
HIGHLIGHTS: Fahrradtunnel Bromskirchen, Aussichtspunkt Hüttental

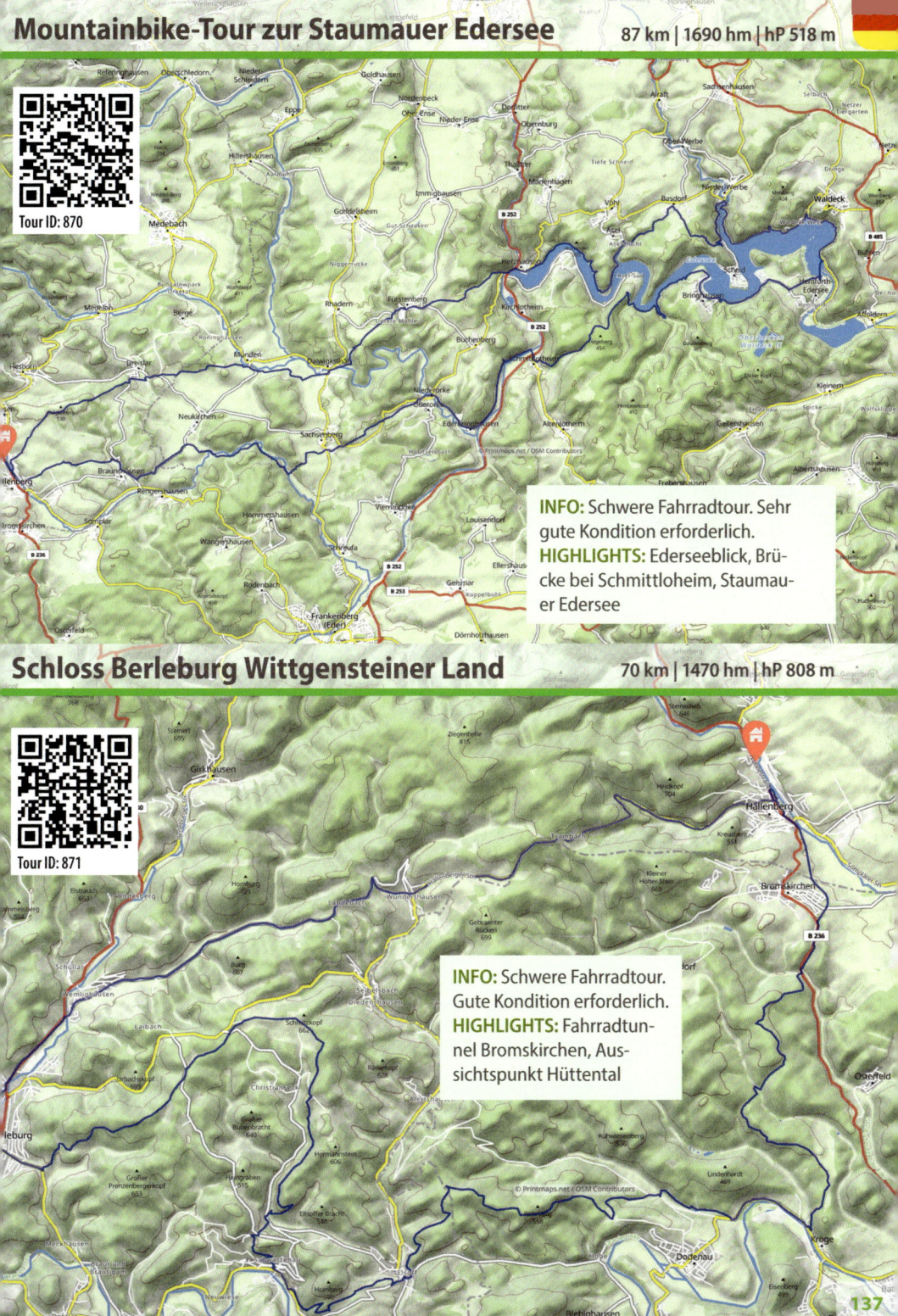

Sauerland
Hotel Stoffels Schmallenberg

Umrahmt von Fachwerk, inmitten des historischen Altstadtkerns von Schmallenberg, finden Sie uns. Stoffels - ein traditionsreicher Landgasthof, welcher im Jahre 1691 erstmalig erwähnt wurde und sich nunmehr in der 4. Generation im Familienbesitz befindet. Lassen Sie Ihren Urlaubstag in einem unserer gemütlichen Nichtraucherzimmer ausklingen. Nehmen Sie Platz in unserem romantischen, gemütlichen Restaurant. Die angrenzende Bierstube, ein Treff für Jung und Alt in Schmallenberg und unsere Außenterrasse laden zum gemütlichen Beisammensein ein.

Weststraße 29 • 57392 Schmallenberg
Telefon +49 2972 5930
info@hotel-stoffels.de
www.hotel-stoffels.de

Schloss Berleburg – Schanze Runde   50 km | 1000 hm | hP 750 m

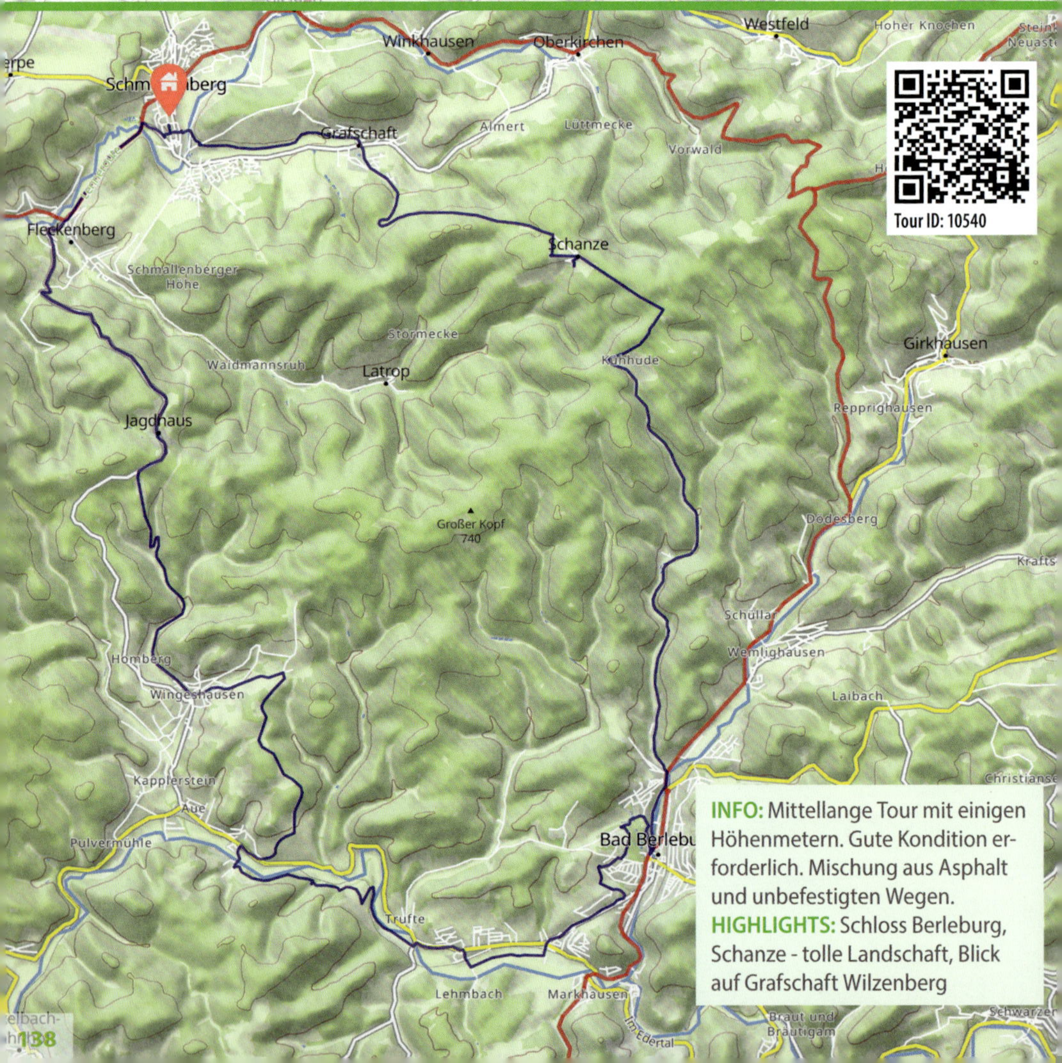

Tour ID: 10540

INFO: Mittellange Tour mit einigen Höhenmetern. Gute Kondition erforderlich. Mischung aus Asphalt und unbefestigten Wegen.
HIGHLIGHTS: Schloss Berleburg, Schanze - tolle Landschaft, Blick auf Grafschaft Wilzenberg

Sauerland

Hotel Dorfkammer Olsberg

Mitten im Herzen von Olsberg – ruhig aber doch zentral – finden Sie uns – die Dorfkammer. Unsere liebevoll eingerichteten Doppel & Einzelzimmer sind mit Dusche/WC, Kabel-Farb-TV, Schreibtisch, Telefon (inkl. Flatrate ins dt. Festnetz), W-LAN und überwiegend Balkon ausgestattet. Behagliche Farben und individuell ausgesuchte Accessoires verleihen unseren Zimmern den besonderen Charme, der Sie zum Schlummern einlädt.

Kirchstraße 10-12 • 59939 Olsberg
Telefon +49 2962 974990
info@dorfkammer.de
www.dorfkammer.de

Diemeltalsperre Runde von Olsberg

44 km | 990 hm | hP 570 m

Tour ID: 6157

INFO: Mittellange Tour mit einigen Höhenmetern. Gute Kondition erforderlich. Überwiegend auf Asphalt
HIGHLIGHTS: Diemeltalsperre, Olsberg

Ederbergland

Hotel Sassor Battenberg-Dodenau

Im Dreieck der Regionen Ederbergland, Sauerland und Wittgensteiner Land liegt, ganz in der Nähe des Nationalparks Kellerwald, das gemütliche Dorf Dodenau. Unterwegs auf dem Ederauenradweg – von der Quelle im Rothaargebirge bis zur Fulda – führt die Route am Hotel Sassor vorbei. Nach einer langen Tour einfach in die Federn fallen – unser Hotel Sassor verfügt über 12 gemütliche Doppel- sowie 17 Einzelzimmer.

Berliner Str. 17 • 35088 Dodenau
Telefon 06452 / 939939
infos@hotel-sassor.de
www.hotel-sassor.de

Frankenberg und Kloster Haina

75 km | 930 hm | hP 390 m

Tour ID: 4222

INFO: Grundkondition erforderlich
HIGHLIGHTS: Kloster Haina, Frankenberg Rathaus, Aussichtsturm Ederauen bei Rennertehausen

Zu Besuch in Winterberg

70 km | 850 hm | hP 670 m

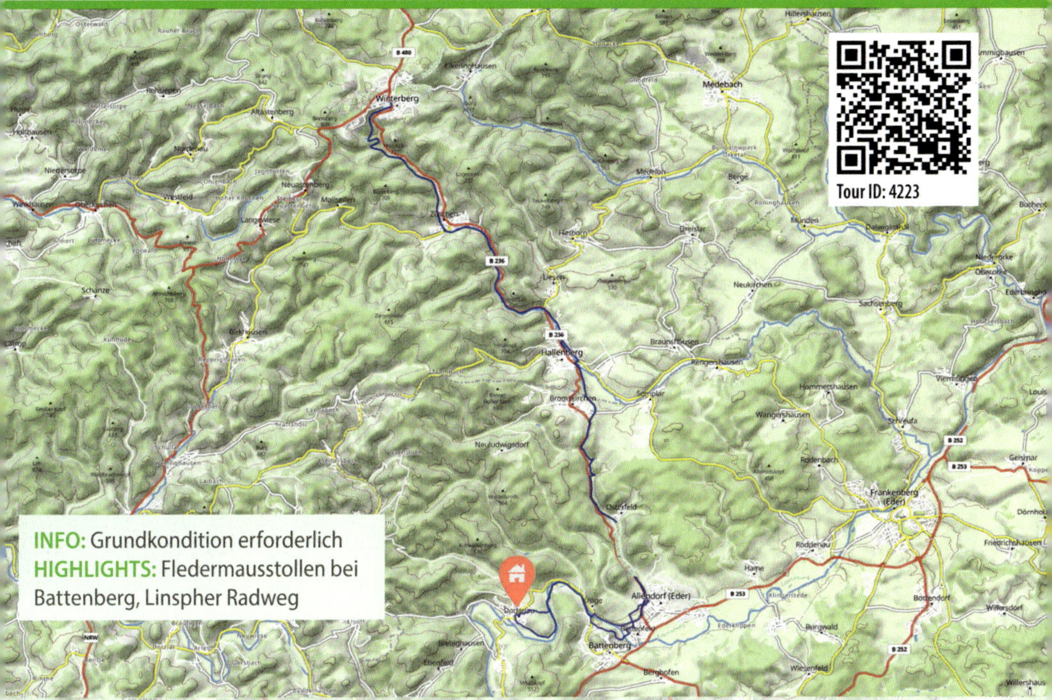

Tour ID: 4223

INFO: Grundkondition erforderlich
HIGHLIGHTS: Fledermausstollen bei Battenberg, Linspher Radweg

Schloss Berleburg / Bahntrassen-Radweg

66 km | 1120 hm | hP 670 m

Tour ID: 4224

INFO: Gute Grundkondition erforderlich
HIGHLIGHTS: Schloss Berleburg, Bahntrassen-Radweg, Ederauen

Hessiches Bergland
Hotel am Stadtpark Borken/Hessen

Wir bieten 42 helle, zeitlos & komfortabel ausgestattete Zimmer. Wintergarten, Café Fluidum & drei Terrassen laden zum Verweilen ein. Sauna & Kegelbahn runden das Angebot ab. Unser Nichtraucherhotel liegt im Zentrum von Borken, nahe der A 7, A 49 & dem örtlichen Bahnhof. Ein idealer Standort um von hier aus bei kleineren Radtouren die Borkener Seenlandschaft oder bei längeren Ausflügen die wunderschöne Natur- & Kulturlandschaft Nordhessens zu erkunden.

Europaplatz 3 • 34582 Borken
Telefon +49 5682 8010
mail@hotel-borken.de
www.hotel-borken.de

Seentour
44 km | 280 hm | hP 267 m

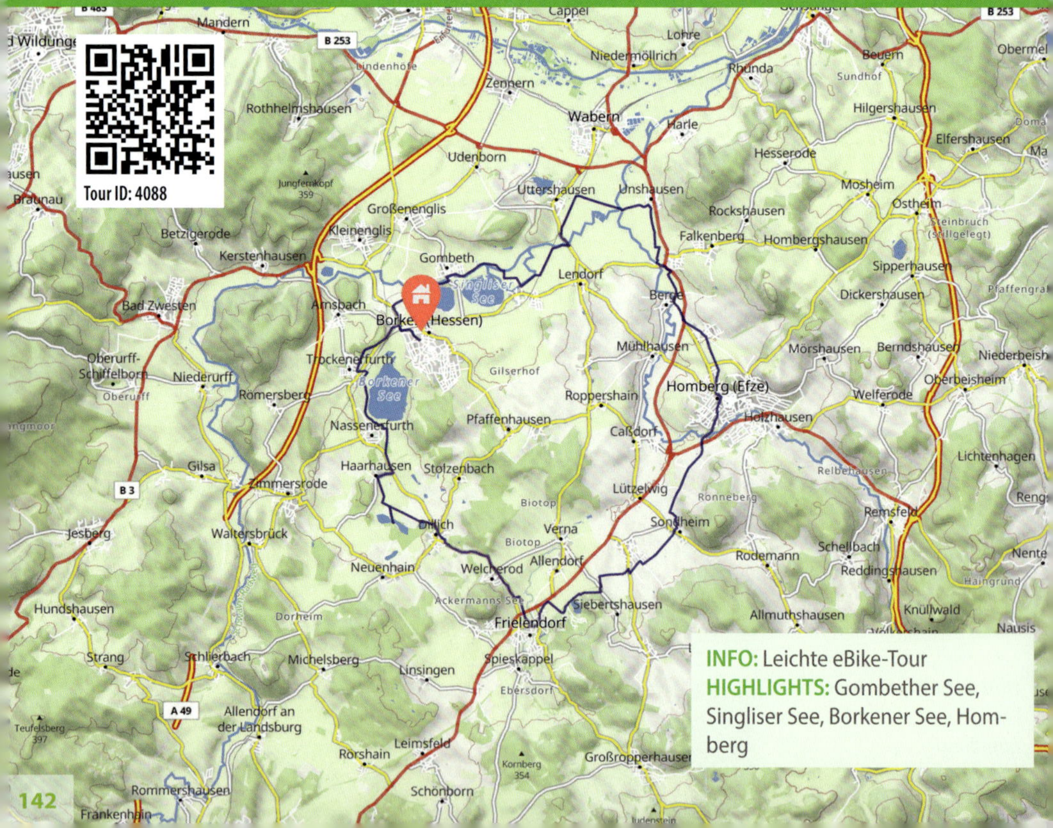

Tour ID: 4088

INFO: Leichte eBike-Tour
HIGHLIGHTS: Gombether See, Singliser See, Borkener See, Homberg

Kellerwaldtour

64 km | 930 hm | hP 660 m

Tour ID: 4089

INFO: Gute Kondition erforderlich
HIGHLIGHTS: Kellerwaldturm, Kloster Haina

Nationalpark Edersee

90 km | 840 hm | hP 410 m

Tour ID: 4090

INFO: Grundkondition erforderlich
HIGHLIGHTS: Hammerbergspitze, Edersee mit Wildpark

Hessisches Bergland
Burghotel Homberg

Wir heißen Sie in unserem zentral gelegenen Hotel herzlich willkommen. Nach einem reichhaltigen Frühstück geht es auf spannende Touren im Hessischen Bergland. Gerne geben wir Ihnen Tipps für Ausflugsziele in unserer Region. Nach der Tour steht ihnen unser kleiner Biergarten zur Verfügung. Überdachter abgeschlossener Parkplatz für Ihr eBike ist vorhanden. Unsere Zimmer sind gemütlich und komfortabel eingerichtet.

Holzhäuser Str. 32 • 34576 Homberg
Telefon +49 5681 608812
homberg.burghotel@gmail.com

Gombether See

48 km | 260 hm | hP 270 m

Tour ID: 6145

INFO: Mittellange Tour mit wenig Höhenmetern. Mischung aus Asphalt und unbefestigten Wegen.
HIGHLIGHTS: Bergbaumuseum Borken, Gombether See, Schwalmauen

Hessisches Bergland

Hotel Marburger Hof Marbug

Im Marburger Hof wohnen Sie bequem in einem von 94 Zimmern verschiedener Kategorien. Ein reichhaltiges Frühstücksbuffet mit regionalen Produkten sorgt für einen schwungvollen Start in den Tag – im Sommer auch auf der Sonnenterrasse. Am Abend können Sie im Hotelrestaurant die Erlebnisse des Tages bei einem spanischen Menü Revue passieren lassen. In und um Marburg gibt es viel zu entdecken. Radeln Sie zu idyllischen Seen und machen Sie in schmucken Fachwerkorten Pause. Zu interessanten Ausflügen in die Geschichte laden zahlreiche Burgen und Schlösser ein.

Elisabethstrasse 12 • 35037 Marburg
Telefon +49 6421 590 75-0
E-Mail: info@marburgerhof.de
www.marburgerhof.de

Christenberg Runde von Marburg

52 km | 440 hm | hP 380 m

Tour ID: 4336

INFO: Grundkondition erforderlich
HIGHLIGHTS: Christenberg, Münchhausen, Diebsturm Wetter

Hessisches Bergland

Ratskeller Melsungen *Melsungen*

Unser Anliegen ist es den Anwohnern in Melsungen und Besuchern der Stadt in den Räumlichkeiten des Ratskellers in Melsungen ein gastronomisches Angebot anzubieten und mit attraktiven und schmackhaften Gerichten, Getränken und einer ausgewählten Weinkarte einen guten Aufenthalt zu ermöglichen. Der Ratskeller befindet sich im Untergeschoss des Rathauses in Melsungen. Das Rathaus liegt in zentraler Lage inmitten der Stadt und ist umgeben mit der Fußgängerzone und zahlreichen Einzelhandelsgeschäften. **Wir haben Hotelanschluss!**

Markt 1 • 34212 Melsungen
Telefon +49 56 61 / 90 88 930
email
www

An der Fulda nach Bebra und zurück
76 km | 300 hm | hP 230 m

Tour ID: 11085

INFO: Mittellange Tour mit einigen Höhenmetern. Überwiegend Asphalt.
HIGHLIGHTS: Kloster Haydau, Fuldaradweg

Zu Besuch in Kassel

53 km | 580 hm | hP 300 m

Tour ID: 11086

INFO: Mittellange Tour mit einigen Höhenmetern. Überwiegend Asphalt.
HIGHLIGHTS: Karlsaaue Kassel, Fulda Radweg R1

Fritzlar entdecken

54 km | 500 hm | hP 350 m

Tour ID: 11087

INFO: Mittellange Tour mit wenig Höhenmetern. Überwiegend Asphalt.
HIGHLIGHTS: Marktplatz Fritzlar, Historisches Rathaus von Melsungen

Spessart / Vogelsberg

Gästehaus Pension Heuler**** Eußenheim

Am Ortsrand von Eußenheim, einem kleinen Weinort in Mainfranken liegt unsere familiengeführte ****Pension, umgeben von Wiesen und Wäldern, direkt am Werntal-Radweg. Kommen Sie nach einer anstrengenden Radtour an und erholen Sie sich! Ihr Rad steht sicher im neu gebauten abschließbaren Fahrradraum mit Ebike-Ladestationen, Sie übernachten in komfortabel und liebevoll eingerichteten Zimmern mit bequemen Betten. Mit einem erfrischenden Wein oder kühlen Bier lassen Sie am Balkon oder Terrasse den Tag ausklingen.

Am Gebersthal 6 • 97776 Eußenheim
Telefon +49 9353 / 983860
info@pension-heuler.de
www.pension-heuler.de

Rokokogarten Veitshöchheim

57 km | 590 hm | hP 380 m

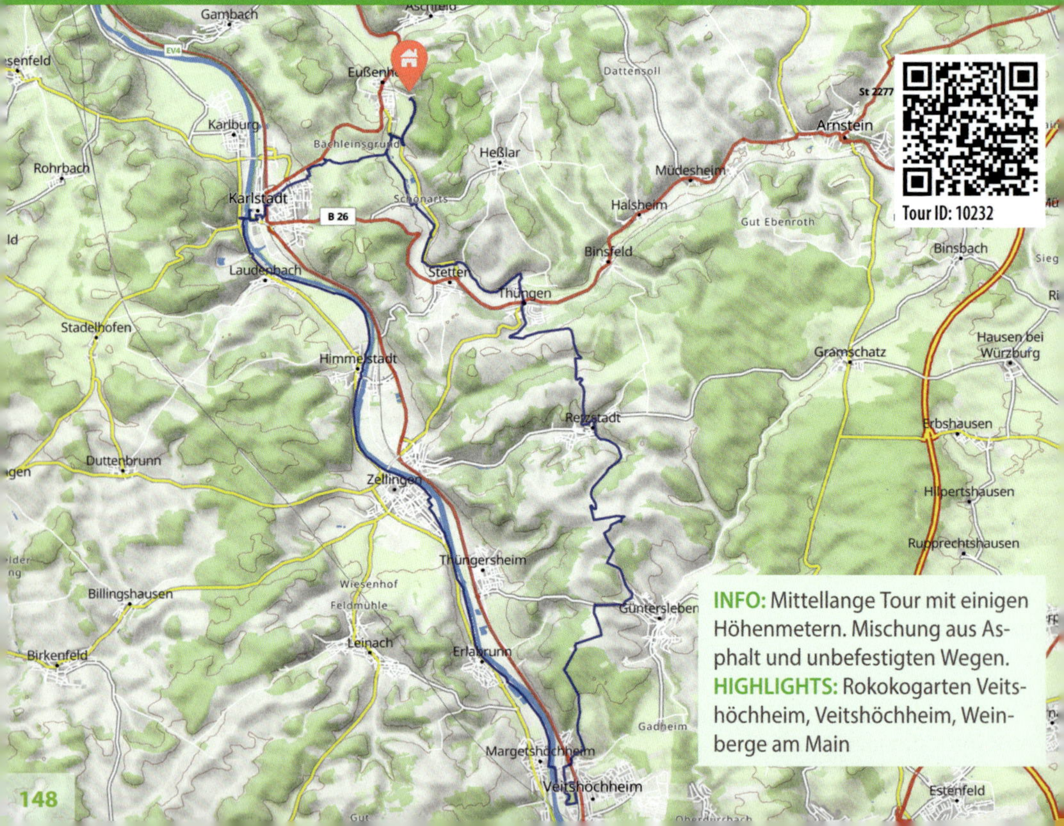

Tour ID: 10232

INFO: Mittellange Tour mit einigen Höhenmetern. Mischung aus Asphalt und unbefestigten Wegen.
HIGHLIGHTS: Rokokogarten Veitshöchheim, Veitshöchheim, Weinberge am Main

Zwischen Karlstadt und Würzburg

68 km | 740 hm | hP 340 m

INFO: Mittellange Tour mit einigen Höhenmetern. Mischung aus Asphalt und unbefestigten Wegen.
HIGHLIGHTS: Blick auf die Karlsburg, Weinberge am Main

Tour ID: 10233

Sohlhöhe

68 km | 910 hm | hP 530 m

Tour ID: 10234

INFO: Mittellange Tour mit einigen Höhenmetern. Gute Kondition erforderlich. Mischung aus Asphalt und unbefestigten Wegen.
HIGHLIGHTS: Lohr am Main, Sohlhöhe, Gemünden

Spessart

Gasthof & Restaurant Zur frischen Quelle Habichsthal

Umgeben von authentischer Natur - Hier ist nichts aufgesetzt, hier ist jeder willkommen: Gastlichkeit und Tradition gehen bei Familie Steigerwald schon in der 4. Generation Hand in Hand. Seit 1924 steht das Haus „Zur frischen Quelle" für Köstliches aus der Spessartküche. „Wir sind ein echter Familiengasthof für alle", so die Inhaber. Mitten im Grünen findet sich für Aktive und Genießer, Alt und Jung die perfekte Symbiose. „Wir lassen uns von Neuem inspirieren, ohne unsere traditionelle Identität zu verlieren."

Dorfstraße 10 • 97833 Habichsthal/ Frammersbach
Tel.: +49 6020 / 1393
info@diefrischequelle.de
www.diefrischequelle.de

Aubachtal – Habichsthaler Dorfmühle   40 km | 500 hm | hP 450 m

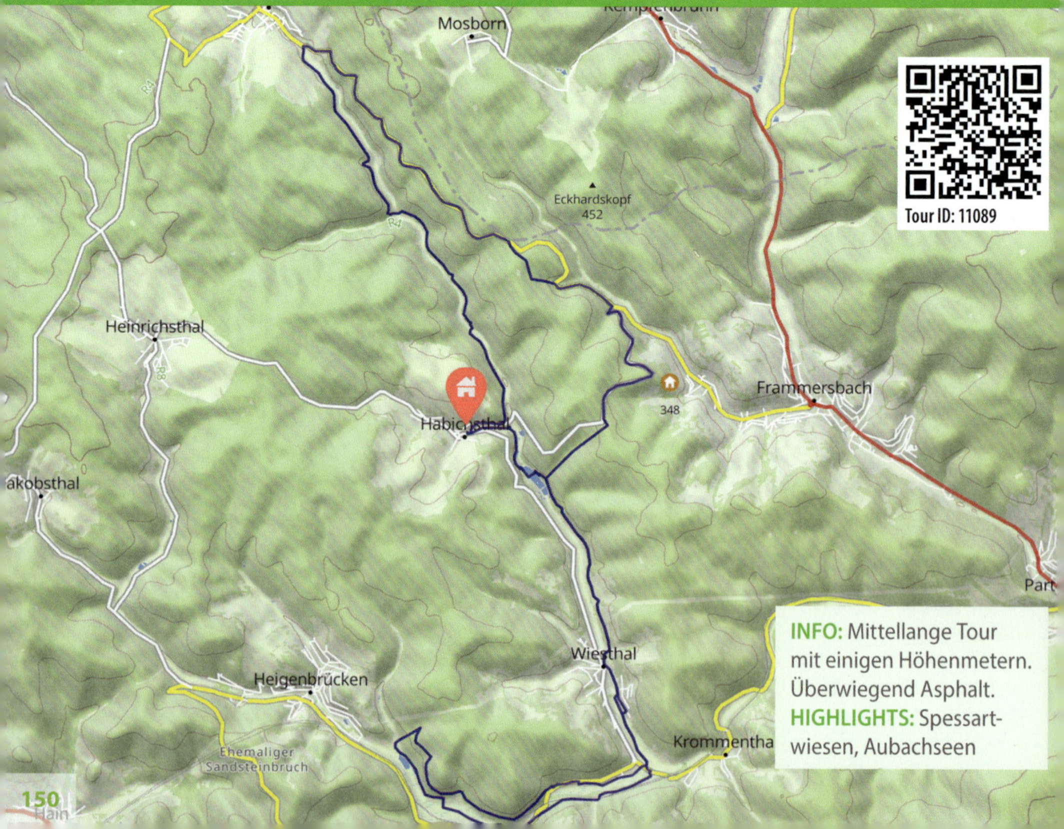

Tour ID: 11089

INFO: Mittellange Tour mit einigen Höhenmetern. Überwiegend Asphalt.
HIGHLIGHTS: Spessartwiesen, Aubachseen

Wiesbüttsee Runde von Frammersbach

47 km | 770 hm | hP 530 m

Tour ID: 11090

INFO: Mittellange Tour mit einigen Höhenmetern. Mischung aus Asphalt und unbefestigten Wegen.
HIGHLIGHTS: Wiesbüttsee, Wassertretanlage

Blick auf Burg Rieneck

72 km | 1330 hm | hP 560 m

INFO: Mittellange Tour mit vielen Höhenmetern. Gute Kondition erforderlich. Gutes Akkumanagement oder nachladen erforderlich. Überwiegend auf Asphalt.
HIGHLIGHTS: Blick auf Burg Rieneck, Altstadt Gemünden am Main

Tour ID: 11091

Odenwald
Gasthaus & Pension Zur Bergstraße Hirschberg

In der Nähe der Städte Heidelberg, Mannheim und Weinheim steht unser Gasthaus „Zur Bergstraße". Wir freuen uns, Sie herzlich in unserem Haus begrüßen zu dürfen. Unser Team legt sehr viel Wert auf Gastfreundschaft und ist stets bemüht seine Gäste zufriedenzustellen und jedem Gast ein Lächeln ins Gesicht zu zaubern. Im Frühjahr und im Sommer können Sie morgens auch draußen frühstücken oder nachmittags einen Kaffee auf der Terrasse trinken. Für sportliche Aktivitäten steht Ihnen auch unsere Kegelbahn zur Verfügung.

Bahnhofstraße 45 • 69493 Hirschberg
Telefon +49 6201 51410
info@gasthauszurbergstrasse.de
www.gasthauszurbergstrasse.de

Speyer – Fähre Altrip - Mannheim
81 km | 210 hm | hP 109 m

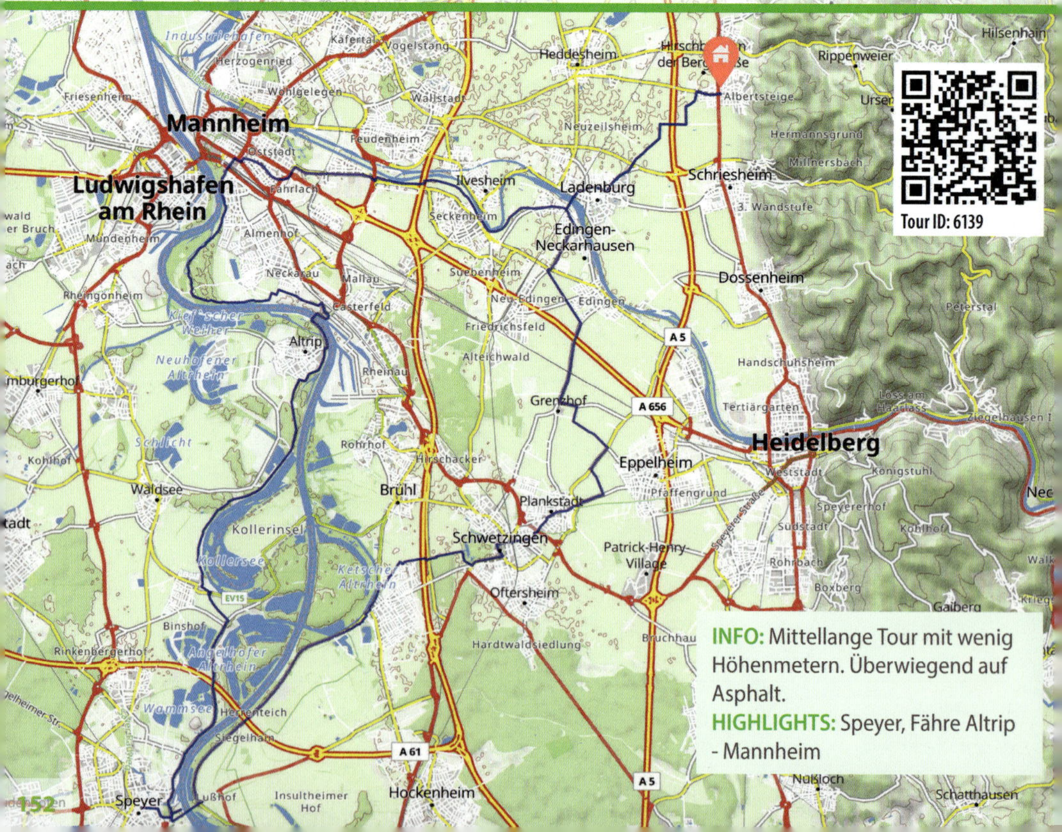

Tour ID: 6139

INFO: Mittellange Tour mit wenig Höhenmetern. Überwiegend auf Asphalt.
HIGHLIGHTS: Speyer, Fähre Altrip - Mannheim

Strahlenburg und Teltschikturm

40 km | 1040 hm | hP 550 m

Tour ID: 6140

INFO: Mittellange Tour mit vielen Höhenmetern. Überwiegend auf Asphalt. Grundkondition erforderlich.
HIGHLIGHTS: Strahlenburg, Schriesheim, Teltschikturm

Blick auf Schloss Heidelberg

41 km | 120 hm | hP 118 m

Tour ID: 6141

INFO: Mittellange Tour mit wenig Höhenmetern. Überwiegend auf Asphalt.
HIGHLIGHTS: Aussichtsplattform Ladenburg, Blick auf Schloss Heidelberg

Odenwald
Wertheimer Stuben Wertheim

Herzlich willkommen im Hotel Wertheimer Stuben. Wertheim liegt mit seiner historischen Altstadt und der Burganlage aus dem 12. Jahrhundert idyllisch an Main und Tauber. Ein Besuch der alten Residenzstadt Wertheim sowie Ausflüge in die nähere oder weitere Umgebung bieten sich von hier aus an. Es erwarten Sie rund um unser Hotel über 230 km ausgeschilderte Radwege.

Rechte Tauberstraße 2 • 97877 Wertheim
Telefon +49 9342 9357270
info@wertheimer-stuben.de
www.wertheimer-stuben.de

Wertheim – Burgruine Henneburg

44 km | 470 hm | hP 340 m

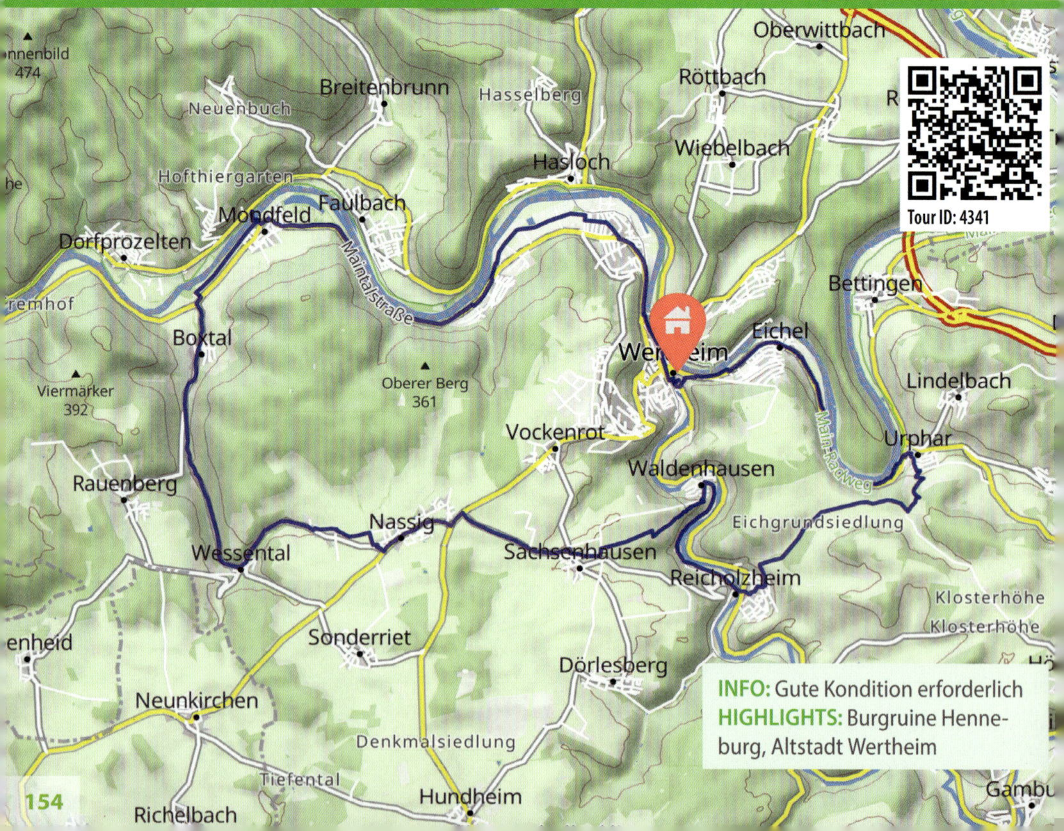

Tour ID: 4341

INFO: Gute Kondition erforderlich
HIGHLIGHTS: Burgruine Henneburg, Altstadt Wertheim

Tauberbischofsheim – Kloster Bronnbach

64 km | 720 hm | hP 420 m

INFO: Gute Kondition erforderlich
HIGHLIGHTS: Tauberbischofsheim, Hamburg, Tauberradweg, Kloster Bronnbach

Tour ID: 4342

Wertheim – Mainradweg – Wertheim

68 km | 560 hm | hP 370 m

INFO: Gute Kondition erforderlich
HIGHLIGHTS: Altstadt in Miltenberg, Freudenberg, Buntsandsteinrote Felswand

Tour ID: 4343

Odenwald
Hotel-Restaurant Birkenhof Wald-Michelbach

Unser Haus liegt am Rande der idyllischen Gemeinde Wald-Michelbach im Naturpark-Bergstraße-Odenwald. Sie wohnen bei uns in gemütlich eingerichteten Einzel- und Doppelzimmern, alle mit Dusche, WC, TV, Balkon und W-LAN. Fahrstuhl im Haus. Die gemütlich eingerichteten Galanterieräume bieten Platz für bis zu 180 Personen. Der Chef kocht eine gut bürgerliche Küche.

Stoewerstr. 20 • 69483 Wald-Michelbach
Telefon +49 6207 2297
info@hotel-birkenhof-waldmichelbach.de
www.hotel-birkenhof-waldmichelbach.de

Besuch in Heidelberg

55 km | 1180 hm | hP 536 m

INFO: Schwere E-Bike-Tour. Gute Kondition erforderlich.
HIGHLIGHTS: Heidelberg, Teltschikturm

Tour ID: 894

Odenwald

Landgasthof-Pension Zum Ostertal Reichelsheim

Das Landgasthaus Ostertal im Odenwald wird bereits in der vierten Generation von der Familie Lang geführt. Wir bieten unseren Gästen insgesamt 29 Betten in liebevoll eingerichteten Gästezimmern sowie gemütlichen Ferienwohnungen im Ostertal. Unsere Umgebung lädt zum Radfahren ein und ist ideal für einen Ausflug in den Odenwald.

Im Eck 6 • 64385 Reichelsheim / Ober-Ostern
Telefon +49 06164 / 1054
pension@ostertal-odenwald.de
www.ostertal-odenwald.de

Marbach Stausee

54 km | 950 hm | hP 460 m

Tour ID: 4350

INFO: Gute Kondition erforderlich
HIGHLIGHTS: Marbach Stausee, Himbächel-Viadukt, Überwald-Bahntrassen-Radweg

Kraichgau / Stromberg / Hohenlohe

Best Western Hotel Das Palatin Wiesloch

Erkunden Sie die Region im Kraichgau und die touristischen Attraktionen im Rhein-Neckar-Kreis mit dem Rad, profitieren Sie von unseren tollen Serviceleistungen und den vergünstigten Eintrittspreisen unserer Partner. Wir begleiten Sie bei der Planung unserer individuellen Tourenvorschläge und stehen Ihnen bei der Vorbereitung mit Rat und Tat zur Seite. Falls Sie Ihr Rad nicht mitbringen möchten, fahren Sie doch einfach mit einem der E-Bikes des Hotels.

Ringstraße 17-19 • 69168 Wiesloch
Tel. +49 6222 58201
info@palatin.bestwestern.de
www.bestwestern.de

Tour zur Sandgrube Zugmantel Bandholz — 59 km | 190 hm | hP 129 m

Tour ID: 10420

INFO: Mittellange Tour mit wenig Höhenmetern. Mischung aus Asphalt und unbefestigten Wegen.
HIGHLIGHTS: Erlichsee, Speyer, Sandgrube Zugmantel Bandholz

Palatin - Burg Steinsberg
55 km | 720 hm | hP 310 m

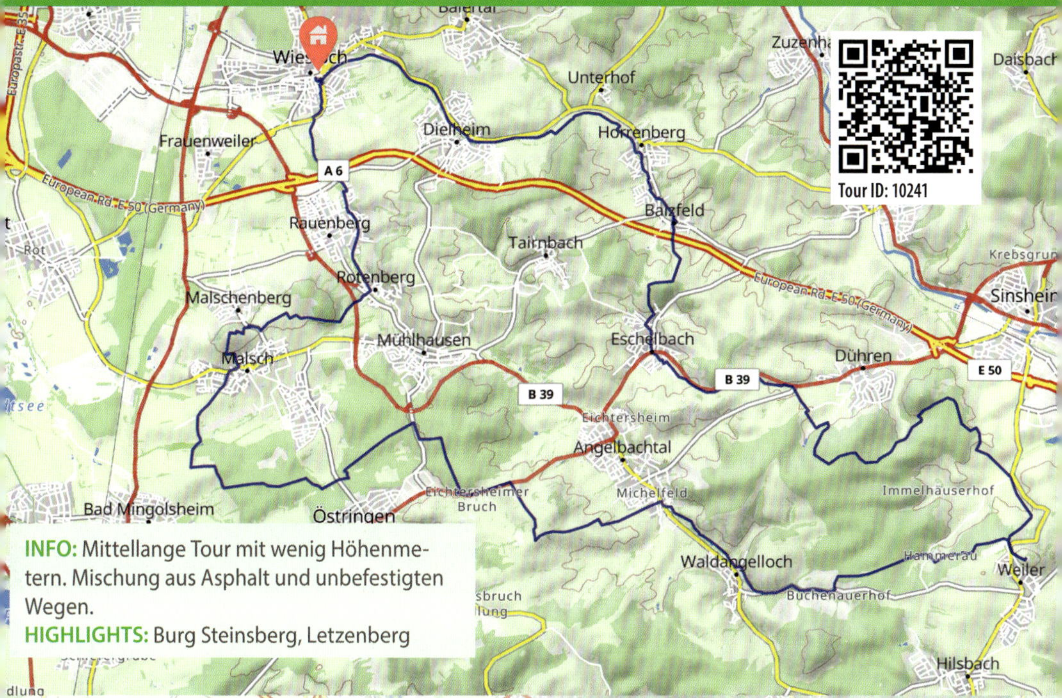

Tour ID: 10241

INFO: Mittellange Tour mit wenig Höhenmetern. Mischung aus Asphalt und unbefestigten Wegen.
HIGHLIGHTS: Burg Steinsberg, Letzenberg

Fahrradtour nach Bismarckplatz, Heidelberg
30 km | 200 hm | hP 170 m

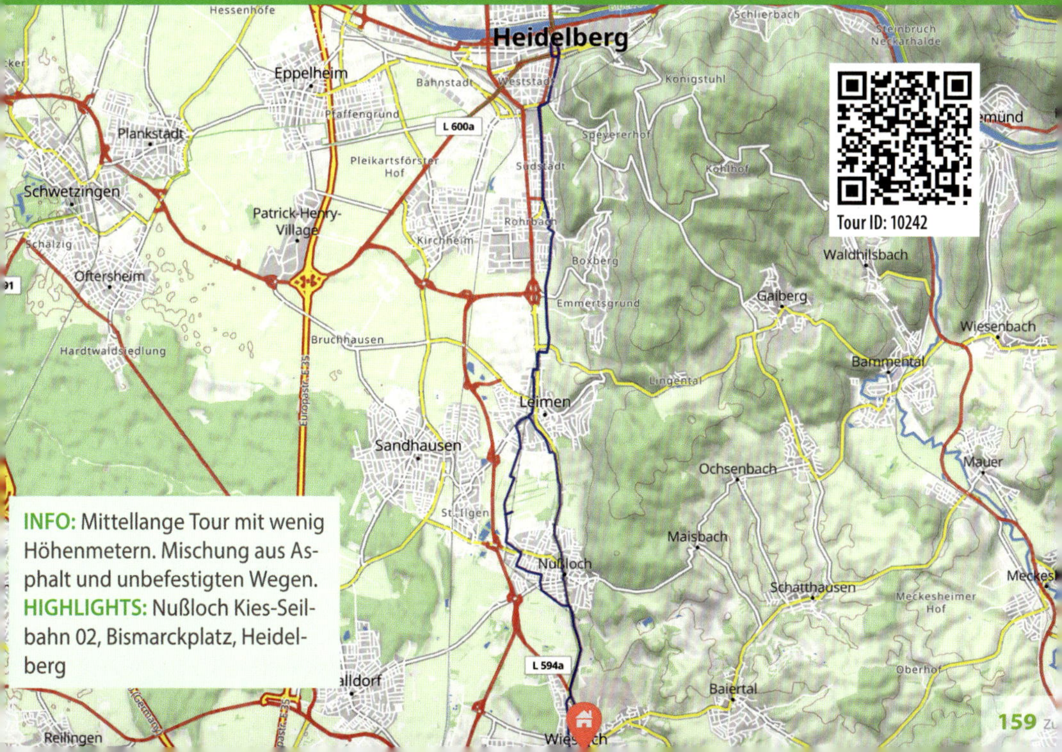

Tour ID: 10242

INFO: Mittellange Tour mit wenig Höhenmetern. Mischung aus Asphalt und unbefestigten Wegen.
HIGHLIGHTS: Nußloch Kies-Seilbahn 02, Bismarckplatz, Heidelberg

Franken

Gasthaus Sindel-Buckel mit Karpfenhotel & Herrenhaus Feuchtwangen

Inmitten der kleinen Stadt liegt unser : Gasthaus Sindel-Buckel mit Karpfenhotel & Herrenhaus. Die Wirtsstube in bürgerlicher Behaglichkeit, der Wintergarten führt hinaus auf die Terrasse und den Biergarten. Zimmer im Haupthaus, im : Gasthaus Sindel-Buckel mit Karpfenhotel & Herrenhaus. Schreinerarbeit von Stuhl bis Bett. Die meisten Produkte aus Küche und Keller aus der Region. Unsere gute Kundschaft: Stammtisch, Übernachter und kulinarische Globetrotter.

Spitalstraße 28 • 91555 Feuchtwangen
Telefon +49 9852 2594
info@sindel-buckel.de
www.sindel-buckel.de

Crailsheim und Dinkelsbühl   82 km | 720 hm | hP 530 m

Tour ID: 4072

INFO: Grundkondition erforderlich
HIGHLIGHTS: Türme von Crailsheim, Historische Altstadt Dinkelsbühl

Franken

Hotel Bayerischer Hof Bayreuth

Das privat geführte HOTEL liegt zentral, unweit der historischen Altstadt mit dem Markgräflichen Opernhaus. Bayreuth ist der ‚Startpunkt' des Main radweges, dafür besitzen wir Stellplätze für Fahrräder und Autos in unserer Hotelgarage. Jedes unserer Zimmer ist individuell gestaltet; ob Suite, Deluxe, Comfort oder „Standard class" - ob Einzel-, Doppelzimmer. Unserer Wellnessbereich mit Sauna, Dampfbad & Fittnessbereich ist für Gäste kostenlos nutzbar.

Bahnhofstraße 14 • 95444 Bayreuth
Telefon +49 (0) 921 7860-0
hotel@bayerischer-hof.de
www.bayerischer-hof.de

Schloss Thurnau – Mainzusammenfluss

88 km | 520 hm | hP 410 m

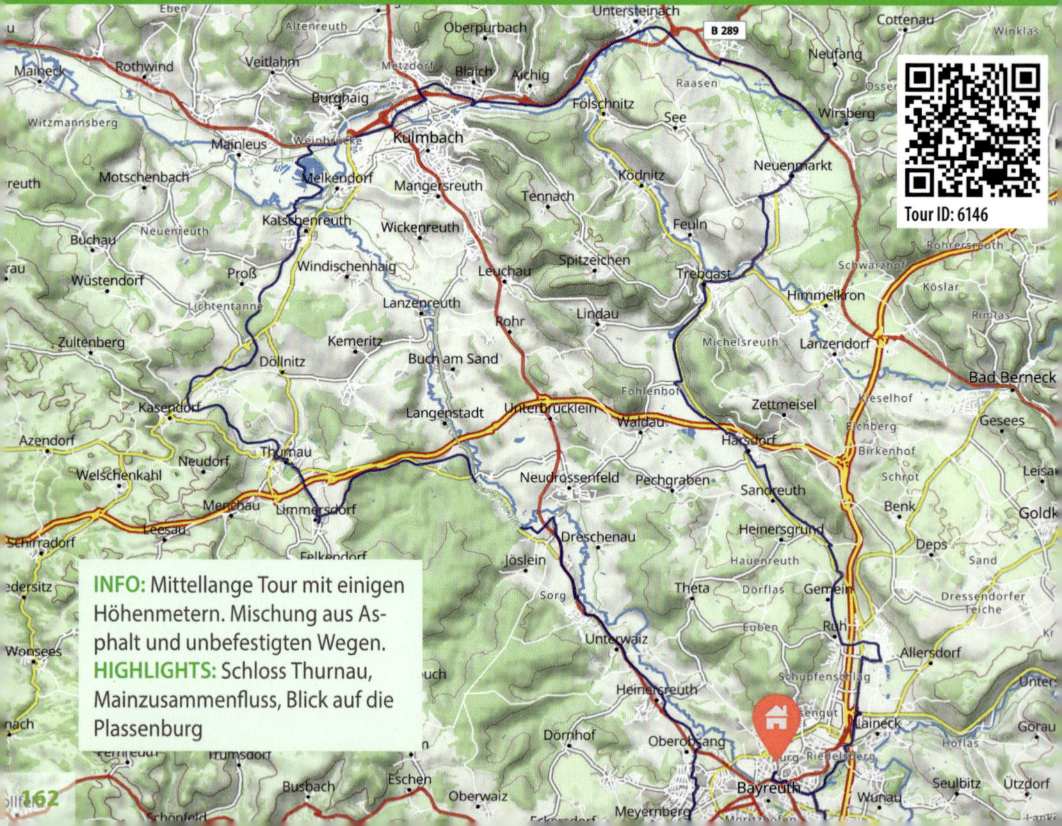

Tour ID: 6146

INFO: Mittellange Tour mit einigen Höhenmetern. Mischung aus Asphalt und unbefestigten Wegen.
HIGHLIGHTS: Schloss Thurnau, Mainzusammenfluss, Blick auf die Plassenburg

Maintalradweg

59 km | 380 hm | hP 370 m

INFO: Mittellange Tour mit einigen Höhenmetern. Mischung aus Asphalt und unbefestigten Wegen.
HIGHLIGHTS: Schloss Bayreuth, Maintalradweg, Steinernes Radl

Tour ID: 6147

Neues Schloss Bayreuth und die Mainauen

48 km | 230 hm | hP 365 m

INFO: Mittellange Tour mit wenig Höhenmetern. Mischung aus Asphalt und unbefestigten Wegen.
HIGHLIGHTS: Wilhelminenauensee, Schloss Bayreuth, Mainauen

Tour ID: 6148

Franken
Gasthof Goldener Hirsch Dinkelsbühl

Treten Sie ein in die Genussstube der Herzen in der wunderschönen Altstadt Dinkelsbühls! Lassen Sie sich in der gemütlichen Gaststube von unseren fränkisch-regionalen Gerichten verwöhnen und von einem kühlen Getränk in unserem Biergarten erfrischen! Unser Gasthof ist ideal für Städtetrips in und um Dinkelsbühl – wir bieten eine Wirtshausstube mit urigem Charme und fränkischer Küche sowie Übernachtungsmöglichkeiten.

Weinmarkt 6 • 91550 Dinkelsbühl
Telefon +49 9851 / 2347
info@goldnerhirsch.de
www.goldnerhirsch.de

Marktplatz Oettingen

68 km | 380 hm | hP 520 m

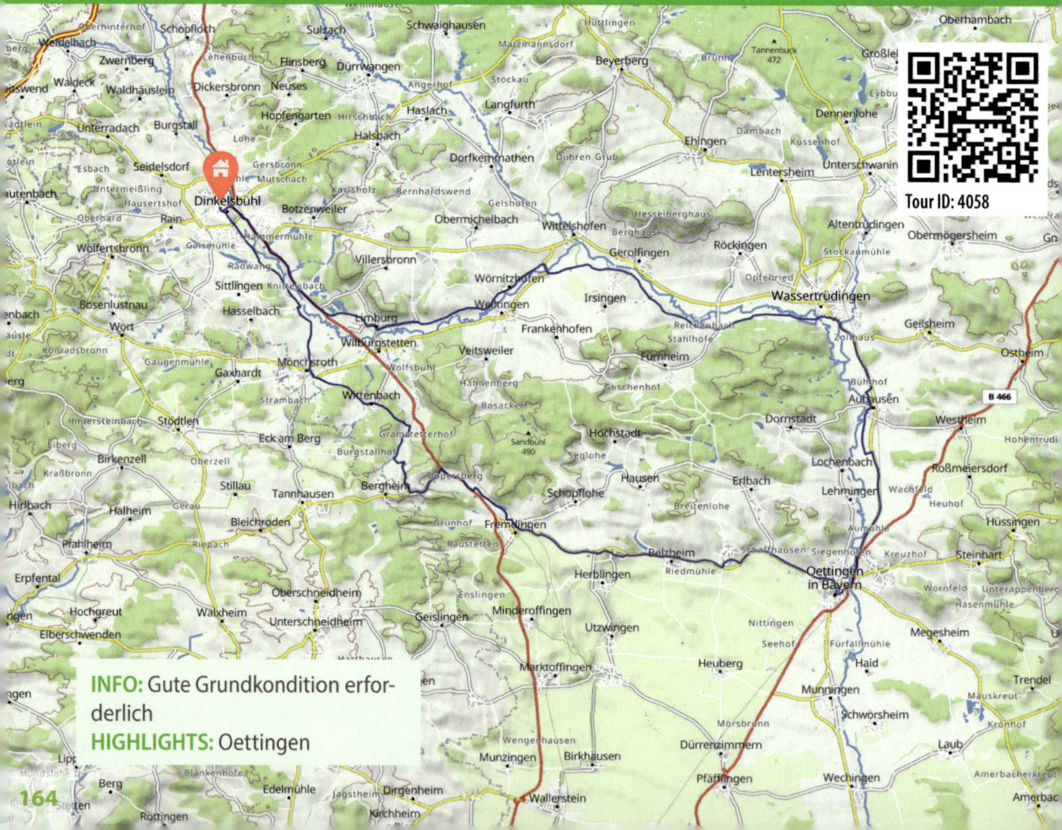

Tour ID: 4058

INFO: Gute Grundkondition erforderlich
HIGHLIGHTS: Oettingen

Besuch in Ellwangen

62 km | 540 hm | hP 522 m

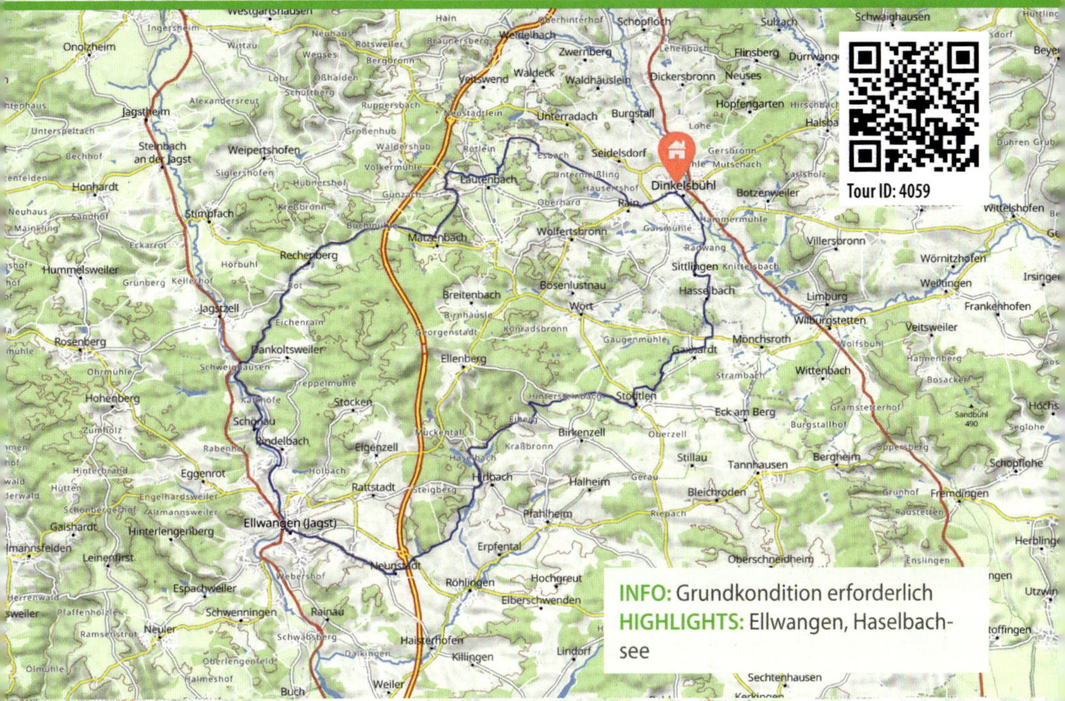

Tour ID: 4059

INFO: Grundkondition erforderlich
HIGHLIGHTS: Ellwangen, Haselbachsee

Vom Gasthof Goldener Hirsch zum Altmühlsee

78 km | 500 hm | hP 490 m

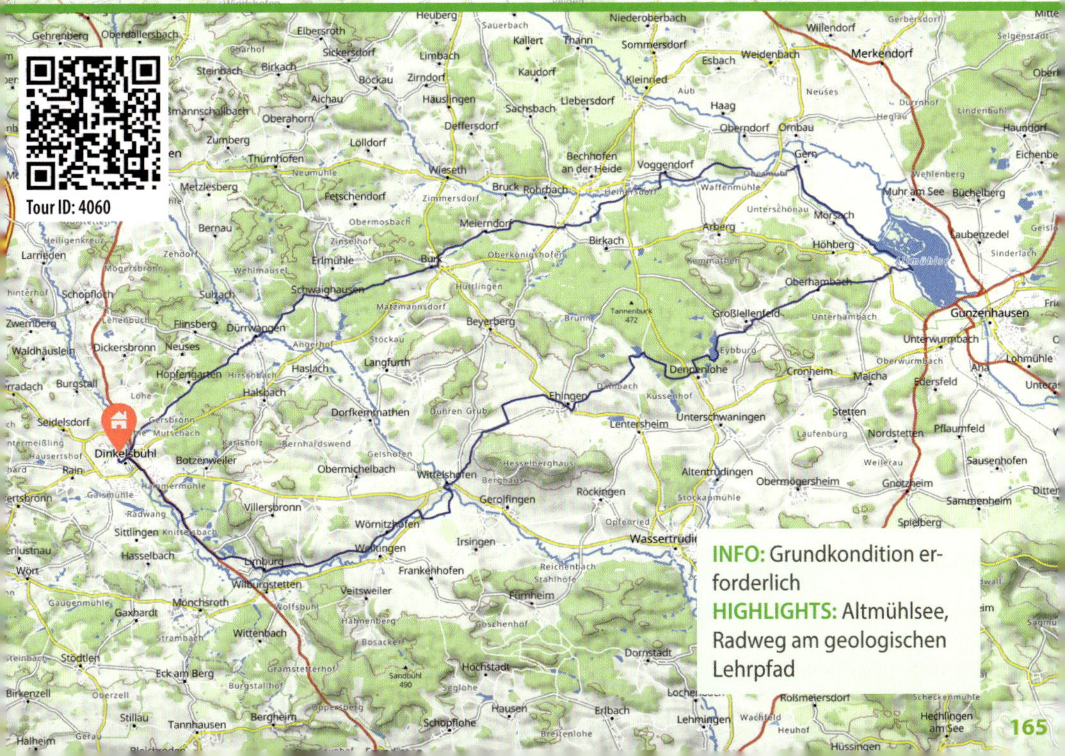

Tour ID: 4060

INFO: Grundkondition erforderlich
HIGHLIGHTS: Altmühlsee, Radweg am geologischen Lehrpfad

Franken

Akzent-Hotel Goldner Stern Muggendorf

Erlebnisreiche Touren durch idyllische Täler – damit lockt das Wiesenttal im Herzen der Fränkischen Schweiz. Unser familiengeführtes Haus bietet 42 Gästezimmer mit 4-Sterne-FirstClass-Niveau. Entspannen Sie im Wellnessbereich und lassen Sie sich im hoteleigenen Restaurant mit fränkischen Spezialitäten verwöhnen. Wir freuen uns auf Ihren Besuch!

Marktplatz 6 + 1 • 91346 Muggendorf / Wiesenttal
Telefon 09196 / 92800
hotel@goldner-stern.de
www.goldner-stern.de

Ruine Neideck Runde von Muggendorf

45 km | 230 hm | hP 380 m

Tour ID: 6149

INFO: Mittellange Tour mit wenig Höhenmetern. Mischung aus Asphalt und unbefestigten Wegen.
HIGHLIGHTS: Ruine Neideck, Rathausplatz Forchheim, Wiesentwasserfall

Zu Besuch am Schloss Unteraufseß
53 km | 750 hm | hP 500 m

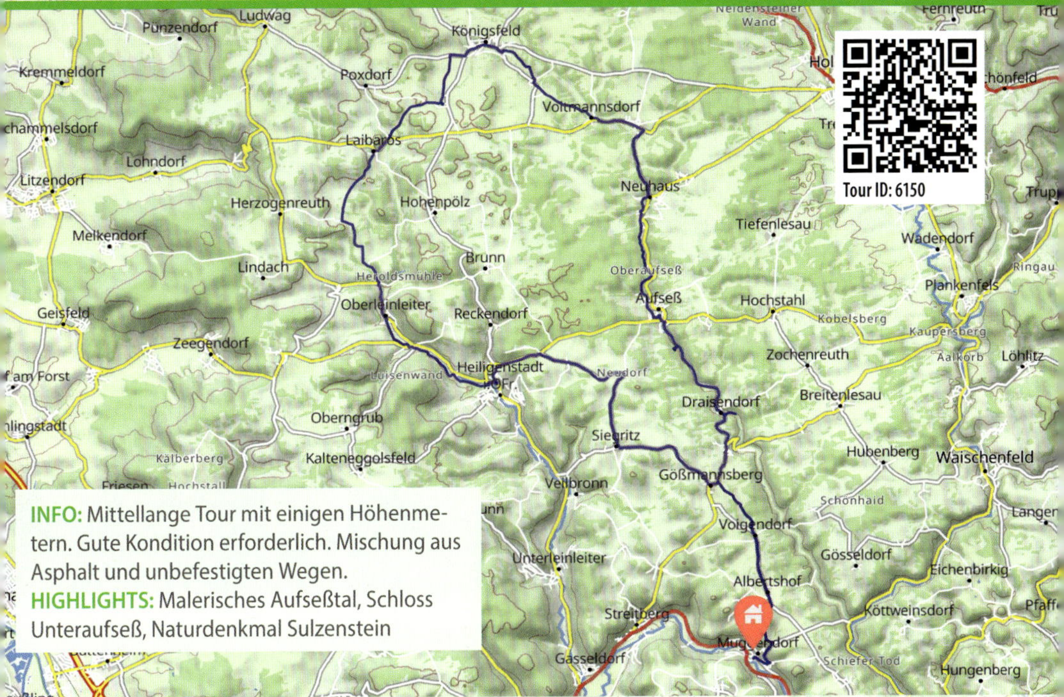

Tour ID: 6150

INFO: Mittellange Tour mit einigen Höhenmetern. Gute Kondition erforderlich. Mischung aus Asphalt und unbefestigten Wegen.
HIGHLIGHTS: Malerisches Aufseßtal, Schloss Unteraufseß, Naturdenkmal Sulzenstein

Rathausplatz Forchheim mit klein Venedig in Bamberg
87 km | 680 hm | hP 570 m

Tour ID: 6151

INFO: Mittellange Tour mit einigen Höhenmetern. Gute Kondition erforderlich. Mischung aus Asphalt und unbefestigten Wegen.
HIGHLIGHTS: Radweg entlang des Main-Donau-Kanal, Bamberg, Klein Venedig

Franken

Meisnerhof Erlabrunn

Unser Meisnerhof im fränkischen Weinort Erlabrunn ist ein Familienunternehmen. Mit 23 Hotelzimmern ist nicht nur für beste Kost, sondern auch Logis gesorgt. Das liebevoll restaurierte Fachwerk verleiht unserem Meisnerhof fränkischen Charme, Gemütlichkeit und ganz besonderen Flair. Mit dem Main-Radweg vor der Haustür liegt unser Hotel mit Restaurant und Biergarten ideal für alle Radfahrer. Dabei spielt es keine Rolle, ob Sie mit Trekkingbike, Mountainbike, Rennrad oder E-Bike zu uns kommen. Hier sind Sie richtig, denn für jeden ist etwas geboten.

Mainleite 1 • 97250 Erlabrunn
Telefon +49 9364 / 80 870
info@meisnerhof.de
www.meisnerhof.de

Gramschatzer Wald Runde

57 km | 640 hm | hP 360 m

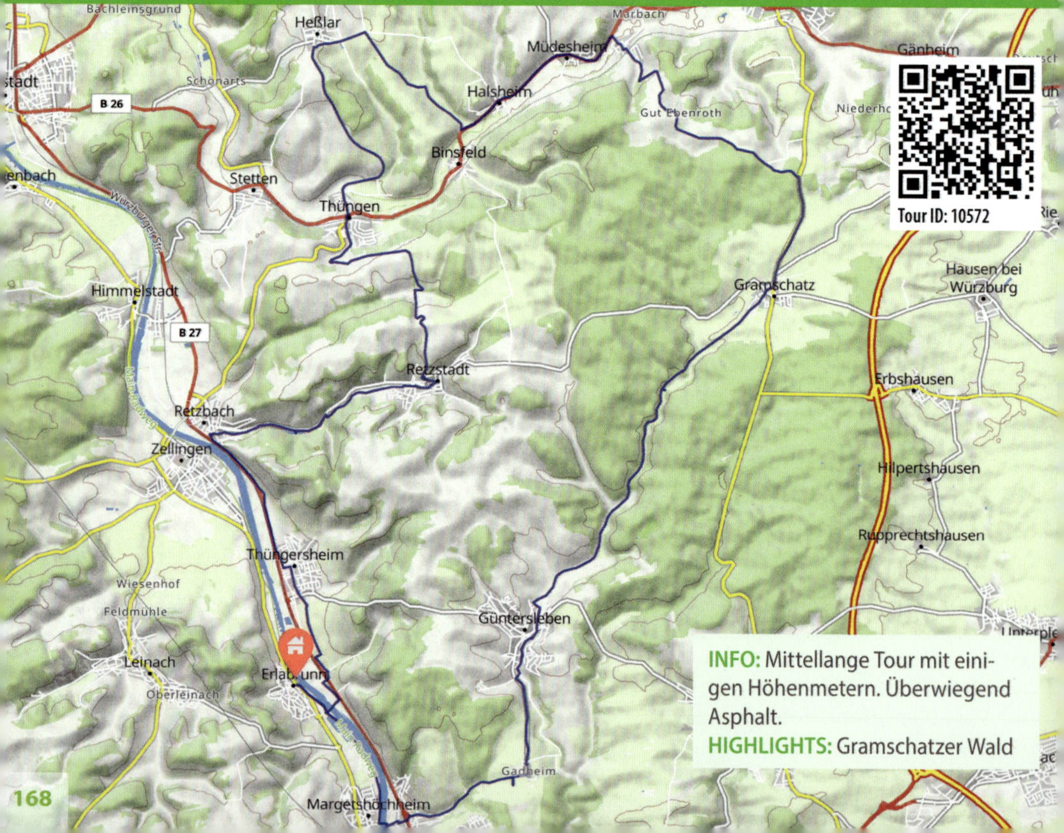

Tour ID: 10572

INFO: Mittellange Tour mit einigen Höhenmetern. Überwiegend Asphalt.
HIGHLIGHTS: Gramschatzer Wald

Wartturm oberhalb von Leinach Runde von Erlabrunn

36 km | 700 hm | hP 340 m

Tour ID: 10573

INFO: Mittellange Tour mit einigen Höhenmetern. Gute Kondition erforderlich. Mischung aus Asphalt und unbefestigten Wegen.
HIGHLIGHTS: Wartturm oberhalb von Leinach, Veitshöchheim

Marktheidenfeld – Erlabrunn

68 km | 650 hm | hP 340 m

Tour ID: 10575

INFO: Mittellange Tour mit einigen Höhenmetern. Gute Kondition erforderlich. Mischung aus Asphalt und unbefestigten Wegen.
HIGHLIGHTS: Veitshöchheim, Mainbrücke in Marktheidenfeld, Marktheidenfeld

Franken

Wald- und Sporthotel Polisina****s Ochsenfurt

Das Best Western Hotel Polisina***S - bei Würzburg - liegt mitten im Grünen, hoch über dem Mainufer. Tradition trifft auf Moderne und das macht das Hotel zu einem bezaubernden Ort in der fränkischen Weinregion. Mit einer ausgezeichneten regionalen Küche und dem wundervollen Ambiente bietet das Hotel Radsportlern, Genussmenschen, Kulturliebhabern oder Tagungsgästen einen unvergesslichen Aufenthalt.

Mit dem Stichwort:
„BIKE" genießen Sie ein WILLKOMMENSBIER gratis.

Marktbreiter Str. 265 • 97199 Ochsenfurt
Telefon 09331 / 8440
E-Mail: info@polisina.de
www.polisina.de

Zu Besuch in Würzburg

76 km | 410 hm | hP 290 m

Tour ID: 10877

INFO: Mittellange Tour mit einigen Höhenmetern. Überwiegend Asphalt.
HIGHLIGHTS: Alte Mainbrücke Kitzingen, Alte Mainbrücke in Würzburg, Mainradweg

Franken
ibis Styles Coburg Coburg

Angelehnt an das historische Gebäude dreht sich das Design im ibis Styles Coburg rund um Kutschen. Statt dem klassischen Gefährt bieten Coburg und das Coburger Land Fahrrad- und Motorradfahrern heutzutage abwechslungsreiche Routen mit unterschiedlichem Schwierigkeitsgrad. Von leicht bis sportlich – für jeden ist das Passende dabei. Den Abend lassen Sie in entspannter Atmosphäre an unserer Hotelbar ausklingen.

Sonntagsanger 17 • 96450 Coburg
Telefon +49 9561 237200
smile@ibisstyles-coburg.com
all.accor.com/b4c6

Wasserschloss Mitwitz Runde von Coburg
54 km | 360 hm | hP 370 m

Tour ID: 10945

INFO: Mittellange Tour mit einigen Höhenmetern. Überwiegend Asphalt.
HIGHLIGHTS: Wasserschloss Mitwitz, Klosterkirche Sonnefeld, Schlossplatz Coburg

Oberpfalz Fichtelgebirge

Hotel Bad Stebener Hof Bad Steben

Der Bad Stebener Hof liegt ca. 500 Meter von den Thermen in Bad Steben entfernt. Der Weg dorthin führt durch den wunderbaren Kurpark. Unsere Zimmer sind behaglich eingerichtet, warme Farbtöne und viel Holz vermit- teln ein großzügiges und wohnliches Raumgefühl. Jeden morgen bieten wir unseren Gästen ein vollwertiges Frühstück, vitaminreich und ausschließlich aus frischen Produkten aus der Region angerichtet.

Badstraße 10 • 95138 Bad Steben Telefon
Telefon +49 9288 / 9579260
badstebenerhof@lueberg.com
www.bad-stebener-hof.de

Untreusee und Förmitztalsperre   87 km | 820 hm | hP 610 m

Tour ID: 4067

INFO: Gute Grundkondition erforderlich
HIGHLIGHTS: Unstreusee, Förmitzspeicher

Besuch in Hof

61 km | 780 hm | hP 600 m

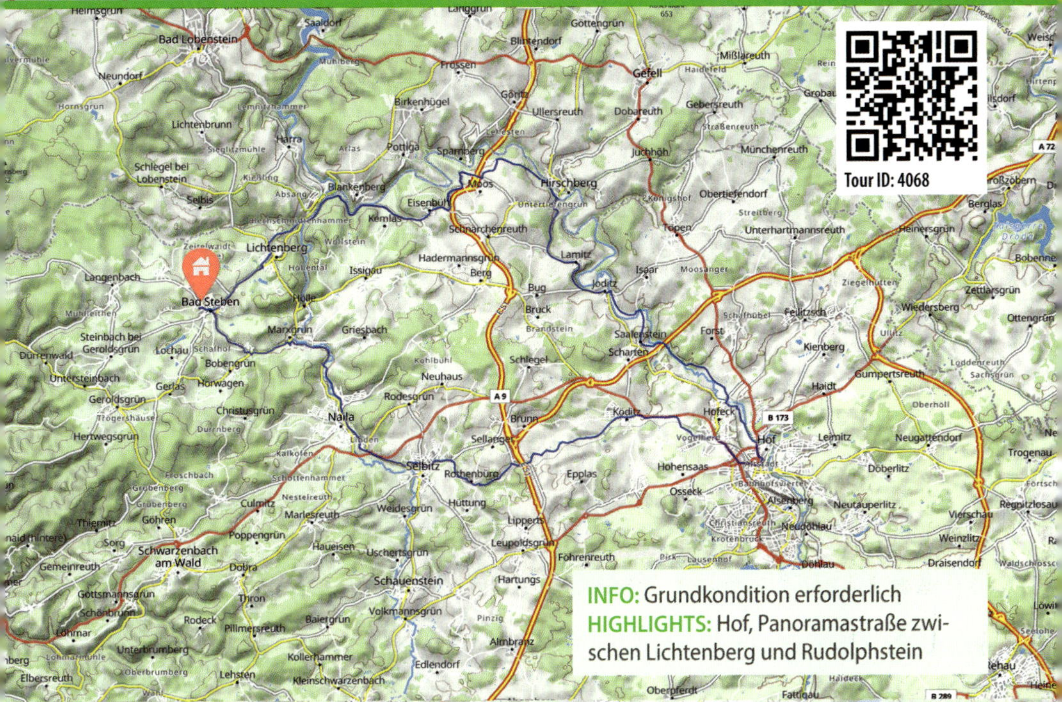

Tour ID: 4068

INFO: Grundkondition erforderlich
HIGHLIGHTS: Hof, Panoramastraße zwischen Lichtenberg und Rudolphstein

Ködeltalsperre und der Rennsteig

57 km | 880 hm | hP 720 m

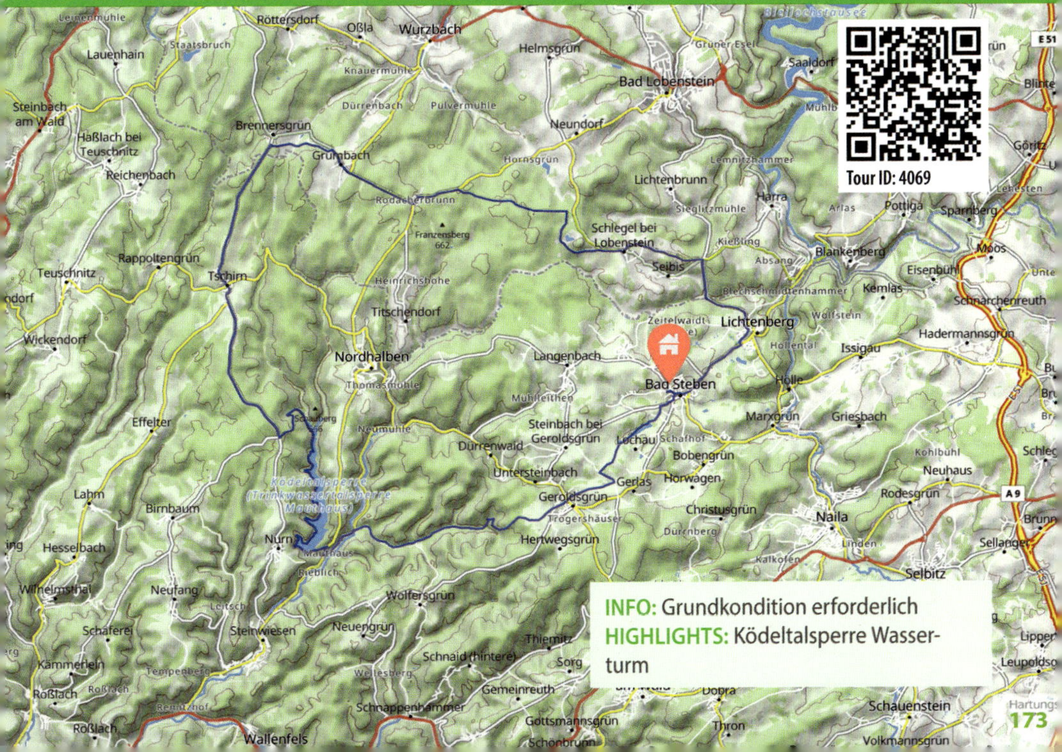

Tour ID: 4069

INFO: Grundkondition erforderlich
HIGHLIGHTS: Ködeltalsperre Wasserturm

173

Oberpfalz
Hotel „Fränkischer Hof" Rehau

Das charmante 3 Sterne Hotel Fränkischer Hof liegt inmitten der Stadt Rehau, am Rand des landschaftlich reizvollen Fichtelgebirges. Unzählige Ausflugsziele in das naheliegende Fichtelgebirge und den Frankenwald mit seinen zahlreichen Radwege, zum Kornberg, auch ein Besuch im Porzellanikon, dem deutschen Porzellanmuseum in Selb, verspricht interessante Einblicke in die Welt des Porzellans und seiner Geschichte zur Herstellung.

Sofienstr. 19 • 95111 Rehau
Telefon +49 9283 8530
info@fraenkischer-hof-rehau.de
www.fraenkischer-hof-rehau.de

Talsperre Pirk

62 km | 820 hm | hP 629 m

Tour ID: 938

INFO: Mittelschwere E-Bike-Tour. Gute Grundkondition erforderlich.
HIGHLIGHTS: Burgruine Wiedersberg

Besuch in Marktredwitz

73 km | 870 hm | hP 722 m

Tour ID: 937

INFO: Mittelschwere E-Bike-Tour. Gute Grundkondition erforderlich.
HIGHLIGHTS: Alte Bahnlinie nach Selb, Marktredwitz Rathaus

Zwei Mal durch Tschechien

71 km | 990 hm | hP 721 m

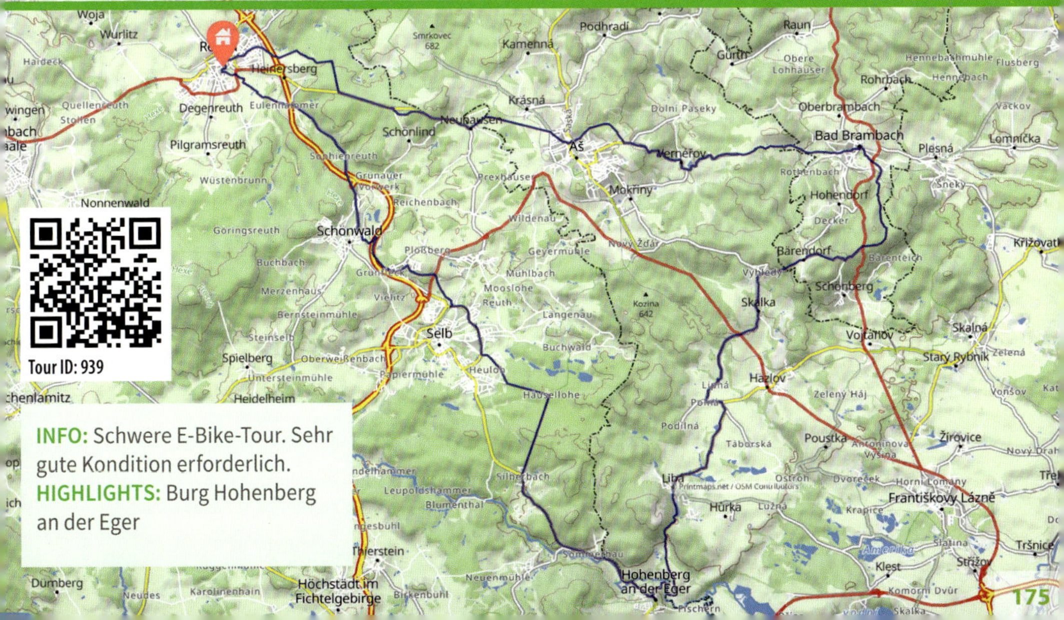

Tour ID: 939

INFO: Schwere E-Bike-Tour. Sehr gute Kondition erforderlich.
HIGHLIGHTS: Burg Hohenberg an der Eger

Oberpfalz
Landschloss Ernestgrün Bad Neualbenreuth

Unser Landschloss besteht aus einem sehr charmanten Ensemble verschiedener, teilweise unter Denkmalschutz stehender Gebäude, umgeben von wertvollen Biotopen. So haben wir Auwälder, Teiche und Bäche, Wiesen und Laubwald. Aus jedem Fenster des Landschlosses blicken sie in die traumhafte Natur der nördlichen Oberpfalz.

Rothmühle 15 • 95698 Bad Neualbenreuth
Telefon +49 9638 / 9300
info@landschloss-ernestgruen.de
www.landschloss-ernestgruen.de

Drei Mal durch Tschechien

99 km | 1060 hm | hP 685 m

Tour ID: 931

INFO: Schwere E-Bike-Tour. Sehr gute Kondition erforderlich.
HIGHLIGHTS: Ev.-luth. Michaeliskirche Bad Brambach

Tirschenreuth und Marktredwitz

76 km | 950 hm | hP 728 m

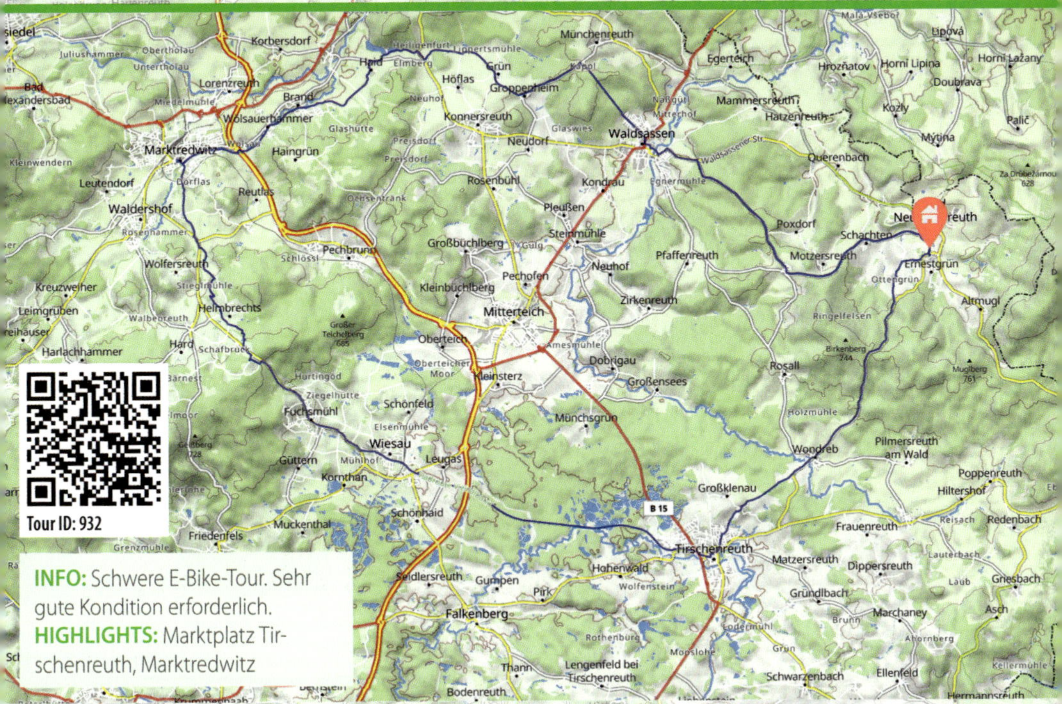

Tour ID: 932

INFO: Schwere E-Bike-Tour. Sehr gute Kondition erforderlich.
HIGHLIGHTS: Marktplatz Tirschenreuth, Marktredwitz

Zwei Seen in Tschechien

82 km | 710 hm | hP 613 m

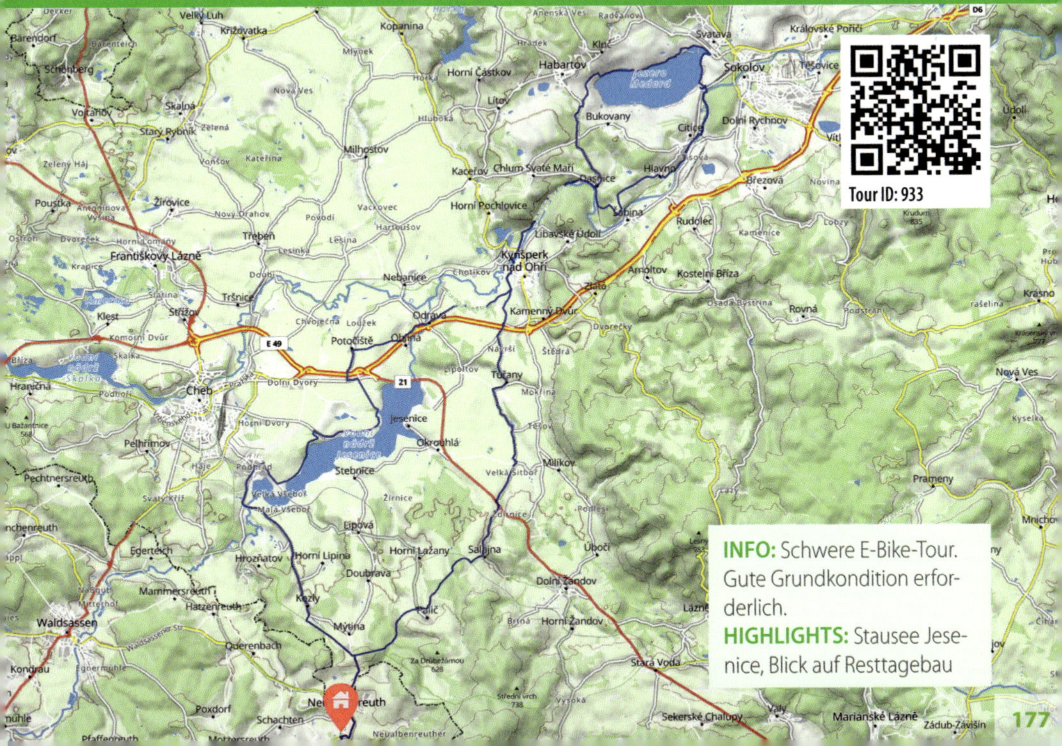

Tour ID: 933

INFO: Schwere E-Bike-Tour. Gute Grundkondition erforderlich.
HIGHLIGHTS: Stausee Jesenice, Blick auf Resttagebau

Oberpfalz

Gasthof Reif Königstein

Unser Hotel-Gasthof bietet vielseitige Möglichkeiten: In den komfortablen Zimmern verbringen Sie erholsame und ruhige Nächte. Nutzen Sie kostenfrei die Sonnenterrasse, Liegewiese, Fitnessraum und Sauna. Entspannen Sie in unserem Wellness-Bereich und lassen Sie sich bei kosmetischen Behandlungen und Massagen verwöhnen.

Oberer Markt 5 • 92281 Königstein
Telefon +49 (0) 9665 / 915020
info@gasthof-reif.de
www.gasthof-reif.de

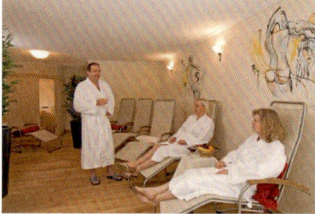

An der Pegnitz lang

64 km | 720 hm | hP 556 m

Tour ID: 3897

INFO: Mittelschwere E-Bike-Tour. Gute Grundkondition erforderlich.
HIGHLIGHTS: Burg Veldenstein, Radweg an der Pegnitz

Neuhaus, Hohenstein und Betzenstein

66 km | 990 hm | hP 583 m

Tour ID: 930

INFO: Schwere E-Bike-Tour. Sehr gute Kondition erforderlich.
HIGHLIGHTS: Burg Hohenstein

Hersbruck und Pottenstein

91 km | 1240 hm | hP 578 m

Tour ID: 929

INFO: Schwere E-Bike-Tour. Sehr gute Kondition erforderlich.
HIGHLIGHTS: Oberer Markt Hersbruck, der Entenstein, Teufelshöhle Pottenstein

Oberfalz - Fichtelgebirge

Gasthaus Pension Sommer Waldsassen

Wir begrüßen Sie recht herzlich in unserem Haus. „nicht daheim und doch zuhaus" Wir, die Familie Sommer und unser Team, freuen uns darauf, Ihnen einen bezaubernden Aufenthalt zu bereiten. Genießen Sie die traumhafte Landschaft bei uns im Stiftland. Traumhafte Touren im Waldnaabtal erwarten Sie. Gerne sind wir bei Tourentipps behilflich!

Wirtsgasse 8 • 95652 Waldsassen
Telefon +49 9632 / 92200
info@pension-sommer.de
www.pension-sommer.de

Bad Neualbenreuth und Lourdes-Grotte

48 km | 580 hm | hP 640 m

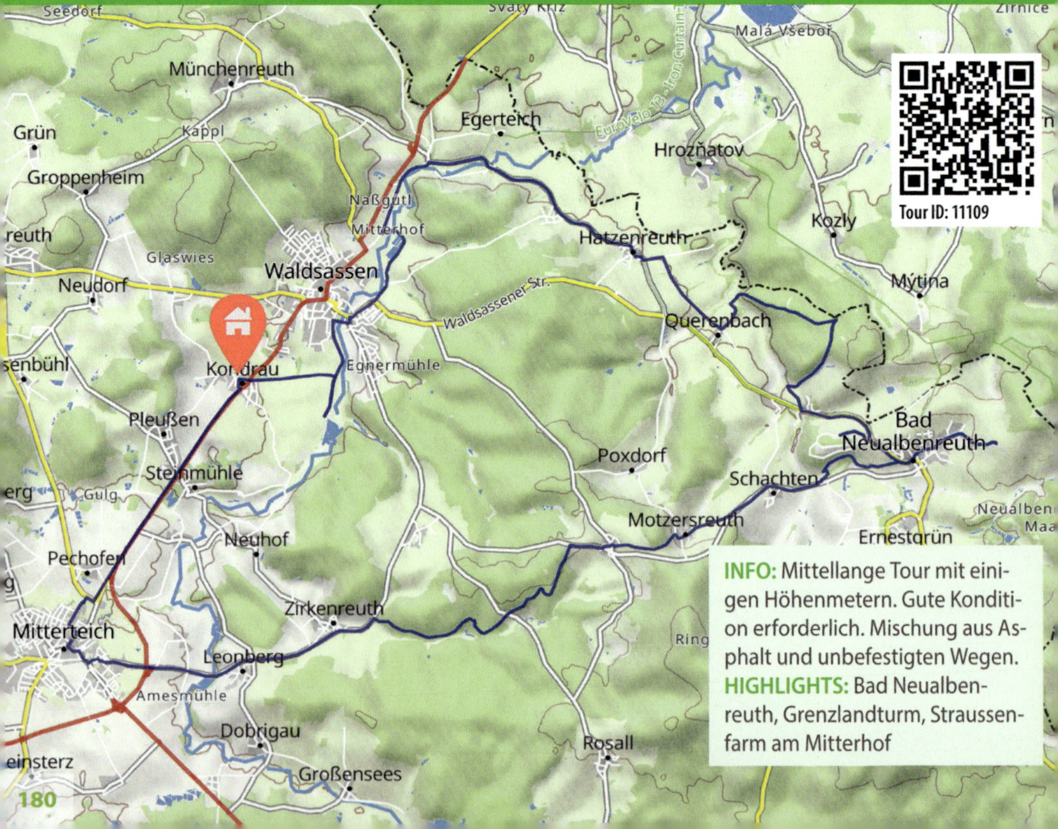

Tour ID: 11109

INFO: Mittellange Tour mit einigen Höhenmetern. Gute Kondition erforderlich. Mischung aus Asphalt und unbefestigten Wegen.
HIGHLIGHTS: Bad Neualbenreuth, Grenzlandturm, Straussenfarm am Mitterhof

Brauerei Kynsperk – Marktplatz Cheb (Eger)
39 km | 380 hm | hP 500 m

INFO: Mittellange Tour mit einigen Höhenmetern. Gute Kondition erforderlich. Überwiegend auf Asphalt.
HIGHLIGHTS: Brauerei Kynsperk, Marktplatz Cheb

Tour ID: 11110

Besichtigung Hackelstein
52 km | 650 hm | hP 720 m

INFO: Mittellange Tour mit einigen Höhenmetern. Gute Kondition erforderlich. Überwiegend auf Asphalt.
HIGHLIGHTS: Hackelstein, Maria Hilfe Kirche Fuchsmühl

Tour ID: 11111

Bayerischer Wald

Hotel GIAMAS Straubing

Im Zentrum von Straubing gelegen, finden Sie ein komplett renoviertes und wahres Schmuckstück unter den Hotels in Niederbayern – unser Hotel GIAMAS. Mit seinen gut ausgestatteten 16 Zimmern, einem geräumigen Frühstücksraum und einem Hotelrestaurant mit hervorragender griechischer Küche finden Sie in unserem Hotel GIAMAS die Erholung, die Sie verdient haben. Schauen Sie auch in unseren Partnerhotel Korfu in Geiselhöring vorbei.

Fraunhofer Straße 26 • 94315 Straubing
Telefon +49 9421 12992
hotelgiamas@gmail.com
www.hotel-giamas-straubing.de

Tour durchs Grüne

84 km | 380 hm | hP 420 m

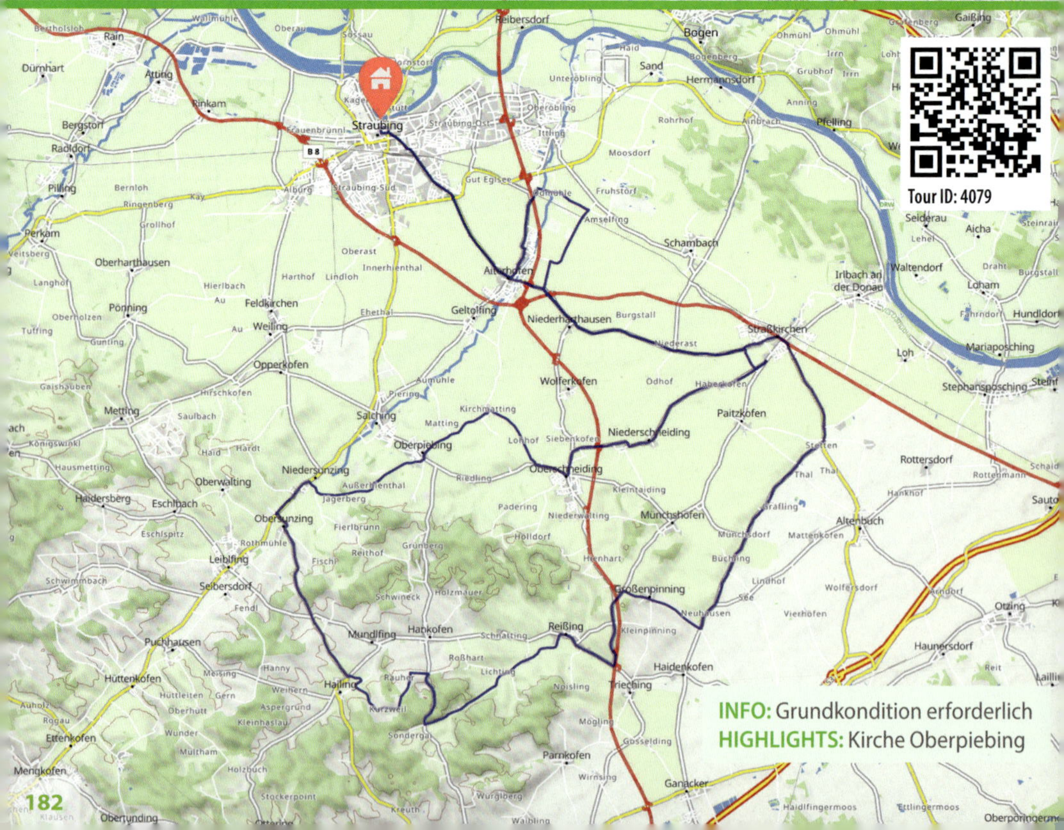

Tour ID: 4079

INFO: Grundkondition erforderlich
HIGHLIGHTS: Kirche Oberpiebing

Schloß Wörth und Schleuse Geißling

53 km | 150 hm | hP 356 m

Tour ID: 4080

INFO: Leichte E-Bike-Tour
HIGHLIGHTS: Schloß Wörth an der Donau, Kraftwerk und Schleuse Geisling

An der Donau nach Deggendorf

77 km | 170 hm | hP 337 m

Tour ID: 4081

INFO: Grundkondition erforderlich
HIGHLIGHTS: Deggendorf Altstadt, an der Donau entlang

183

Bayerischer Wald
Hotel-Restaurant Waldfrieden Spiegelau

Was immer Sie für Ihre schönsten Tage im Jahr geplant haben, ob Ihnen der Sinn nach Sport, Erholung oder Sie einen entspannten Wellnessurlaub wünschen, in unserem Haus werden Sie stets liebevoll betreut und nach Kräften verwöhnt. Nach umfangreichen Umbauarbeiten und Modernisierungen präsentiert sich unser Haus als 3-Sterne Hotel, in dem keine Wünsche offen bleiben.

Waldschmidtstraße 10 • 94518 Spiegelau
Telefon +49 8553 / 9799660
info@hotelwaldfrieden.de
www.bikerhotel-spiegelau.de

Kreuz und quer mit Baumwipfelpfad

48 km | 1000 hm | hP 1120 m

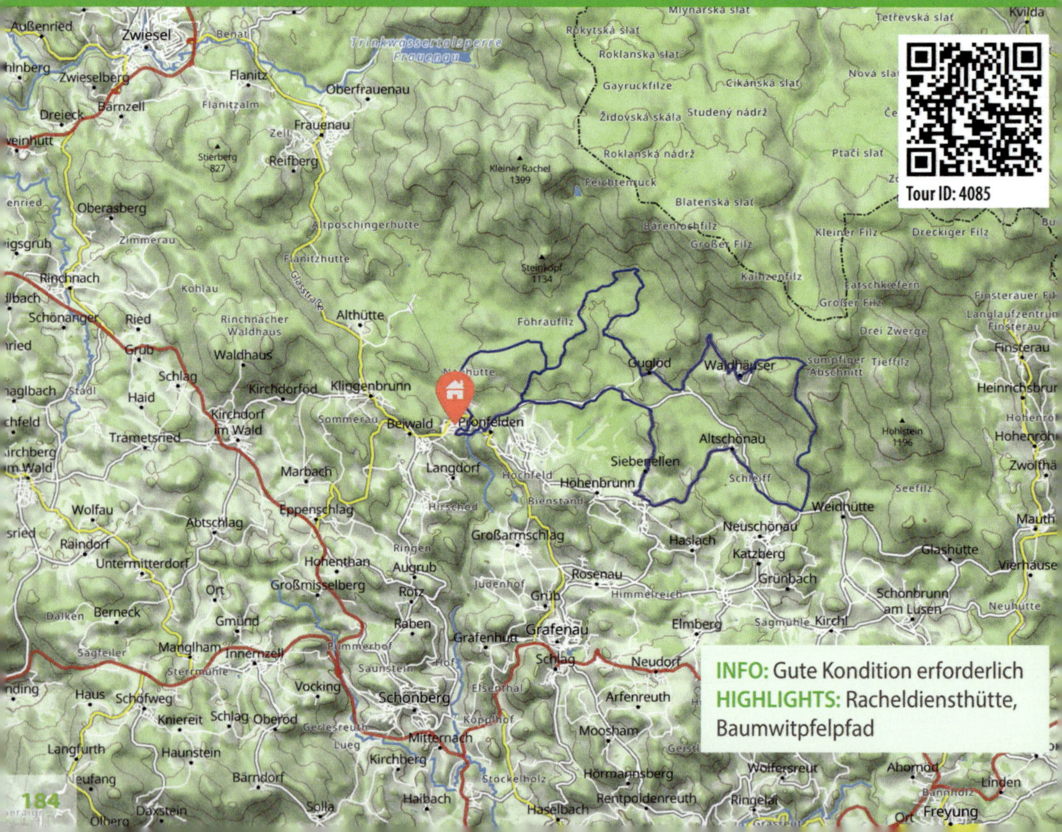

Tour ID: 4085

INFO: Gute Kondition erforderlich
HIGHLIGHTS: Racheldiensthütte, Baumwitpfelpfad

184

Richtung Freyung

54 km | 940 hm | hP 860 m

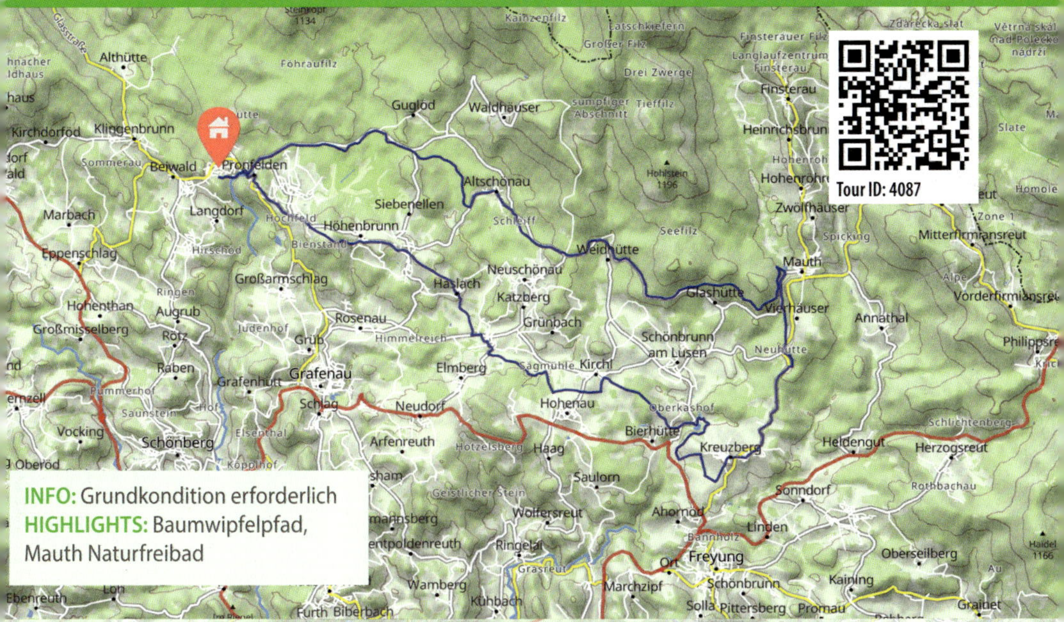

INFO: Grundkondition erforderlich
HIGHLIGHTS: Baumwipfelpfad, Mauth Naturfreibad

Tour ID: 4087

Am Regen nach Bayrisch Eisenstein

74 km | 1060 hm | hP 840 m

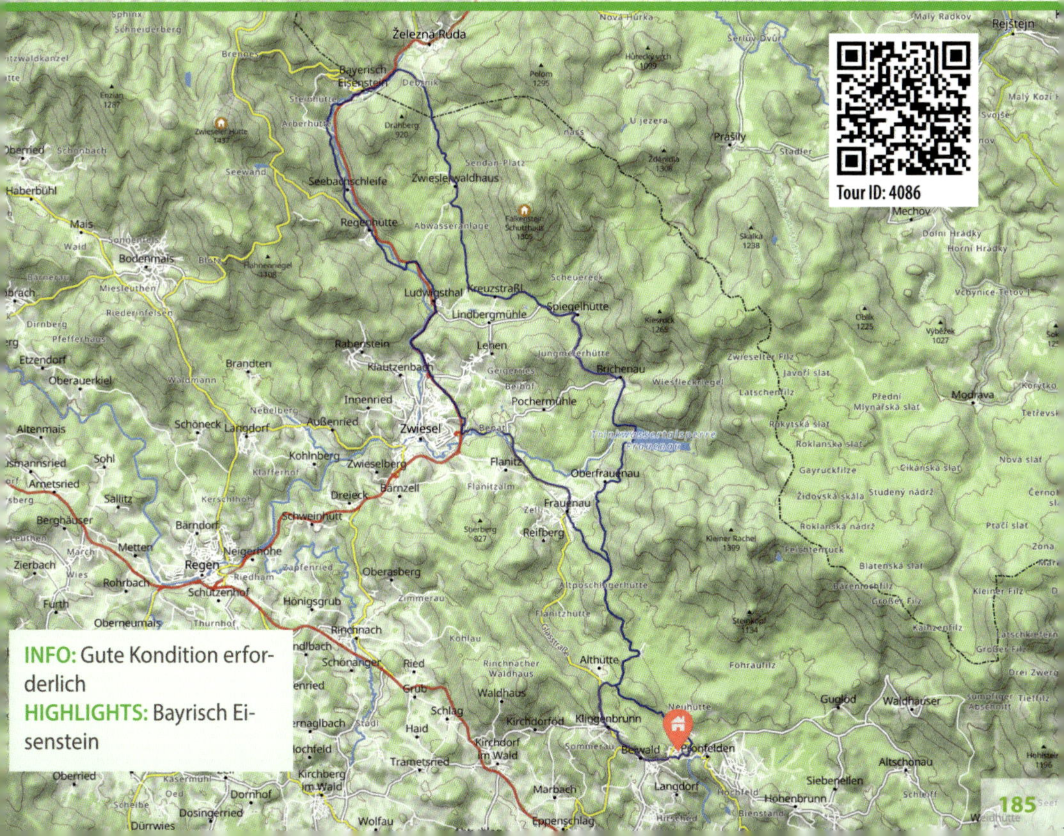

INFO: Gute Kondition erforderlich
HIGHLIGHTS: Bayrisch Eisenstein

Tour ID: 4086

Bayerischer Wald
Landrefugium Obermüller**** Untergriesbach

Auf zwei Rädern durch die drei Länder Bayern, Österreich, Tschechien: kurvenreich und hügelig, wie zum Fahrradfahren gemacht. Zum »Bikeness« lädt der 1500qm große Panoramawellnessbereich mit SPA Kosmetik- und Massageanwendungen ein. Abends verwöhnt das Küchenteam mit einem kreativen 4-Gang-Menü inklusive Salatbuffet. Die Bikes stehen in der abgeschlossenen Garage.

Sonnenweg 12 • 94107 Untergriesbach
Telefon +49 8593 / 90050
info@balancehotel-obermueller.de
www.balancehotel-obermueller.de

An der Donau entlang

77 km | 900 hm | hP 577 m

Tour ID: 629

INFO: Schwere Fahrradtour. Sehr gute Kondition erforderlich.
HIGHLIGHTS: Blick auf Burg Krempelstein, Schleuse Jochenstein

Bahnhof Waldkirchen Runde von Hauzenberg 64 km | 1240 hm | hP 839 m

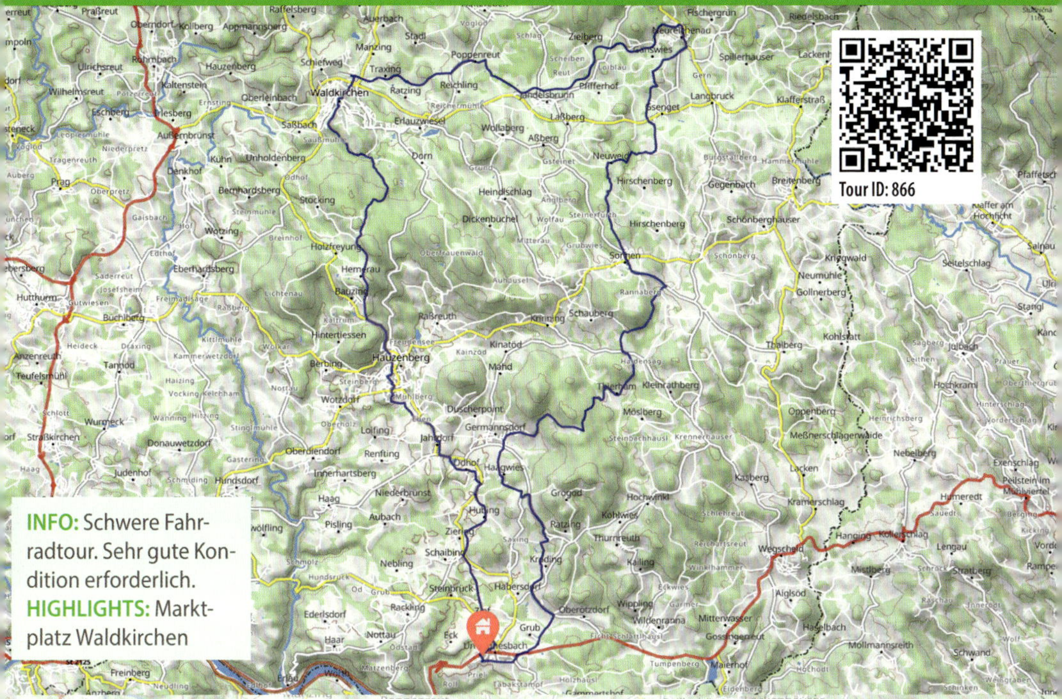

Tour ID: 866

INFO: Schwere Fahrradtour. Sehr gute Kondition erforderlich.
HIGHLIGHTS: Marktplatz Waldkirchen

Bautzinger Runde 61 km | 1240 hm | hP 948 m

Tour ID: 625

INFO: Schwere Wanderung. Sehr gute Kondition erforderlich.
HIGHLIGHTS: Aussichtsturm Oberfrauenwald

Bayerischer Wald
Haus Bayerischer Wald Lam

Wir liegen auf 720 m Höhe an einem sonnigen Südhang inmitten herrlicher Natur. Ein perfekter Ausgangspunkt für traumhafte Radtouren. Egal ob mit Fahrrad, Mountainbike oder E-Bike, der Bayerische Wald, das „Grüne Dach Europas", bietet ein einmaliges Naturerlebnis. Mit über 30 Radtouren in der Region finden sich herrliche Möglichkeiten Land und Leute, Kultur und Brauchtum zu erfahren und natürlich zu genießen. Es wird nie langweilig, denn eine Fahrradtour ist spannender als die andere! Informative Prospekte und Radkarten hält das Kolping Haus Bayerischer Wald für Sie bereit.

Lambach 1 • 93462 Lam
Tel. 09943 / 9 40 70
info@haus-bayerischer-wald.de
www.haus-bayerischer-wald.de

Cerne Jesero   56 km | 1440 hm | hP 1230 m

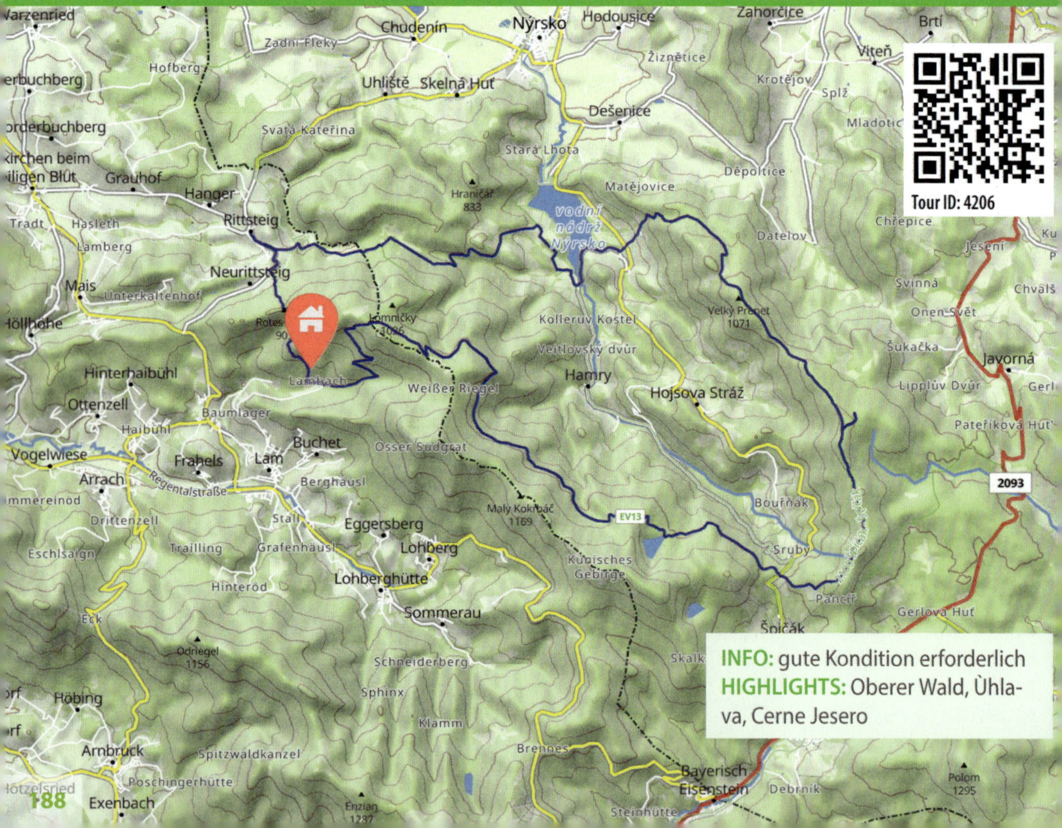

Tour ID: 4206

INFO: gute Kondition erforderlich
HIGHLIGHTS: Oberer Wald, Ùhlava, Cerne Jesero

Bad Kötzting – Natur-Art-Parks Arrach
51 km | 980 hm | hP 930 m

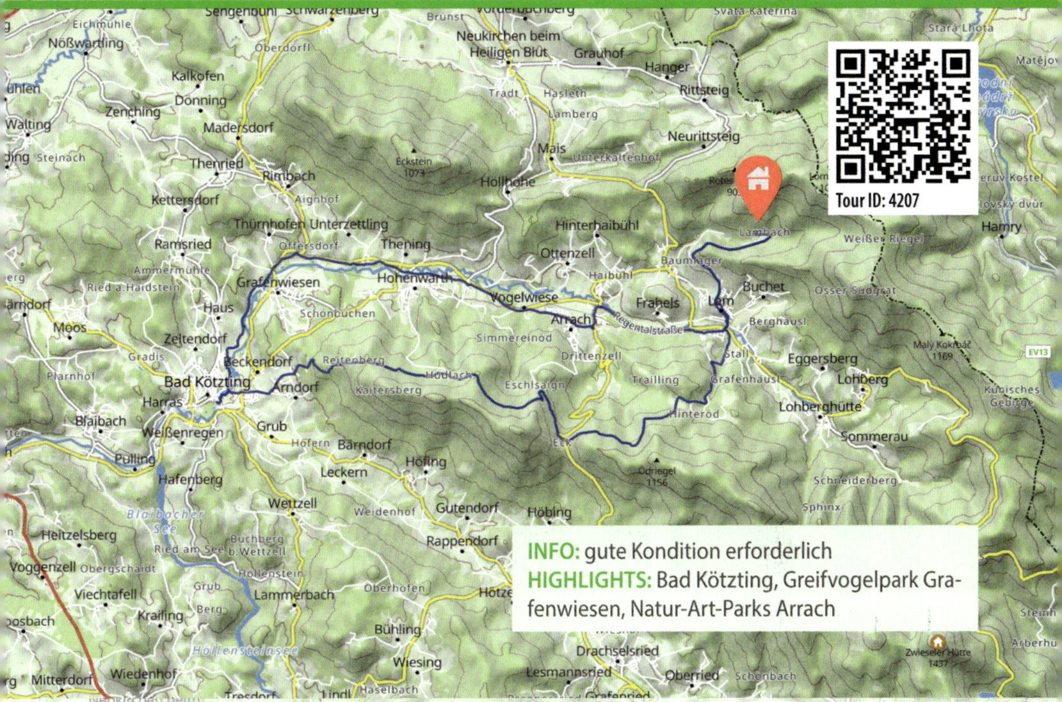

Tour ID: 4207

INFO: gute Kondition erforderlich
HIGHLIGHTS: Bad Kötzting, Greifvogelpark Grafenwiesen, Natur-Art-Parks Arrach

Großer Arber – Kleiner Arbersee Runde
45 km | 1590 hm | hP 1430 m

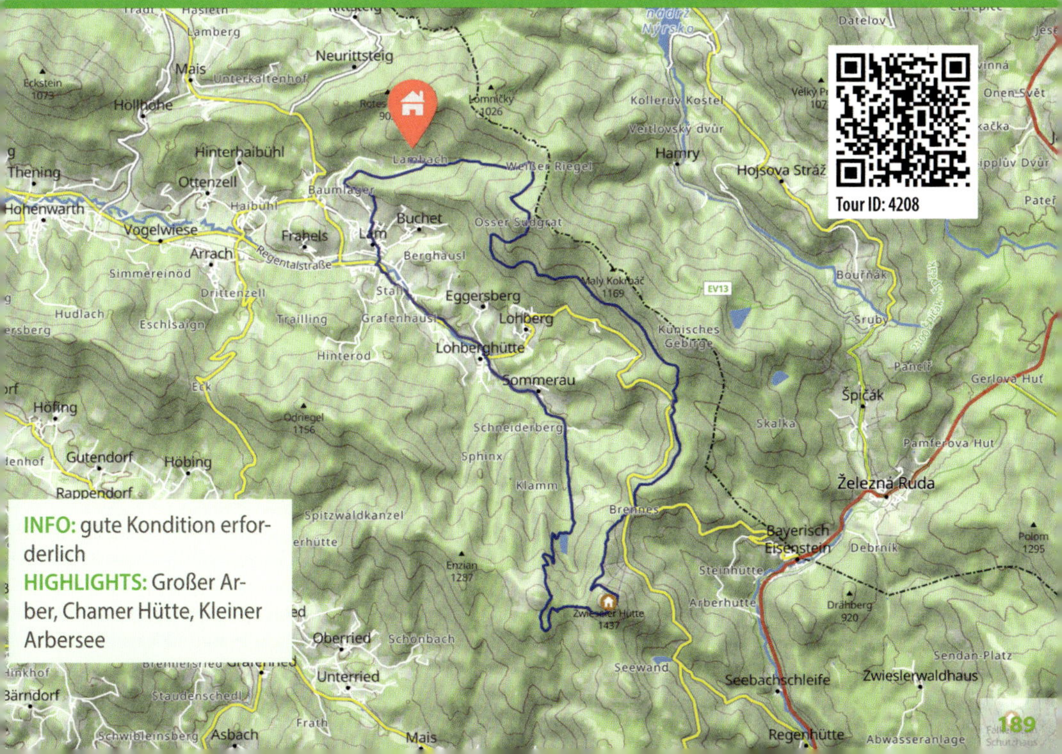

Tour ID: 4208

INFO: gute Kondition erforderlich
HIGHLIGHTS: Großer Arber, Chamer Hütte, Kleiner Arbersee

Bayerischer Wald

Hotel ASAM Straubing

Das 4***S Hotel ASAM steht für gepflegte Gastlichkeit in einem besonderen Ambiente. Auf einzigartige Weise vereint das Haus den historischen Charme mit der Ästhetik eines modernen Design-Hotels. Genießen Sie Ihre Zeit im italienisch anmutenden Restaurant „Asams", im zünftig-bayerischen „Agnes-Bernauer-Stüberl", in der „ASAM-Art Bar" oder im Biergarten unter Kastanienbäumen mit Sonnenterrasse und Remise aus urigem Altholz. Wir verleihen E-Bikes und alle Räder können sicher in unserer abgeschlossenem Bereich der Tiefgarage eingeschlossen werden.

Wittelsbacherhöhe 1 • 94315 Straubing
Tel. 09421 / 788680
E-Mail: info@hotelasam.de
www.hotelasam.de

Perlbachtal Trail Runde

61 km | 530 hm | hP 530 m

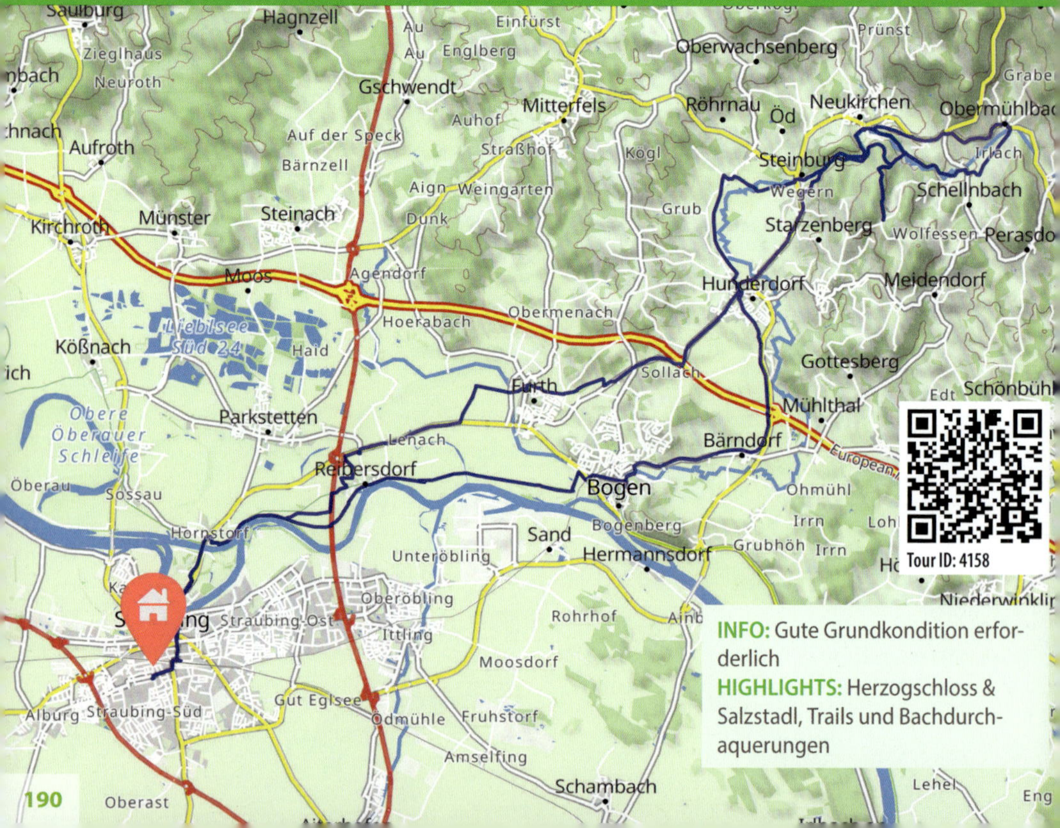

Tour ID: 4158

INFO: Gute Grundkondition erforderlich
HIGHLIGHTS: Herzogschloss & Salzstadl, Trails und Bachdurchquerungen

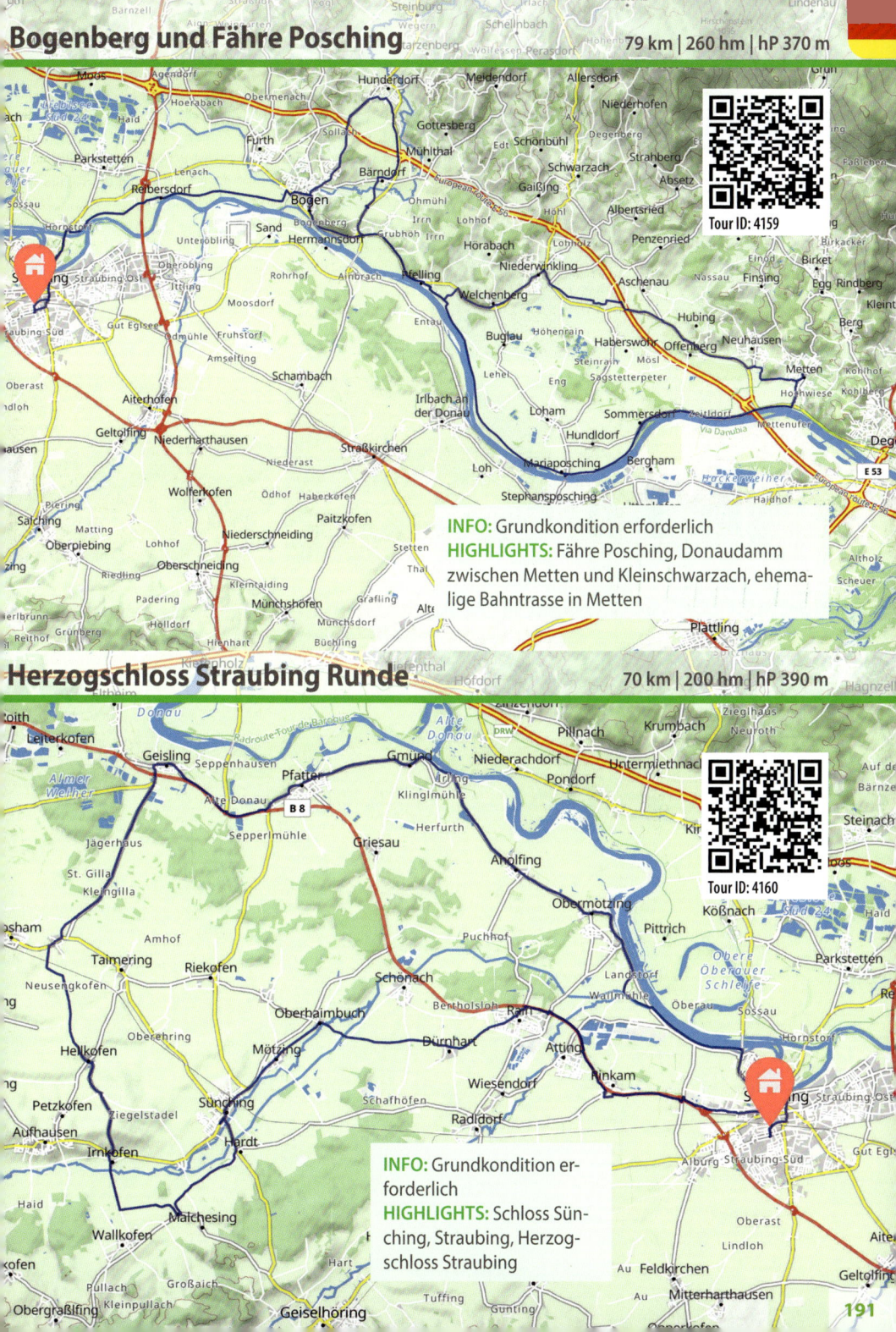

Niederbayern

Hotel garni Christl Bad Griesbach

Fühlen Sie sich wohl bei uns. Nach diesem Leitsatz möchten wir Ihnen Ihren Urlaub in unserem kleinen familiären Hotel so angenehm wie möglich machen. Entdecken Sie die wunderbare Rottaler Natur. Beim Radfahren, beim Wandern oder beim Golfen in Europas größtem Golf-Resort. Unternehmen Sie Ausflüge zu kulturellen Sehenswürdigkeiten und lassen Sie sich bayerische Schmankerl in idyllischen Gasthöfen und Gutshäusern schmecken.

Thermalbadstraße 11 • 94086 Bad Griesbach
Telefon +49 8532 96020
info@hotel-garni-christl.de
www.hotel-garni-christl.de

Bad Füssing und Wasserschloss Aurolzmünster

78 km | 430 hm | hP 470 m

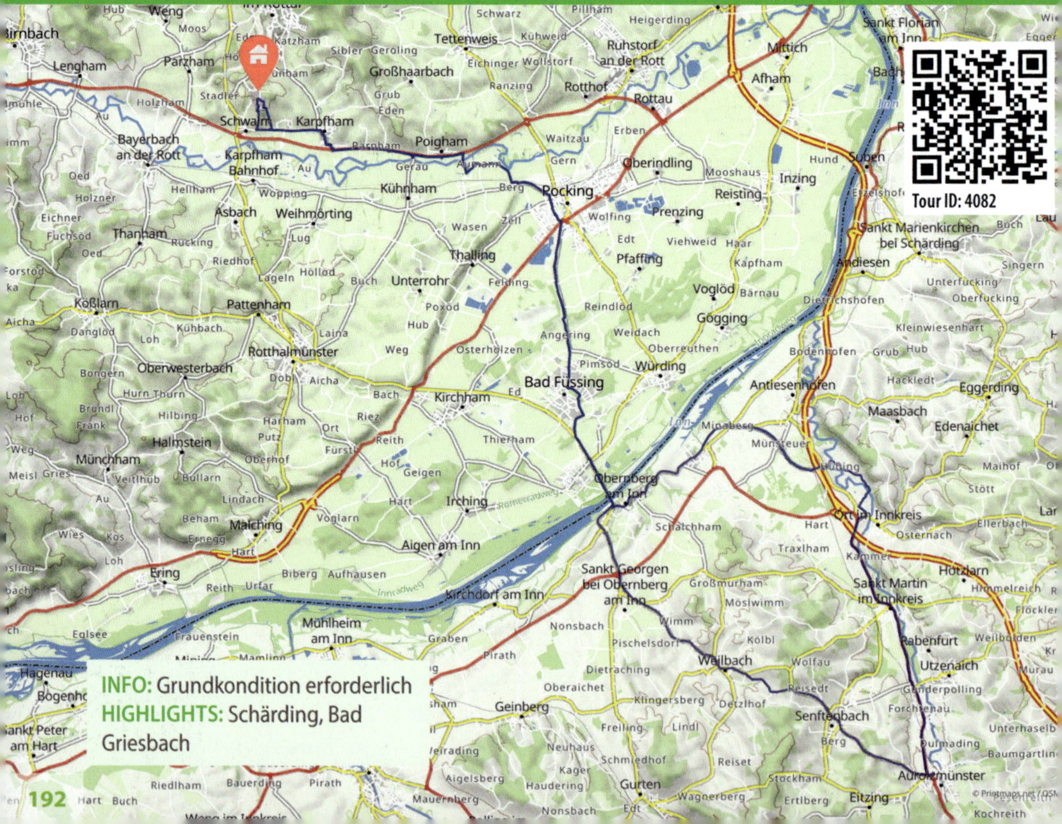

Tour ID: 4082

INFO: Grundkondition erforderlich
HIGHLIGHTS: Schärding, Bad Griesbach

Entlang des Inn

87 km | 200 hm | hP 420 m

Tour ID: 4083

INFO: Grundkondition erforderlich
HIGHLIGHTS: Innradweg, Bad Füssing

Auf nach Passau

93 km | 570 hm | hP 490 m

Tour ID: 4084

INFO: Grundkondition erforderlich
HIGHLIGHTS: Schloß Ortenburg, Passau

Niederbayern

Gesundheitshotel Summerhof*** Bad Griesbach

Unser Haus nahe des Kurwaldes in Bad Griesbach ist der ideale Ausgangspunkt für eine ausgiebige Tour auf einem der zahlreichen Radwege in der malerischen Natur des Rottals. Im Anschluss können Sie sich in der direkt über den Bademantelgang angeschlossenen Wohlfühl-Therme entspannen und den Tag bei einem leckeren Drei-Gänge-Menü in unserem Restaurant genussvoll ausklingen lassen.

Thermalbadstraße 6 • 94086 Bad Griesbach - Therme
Telefon +49 8532 273000
rezeption@hotel-summerhof.de
www.hotel-summerhof.de

Bildrecht: GuK Bad Griesbach

Bildrecht: Wohlfühl-Therme in Bad Griesbach

Schärding Obernberg

68 km | 280 hm | hP 417 m

Tour ID: 4022

INFO: Mittelschwere E-Bike-Tour. Grundkondition erforderlich.
HIGHLIGHTS: Schärding am Inn, Obernberg am Inn

Ein Stück die Donau entlang

75 km | 830 hm | hP 533 m

Tour ID: 944

INFO: Mittelschwere E-Bike-Tour. Grundkondition erforderlich.
HIGHLIGHTS: Stauwehr Maierhof, Uferweg an der Donau

Bärenpark und Straußenfarm

75 km | 830 hm | hP 472 m

INFO: Mittelschwere E-Bike-Tour. Grundkondition erforderlich.
HIGHLIGHTS: Bad Griesbach, Straußenhof bei Bad Füssing, Bärenpark

Tour ID: 945

Niederbayern
****Hotel Quellenhof Bad Birnbach

Klein, aber fein, mit jeglichem Komfort - so präsentiert sich unser familiengeführtes 4-Sterne-Haus. Ein Wellnessbereich mit 2 Thermalbecken, Sauna, Saline, Infrarotkabine,… wartet auf Sie.
Kulinarisch können Sie sich mit Leckerem aus der Region verwöhnen lassen, ob à la carte oder in der ¾-Pension. Die Rottal Terme ist via Kurpark nur 200m entfernt.

Brunnaderstr. 11 • 84364 Bad Birnbach
Telefon +49 8563 3070
info@hotel-quellenhof.info
www.hotel-quellenhof.info

Bad Füssing und Simbach am Inn
90 km | 570 hm | hP 557 m

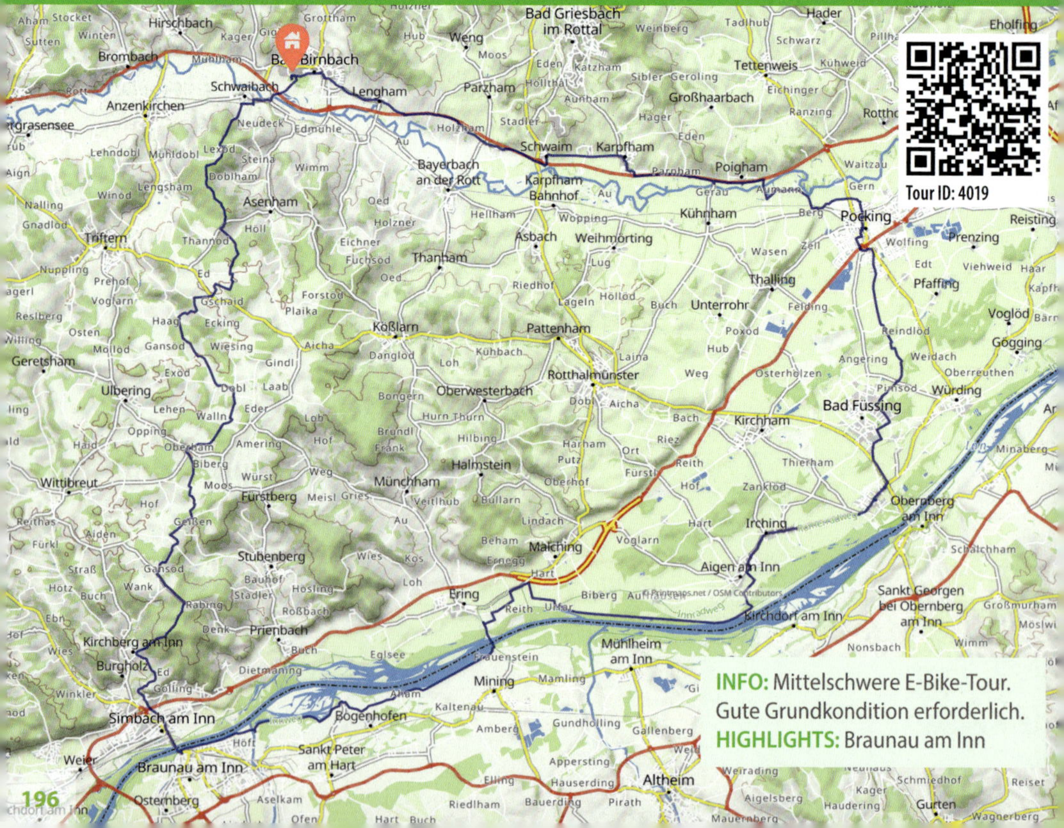

Tour ID: 4019

INFO: Mittelschwere E-Bike-Tour. Gute Grundkondition erforderlich.
HIGHLIGHTS: Braunau am Inn

Schärding und Bad Griesbach

66 km | 500 hm | hP 520 m

Tour ID: 948

INFO: Mittelschwere E-Bike-Tour. Gute Grundkondition erforderlich.
HIGHLIGHTS: Schärding am Inn, Bad Griesbach

Fürstenzell und Vilshofen

71 km | 860 hm | hP 520 m

Tour ID: 949

INFO: Mittelschwere E-Bike-Tour. Gute Grundkondition erforderlich.
HIGHLIGHTS: Vilshofen an der Donau, Kloster Fürstenzell

Niederbayern
Appartementhaus Josef Bad Füssing

Damit Sie eine gute Zeit im Appartementhaus Josef verbringen, tun wir für Sie unser Bestes. In unserem Haus stehen Ihnen 51 helle und freundliche Ein-, Zwei- oder Dreizimmerappartements zur Verfügung. Außerdem eine neu gestaltete Sauna, ein großzügiger Garten sowie eine Physiotherapie-, Arztpraxis und eine Beautyfarm. Zur Europatherme und Johannesbad kommen Sie in nur 5 Gehminuten.

Paracelsusstraße 8 • 94072 Bad Füssing
Telefon +49 8531 / 29000
info@appartementhaus-josef.de
www.appartementhaus-josef.de

Pram-Radweg

84 km | 540 hm | hP 440 m

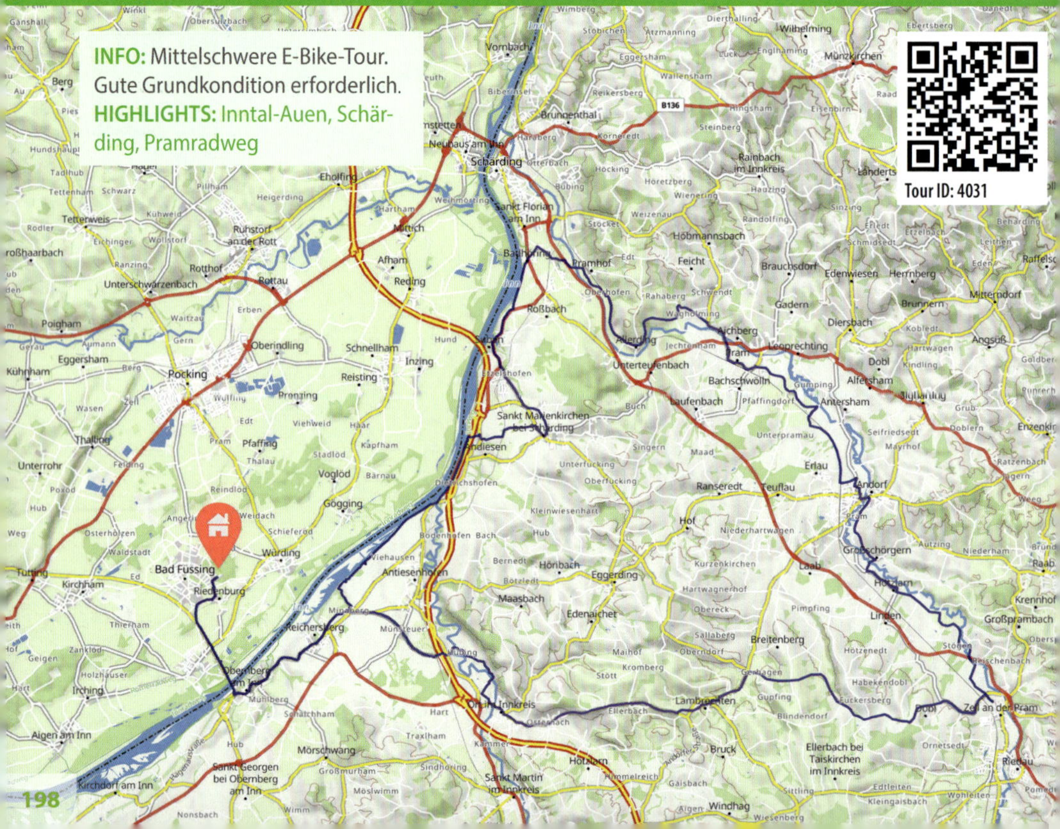

INFO: Mittelschwere E-Bike-Tour. Gute Grundkondition erforderlich.
HIGHLIGHTS: Inntal-Auen, Schärding, Pramradweg

Tour ID: 4031

Bad Griesbach und Bad Birnbach
67 km | 720 hm | hP 520 m

Tour ID: 4032

INFO: Mittelschwere E-Bike-Tour. Grundkondition erforderlich.
HIGHLIGHTS: Bad Griesbach, Bad Birnbach, Krokodilfelsen

Inn-Radweg
80 km | 200 hm | hP 353 m

INFO: Gute Kondition erforderlich.
HIGHLIGHTS: Inntal-Radweg, Schloss Sunzing, Schloss Hagenau

Tour ID: 4033

199

Niederbayern
The Monarch Hotel ****s Bad Gögging

Das „The Monarch Hotel" inmitten der Natur! Das 4 Sterne Superior „The Monarch Hotel" befindet sich in reizvoller Umgebung zwischen Donaudurchbruch und den Hopfengärten der Hallertau im Zentrum Bayerns. Es ist der ideale Ausgangspunkt für zahlreiche Touren. Eingebettet in die Natur, zwischen Wiesen und Feldern, beherbergen wir unsere Gäste in komfortabel eingerichteten Zimmern und Suiten mit vielen liebevollen Details. In einem gemütlichen Ambiente wird Ihr Schlaf zur Erholung.

Kaiser-Augustus-Straße 36 • 93333 Bad Gögging
Tel. +49 9445 / 980
welcome@monarchbadgoegging.com
www.monarchbadgoegging.com

An der Donau entlang

48 km | 120 hm | hP 370 m

Tour ID: 6136

INFO: Mittellange Tour mit wenig Höhenmetern. Mischung aus Asphalt und unbefestigten Wegen.
HIGHLIGHTS: Kuchlbauer's Bierwelt mit Hundertwasser-Turm, Vohburg Donautor

Besuch in Abensberg

60 km | 390 hm | hP 480 m

Tour ID: 6137

INFO: Mittellange Tour mit einigen Höhenmetern. Mischung aus Asphalt und unbefestigten Wegen.
HIGHLIGHTS: Stadtplatz Abensberg, Wasserschloss in Train, Biergarten Brauerei Kuchlbauer

Altes Rathaus Kelheim und Kloster Weltenburg

50 km | 350 hm | hP 480 m

INFO: Mittellange Tour mit wenig Höhenmetern. Mischung aus Asphalt und unbefestigten Wegen.
HIGHLIGHTS: Fahrradbrücke mit Aussicht, Kloster Weltenburg

Tour ID: 6138

Niederbayern

Hotel Theresientor Straubing

Gastfreundschaft hat ein Zuhause... Das ist der Leitsatz, der im Hotel Theresientor ganz hoch geschrieben wird. Die exponierte Lage macht einen Aufenthalt zu einem Erlebnis. Die 43 modern eingerichteten und exklusiv ausgestatteten Zimmer sind mit Bad oder Dusche/WC, Klimaanlage, Kabel-TV, Direktwahltelefon, Minibar, Fax- und PC-Anschluss sowie W-LAN ausgestattet. Das angrenzende Wirtshaus „zum Geiss" lässt keine kulinarischen Wünsche offen. Neben guter regionaler Küche, können hier auch Feiern organisiert werden

Theresienplatz 51 • 94315 Straubing
Telefon +49 9421 8490
straubing@hotel-theresientor.de
www.hotel-theresientor.de

Zu Besuch auf Schloss Sünching

68 km | 190 hm | hP 390 m

Tour ID: 11112

INFO: Mittellange Tour mit einigen Höhenmetern. Grundkondition erforderlich. Mischung aus Asphalt und unbefestigten Wegen.
HIGHLIGHTS: Schloss Sünching

Burganlage Falkenfels

49 km | 710 hm | hP 730 m

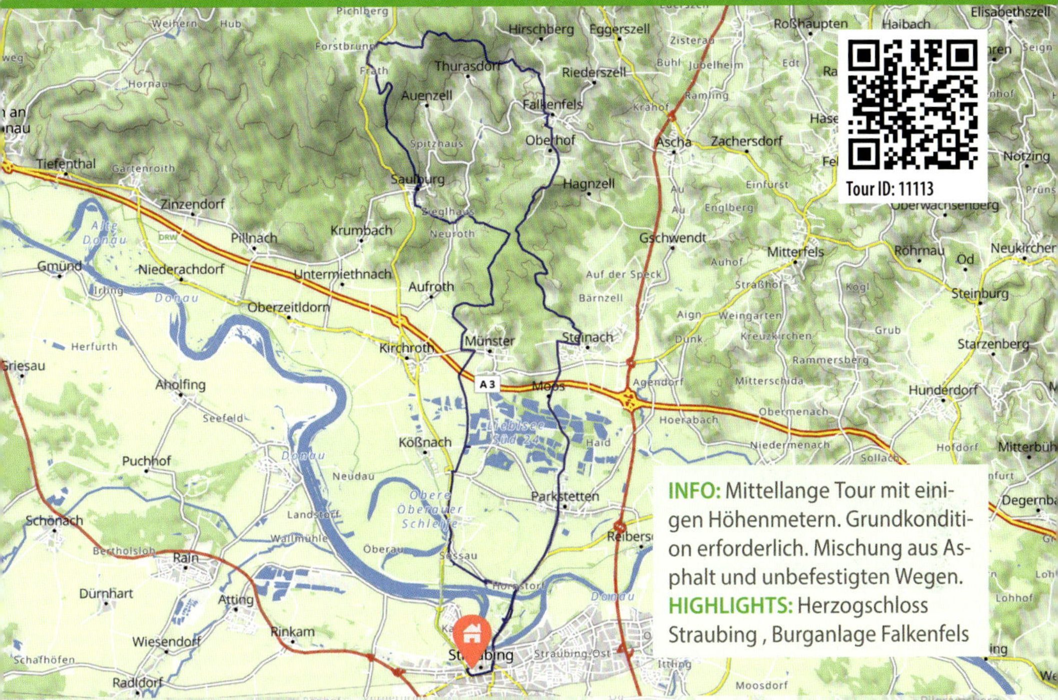

Tour ID: 11113

INFO: Mittellange Tour mit einigen Höhenmetern. Grundkondition erforderlich. Mischung aus Asphalt und unbefestigten Wegen.
HIGHLIGHTS: Herzogschloss Straubing , Burganlage Falkenfels

Tour durch die Donauauen von Straubing

55 km | 100 hm | hP 337 m

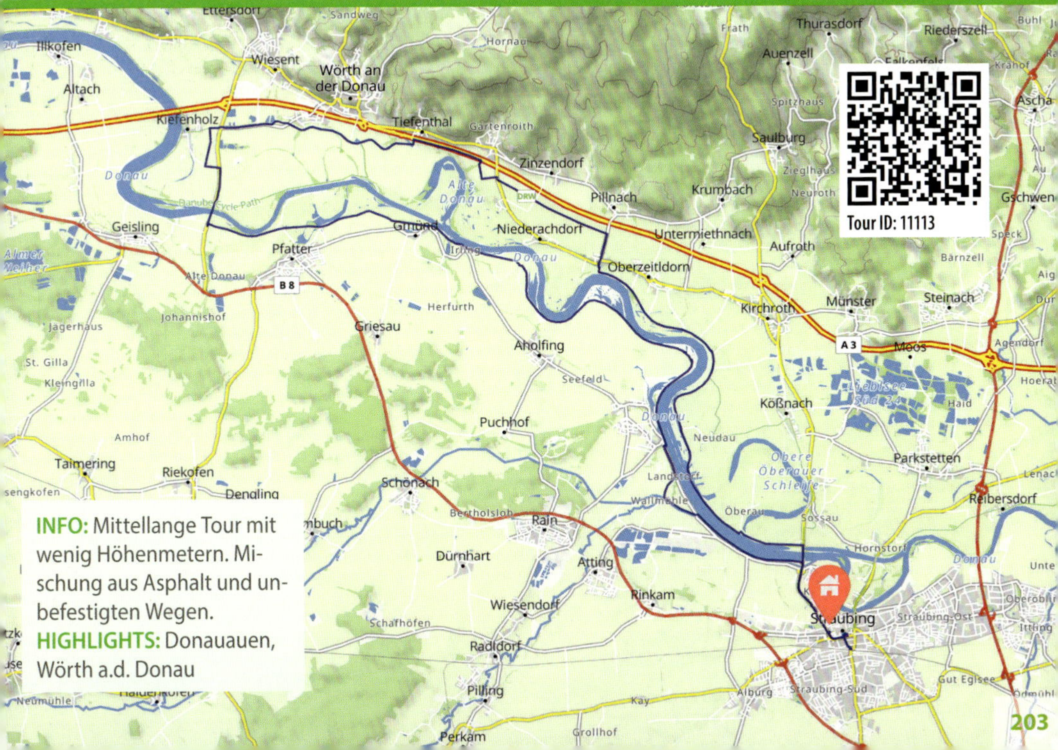

Tour ID: 11113

INFO: Mittellange Tour mit wenig Höhenmetern. Mischung aus Asphalt und unbefestigten Wegen.
HIGHLIGHTS: Donauauen, Wörth a.d. Donau

203

Oberbayern
Hotel am Klostergarten Freising

Mitten in Neustift, einem Stadtteil der Universitätsstadt Freising, betreiben wir, die Familie Petz, seit 1999 das Hotel am Klostergarten. Hier, direkt vor den Toren Münchens ist der perfekte Ausgangspunkt für schöne Touren mit dem E-Bike. Alle Zimmer sind eingerichtet mit geschmackvollen Möbeln aus hellem Holz und liebevoll ausgesuchten Details. Hier werden Sie sich schnell wohlfühlen.

Alte Poststraße 97 • 85356 Freising-Neustift
Telefon +49 8161 23920
info@am-klostergarten.com
www.am-klostergarten.com

Besuch am Chinesischen Turm

69,4 km | 140 hm | hP 510 m

Tour ID: 911

INFO: Mittelschwere E-Bike-Tour
HIGHLIGHTS: Chinesischer Turm im Englischen Garten

204

Oberbayern

Landhotel Binderhäusl Inzell

Genießen Sie im kleinen Restaurant des über 250 Jahre alten Traditionshauses die ausgezeichnete und kreative Küche von Karoline Keller. Mit ihren Rezepten schickt sie die oberbayerische Region des Chiemgaus auf kulinarische Weltreise. Yoshi Keller empfiehlt dazu die passenden Weine und zeigt Ihnen nicht nur die die schönsten Touren durch traumhafte Landschaften, sondern als erfahrener Mountainbike-Coach auch wichtige E-Bike Fahrtechniktipps.

Bichlstraße 43 • 83334 Inzell
Telefon +49 8665 / 461
mail@familie-keller.de
www.familie-keller.de

Drei-Seen-Runde

68 km | 1140 hm | hP 982 m

Tour ID: 906

INFO: Schwere Mountainbike-Tour. Sehr gute Kondition erforderlich.
HIGHLIGHTS: Wasserfall am Weitsee, Lödensee, Falkensee

Oberbayern
ibis Styles Bad Reichenhall — Bad Reichenhall

Idylle pur erwartet Sie im ibis Styles Bad Reichenhall, das vor einem wunderschönen Bergpanorama und direkt am Ortenaupark liegt. Die Region um Oberbayern und das Berchtesgadener Land gehört zu den schönsten Ecken Deutschlands und ist idealer Ausgangspunkt für Fahrradtouren. Genießen Sie nach Ihrer Tour unsere kostenfreie Wellnessoase, u.a. mit Sauna, Infrarot-/Salzraum und Eisbrunnen.

Ludwigstraße 35 • 83435 Bad Reichenhall
Tel. +49 8651 604-0
smile@ibisstyles-bad-reichenhall.com
all.accor.com/b3x9

Tour zum Königssee

64 km | 620 hm | hP 700 m

Tour ID: 4360

INFO: Sehr gute Kondition erforderlich
HIGHLIGHTS: Berchtesgadener Ache, Königssee

Oberbayern

Gästehaus Enzianhof Oberammergau

Das wohltuende Klima & das traumhafte Bergpanorama haben wir für Sie in unser Gästehaus in Oberammergau geholt. Dieses bietet Ihnen komfortable & familiäre Atmosphäre. Außerdem erwartet Sie bayerische Gemütlichkeit gepaart mit Wellnessangeboten. Starten Sie morgens auf schöne E-Bike-Touren in unserer wunderschönen Landschaft direkt vor der Tür.

Ettaler Straße 33 • 82487 Oberammergau
Telefon +49 88 22 215
info@enzianhof.de
www.enzianhof.de

Staffelsee und Starnberger See

98 km | 940 hm | hP 880 m

Tour ID: 907

INFO: Schwere E-Bike-Tour. Sehr gute Kondition erforderlich.
HIGHLIGHTS: Blick auf den Staffelsee mit Bergpanorama

Allgäu - Bayerisch Schwaben

my Park Hotel Kempten Kempten

Das 2014 neu eröffnete myParkhotel im Allgäu-Tower liegt mitten im und über dem Zentrum von Kempten.
Der rundum unverbaute Blick von unseren Zimmern reicht über eine der ältesten und südlichsten Städte Deutschlands bis zum herrlichen Panorama der Allgäuer Alpen und zur Zugspitze.

Beethovenstraße 3-5 • 87435 Kempten
Telefon +49 831 590 304 36
info@my-Parkhotel.de
www.my-parkhotel.de

Allgäu-Rundfahrt

97,5 km | 940 hm | hP 100 m

Tour ID: 4051

INFO: gute Kondition erforderlich.
HIGHLIGHTS: Iller-Radweg, Rottachsee, Kempten

Immenstadt, Oberstaufen und Isny

96 km | 820 hm | hP 940 m

INFO: Grundkondition erforderlich

HIGHLIGHTS: Immenstadt Isny, Großer Alpsee, Iller-Radweg

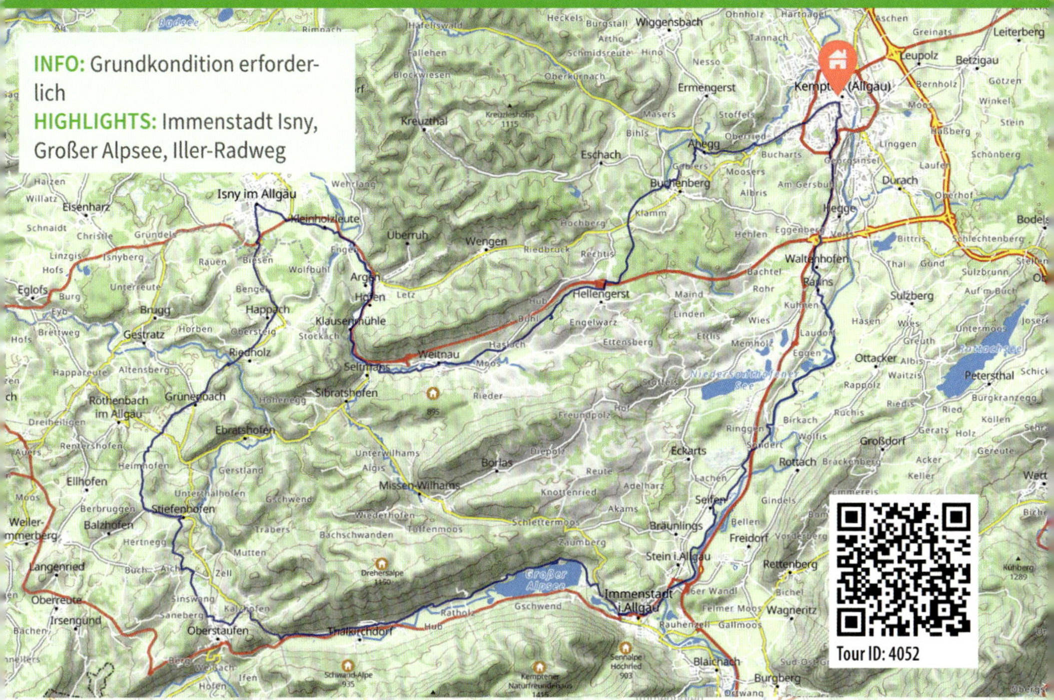

Tour ID: 4052

Zum Forggensee

96 km | 930 hm | hP 950 m

Tour ID: 4053

INFO: Gute Kondition erforderlich

HIGHLIGHTS: Forggensee, Hopfensee

209

Allgäu
Berggasthof St. Ullr Oberstaufen-Steibis

Touren durch saftig grüne Wiese und Wäldern warten hier bei uns direkt vor der Tür. Ein Eldorado für E-Bike-Fahrer... in unserer traditionsreichen Unterkunft Berggasthof St. Ull'r gehört herzliche Gastfreundschaft zur schönen Tradition und Sie werden nichts vermissen, was zu einem erholsamen Urlaub dazu gehört. In unseren Hotelzimmern und Appartements werden Sie sich wohlfühlen!

Im Dorf 38 • 87534 Oberstaufen-Steibis
Telefon +49 8386 8401
info@st-ullr.de
www.st-ullr.de

Besuch in Wangen

65 km | 1150 hm | hP 920 m

Tour ID: 3896

INFO: Schwere E-Bike-Tour. Gute Kondition erforderlich.
HIGHLIGHTS: Wangen im Allgäu, Waldsee Lindenberg

Abstecher nach Österreich

79 km | 1540 hm | hP 1510 m

Tour ID: 3895

INFO: Schwere E-Bike-Tour. Kondition erforderlich.
HIGHLIGHTS: Balderschwang

Alpsee - Immenstadt - Sonthofen

62 km | 670 hm | hP 870 m

Tour ID: 946

INFO: Mittelschwere E-Bike-Tour. Grundkondition erforderlich.
HIGHLIGHTS: Großer Alpsee

Allgäu-Bodensee

Gästehaus St. Theresia Bodensee Eriskirch

In traumhafter Lage, an der südöstlichen Sonnenseite des Bodenseess, erwartet Sie unser Gästehaus „St. Theresia", zentral und doch ruhig gelegen zwischen Friedrichshafen und Langenargen. Um zur Ruhe zu kommen, bietet sich unser idyllischer Garten an. Durch unsere ebene Lage sind wir ein toller Ausgangspunkt für zahlreiche e-Biketouren in der Region.

Moos 2 • 88097 Eriskirch am Bodensee
Tel. 07541 97090
E-Mail: info@gaestehaus-sankt-theresia.de
www.gaestehaus-sankt-theresia.de

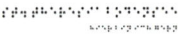

Blicke am Ufer entlang

75 km | 220 hm | hP 430 m

Tour ID: 4170

INFO: Grundkondition erforderlich
HIGHLIGHTS: Hafen Romanshorn, Bodensee-Radweg, Konstanz Hafen

Unterwegs im Hinterland
39 km | 220 hm | hP 570 m

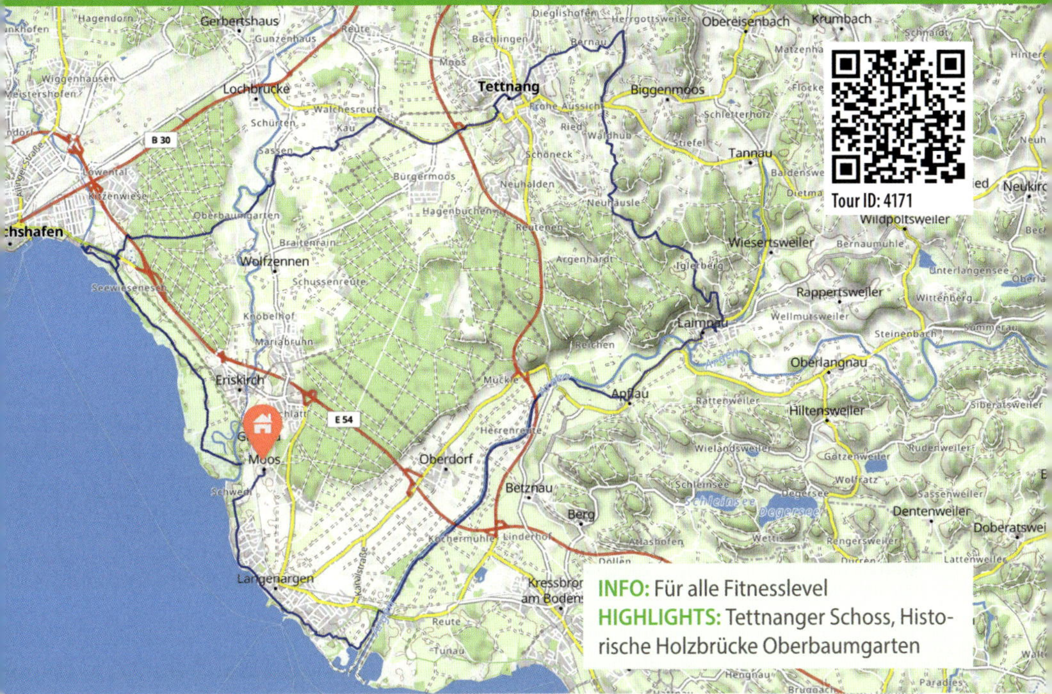

Tour ID: 4171

INFO: Für alle Fitnesslevel
HIGHLIGHTS: Tettnanger Schoss, Historische Holzbrücke Oberbaumgarten

Panoramatour nach Bregenz- mit Fähre zurück
52 km | 70 hm | hP 396 m

Tour ID: 4172

INFO: Für alle Fitnesslevel
HIGHLIGHTS: Uferpromenade Langenargen, Bregenz Hafen

Allgäu
Hotel Bergblick Scheidegg

Bei uns in sonnenverwöhnten Scheidegg genießen Sie entspannende und erlebnisreiche Urlaubstage. Die zauberhafte Umgebung zwischen Bodensee und Allgäuer Alpen im Dreiländereck D/A/CH wartet nur darauf, von Ihnen erkundet zu werden. Fahrradspaß für alle Ansprüche und Wünsche in einer wunderschönen Landschaft mit vielen Kilometern Radwegen – eben, mit leichten Steigungen oder richtig bergig – mit Rennrad, Tourenrad oder Mountainbike.
E-Bike-Verleih im Ort bei Sport Hauber (www.sport-hauber.de)

Am Brunnenbühl 12 • 88175 Scheidegg
Telefon +49 83 81 7291
info@gaestehaus-bergblick.de
www.gaestehaus-bergblick.de

Eibele Wasserfall - Thal und Simmerberg
60 km | 1770 hm | hP 870 m

Tour ID: 6204

INFO: Mittellange Tour mit vielen Höhenmetern. Gute Kondition erforderlich. Gutes Akkumanagement oder nachladen erforderlich. Überwiegend auf Asphalt.
HIGHLIGHTS: Eibele Wasserfall

Panorama pur – Schloss Syrgenstein Runde

50 km | 440 hm | hP 800 m

Tour ID: 6205

INFO: Mittellange Tour mit einigen Höhenmetern. Mischung aus Asphalt und unbefestigten Wegen.
HIGHLIGHTS: Schloss Syrgenstein

Promenade Lochau

48 km | 900 hm | hP 1030 m

Tour ID: 6206

INFO: Mittellange Tour mit vielen Höhenmetern. Gute Kondition erforderlich. Gutes Akkumanagement oder nachladen erforderlich. Überwiegend auf Asphalt.
HIGHLIGHTS: Promenade Lochau

Bodensee

Ritterkeller Hotel Arthus Aulendorf

Das Hotel Arthus lädt dich ein, in eine andere Welt einzutauchen. Die Zeit, in der die Uhren noch langsamer gingen - Speisen und Trinken noch ein gemeinsames Erlebnis war. Mystische Burgen, alte Schlösser und romantische Kirchen runden jeden Kurzurlaub ab. Das Hotel Arthus in Aulendorf liegt inmitten vieler Sehenswürdigkeiten in Oberschwaben. Viele schöne Wander- und Radwege warten darauf, von dir entdeckt zu werden...

Radgasse 1 • 88326 Aulendorf
Telefon +49 7525 92210
info@ritterkeller.de
www.ritterkeller.de

Aulendorf - Bad Waldsee und die Riß

45 km | 300 hm | hP 610 m

Tour ID: 6164

INFO: Mittellange Tour mit wenig Höhenmetern. Mischung aus Asphalt und unbefestigten Wegen.

HIGHLIGHTS: Bad Waldsee mit dem Stadtsee, Kapelle Hagnaufurt, Wallfahrtskirche von Steinhausen

Schwarzwald
Hotel Hochfirst Lenzkirch

Auf 1.000m und der sonnigen Seite unseres Hausbergs Hochfirst, nah an Feldberg und Titisee gelegen, laden wir Sie ein, bei uns erlebnisreich-erholsame Tage zu verbringen. Das Hotel ist der ideale Startpunkt für zahlreiche Radtouren. Ob traumhafte Single-Trails oder ausgedehnte Radtouren um unsere Seen und Berge. Wir bieten einen eigenen E-Bike-Verleih, Ladestation, Bikezubehör, Tipps für Routen und die Unterbringung Ihrer eigenen Räder. Unser Biergarten und die Gaststube bietet leckere, selbstgemachte Kuchen oder à la carte Gerichte. Im Preis dabei selbstverständlich ein großes Frühstückbuffet, Sauna, schnelles Wlan und Parkplätze.

Dorfplatz 5 • 79853 Lenzkirch-Saig nahe Titisee
Telefon +49 7653 751
info@hotel-hochfirst.de
www.hotel-hochfirst.de

Hochschwarzwald 3 Seen Tour

50 km | 1010 hm | hP 1190 m

Tour ID: 4307

INFO: Sehr gute Kondition erforderlich.
HIGHLIGHTS: Titisee, Schluchsee

Schwarzwald

Gasthof Keller Merdingen

Zusammen mit unseren Mitarbeitern sind wir bestrebt, Ihren Aufenthalt in einem unserer Gasthäuser so angenehm als möglich zu gestalten. Dazu gehören neben einer adäquaten Unterbringung auch ein hervorragender Service. Da der Chef früher selbst Radrennfahrer war, kann er sehr schöne Tourentipps geben. 3 km von uns entfernt besteht die Möglichkeit sich E-Bikes auszuleihen. Gut bürgerliche Küche ab 17.30 Uhr. Donnerstag ist Ruhetag.

Kabisgarten 1 • 79291 Merdingen
Telefon +49 7668 7233
Gasthof-Keller@t-online.de
www.gasthof-keller-merdingen.de

Kurz mal ins Elsass

85 km | 330 hm | hP 330 m

Tour ID: 943

INFO: Schwere E-Bike-Tour. Grundkondition erforderlich.
HIGHLIGHTS: Sélestat, Canal du Rhône au Rhin

Rund um Freiburg
58 km | 620 hm | hP 496 m

Tour ID:942

INFO: Mittelschwere E-Bike-Tour. Gute Grundkondition erforderlich.
HIGHLIGHTS: Reutemattensee, Burgruine Schneeburg, Radverbindung Ihringen-Merdingen

Tour ID: 4014

Breisach und Mulhouse
111 km | 240 hm | hP 245 m

INFO: Schwere E-Bike-Tour. Gute Kondition erforderlich.
HIGHLIGHTS: Waldgebiet zwischen Fessenheim u. Mulhouse, Breisach, Mulhouse

219

Schwarzwald
Hotel-Restaurant Adler Freudenstadt

Ein herzliches „Grüß Gott" im Hotel Adler in Freudenstadt. Nur wenige Schritte vom größten Marktplatz Deutschlands entfernt, in verkehrsberuhigter Zone, liegt unser traditionsreiches Hotel-Restaurant Adler, das sich seit 1936 in Familienbesitz befindet. Mit seiner gastfreundlichen und familiären Atmosphäre eine ideale Adresse, um angenehme Urlaubstage zu verbringen.

Forststraße 15-17 • 72250 Freudenstadt
Telefon +49 (0) 74 41 / 91 52-0
info@adler-fds.de
www.adler-fds.de

Nach Horb am Neckar
70 km | 1170 hm | hP 822 m

Tour ID: 4042

INFO: Grundkondition erforderlich
HIGHLIGHTS: Horb am Neckar, Glatttal, Freudenstadt

Schwarzwald

Konradshof Seewald-Besenfeld

Das Hotel Konradshof ist ein kleines, feines, familiär geführtes Hotel. Es liegt im kleinen Dorf Besenfeld auf einem Hochplateau im Nordschwarzwald, umgeben von Wiesen und Wäldern. In unserem Restaurant mit knisterndem Kaminfeuer verwöhnen wir Sie mit typischen, regionalen und saisonalen Spezialitäten sowie mit Wildgerichten aus eigener Jagd. Das Highlight im Hotel Konradshof ist unser wunderschöner Wellnessbereich in der freien Natur.

Freudenstädter Straße 65 • 72297 Seewald-Besenfeld
Telefon +49 7447 / 94640
info@hotel-konradshof.de
www.hotel-konradshof.de

Enzklösterle und Bad Wildbad

68 km | 910 hm | hP 850 m

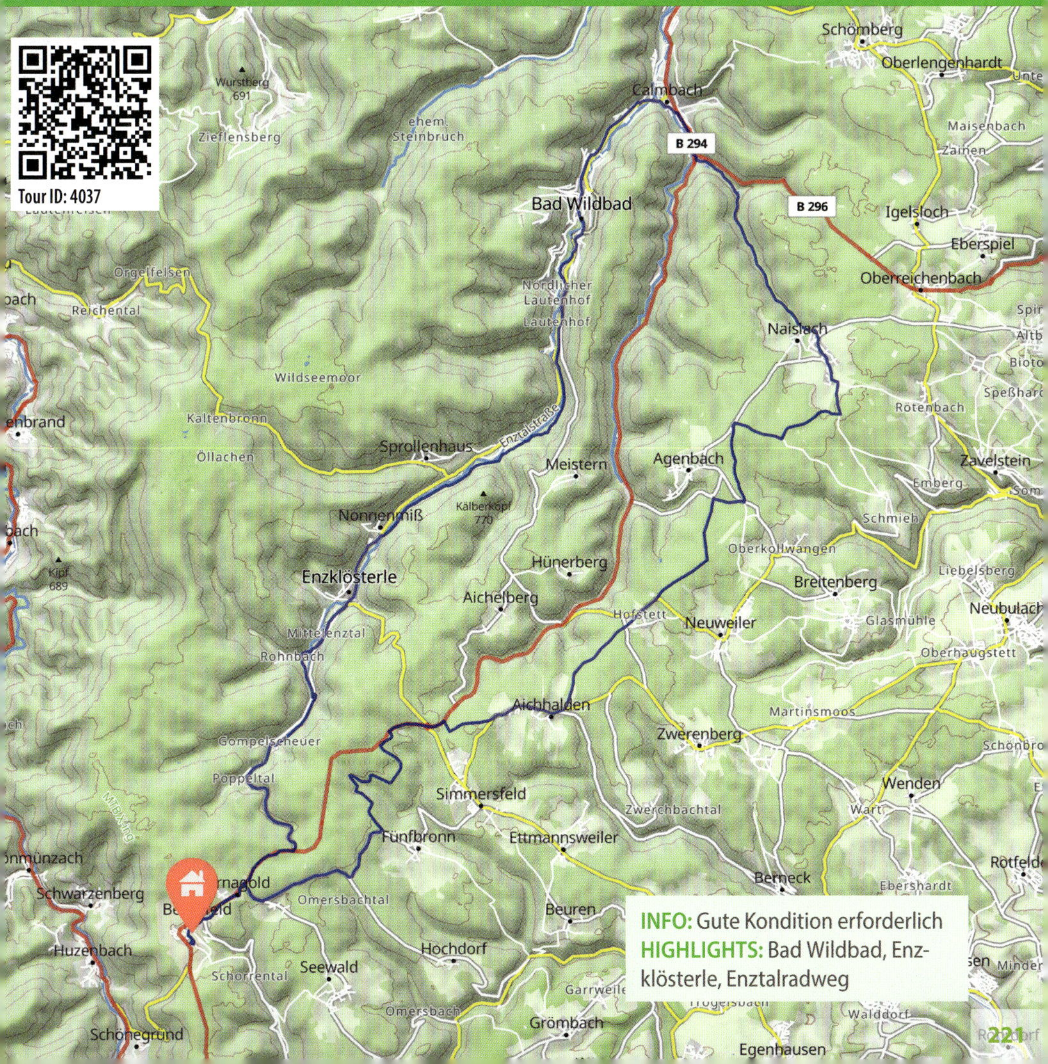

Tour ID: 4037

INFO: Gute Kondition erforderlich
HIGHLIGHTS: Bad Wildbad, Enzklösterle, Enztalradweg

Schwarzwald
Nationalpark-Hotel Schliffkopf Schliffkopf

Mitten im Nationalpark Schwarzwald liegt das Nationalpark Hotel Schliffkopf auf 1025 m über dem Alltag. Von unserem Schliffkopf-Gipfel genießen Sie einen einzigartigen Panorama Blick bis zu den Vogesen. Für Entspannung sorgen wohltuende Wellness-Anwendungen und eine Auszeit im Schwimmbad- und Saunabereich in unserem 2000qm großen Berg-Spa.

Schliffkopf 1 • 72270 Schliffkopf (Baiersbronn)
Telefon +49 7449 / 9200
info@schliffkopf.de
www.schliffkopf.de

Besuch in Strasburg

102 km | 1270 hm | hP 1030 m

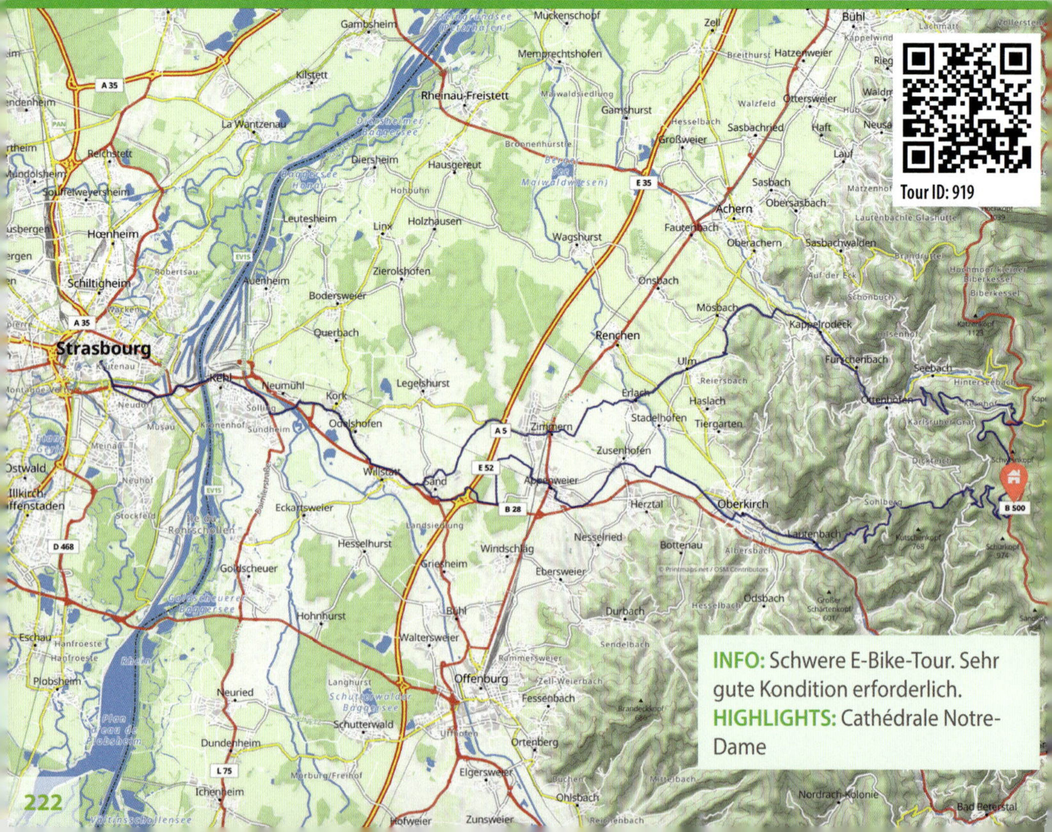

Tour ID: 919

INFO: Schwere E-Bike-Tour. Sehr gute Kondition erforderlich.
HIGHLIGHTS: Cathédrale Notre-Dame

Durchs Murgtal nach Baden Baden

85 km | 1840 hm | hP 1030 m

INFO: Schwere E-Bike-Tour. Sehr gute Kondition erforderlich.
HIGHLIGHTS: Murgtal, Geroldsauer Mühle

Tour ID: 918

Runde über Freudenstadt

48 km | 690 hm | hP 1010 m

INFO: Mittelschwere E-Bike-Tour. Gute Grundkondition erforderlich.
HIGHLIGHTS: Marktplatz in Freudenstadt, Plattform Ellbachseeblich

Tour ID: 920

Schwarzwald
Kapuzinergarten Panoramahotel Breisach

Dieses traditionelle, familiengeführte ••••-Panorama-Hotel mit Blick über Breisach am Rhein ist 10 Gehminuten von der Breisacher City entfernt. Die individuell eingerichteten Zimmer mit Holzmöbeln bieten WLAN und einen Flachbildfernseher. Zum Hotel gehören ein Event-Restaurant mit Panorama-blick und Terrasse, ein MiniSpa mit finnischer Sauna & Infrarotkabine und Massage-Raum sowie ein Garten mit Kinderspielplatz. Frühstück ist immer inklusive. Zahlreiche Radrouten gibt es in dieser Region, direkt am EuroVelo Route Rhein 15 / Rheintal-Radweg Basel-Amsterdam.

Kapuzinergasse 26 • 79206 Breisach am Rhein
Telefon +497667 / 93000
mail@kapuzinergarten.de
www.kapuzinergarten.de

Canal de Colmar

55 km | 140 hm | hP 221 m

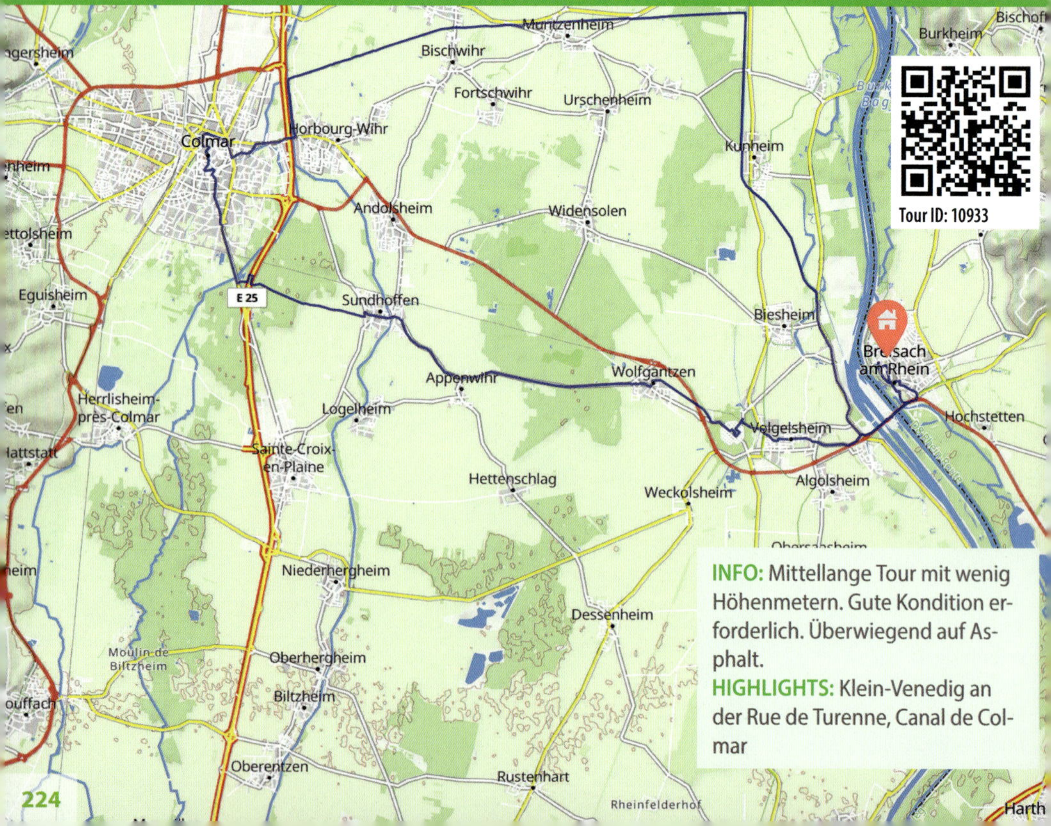

Tour ID: 10933

INFO: Mittellange Tour mit wenig Höhenmetern. Gute Kondition erforderlich. Überwiegend auf Asphalt.

HIGHLIGHTS: Klein-Venedig an der Rue de Turenne, Canal de Colmar

Kaiserstuhl-Radweg
61 km | 240 hm | hP 270 m

INFO: Mittellange Tour mit wenig Höhenmetern. Überwiegend auf Asphalt.
HIGHLIGHTS: Breisach am Rhein, Rheinradweg, Riegel am Kaiserstuhl

Tour ID: 10934

Zu Besuch in Freiburg
56 km | 300 hm | hP 280 m

INFO: Mittellange Tour mit wenig Höhenmetern. Überwiegend auf Asphalt.
HIGHLIGHTS: Rheinradweg, Freiburg

Tour ID: 10935

Schwarzwald
Gasthof-Pension Stockbrunnen Oberndorf

Unsere Gästezimmer verfügen alle über Bad, Dusche, WC. Ausserdem über TV und freien W-LAN Zugang. Genießen Sie eine erholsame Zeit in idyllischer Umgebung inmitten von Feldern, Wiesen und Wäldern. Starten Sie morgens nach einem reichhaltigen Frühstück auf traumhaften Radwegen durch den Schwarzwald Ihre Touren. Gerne sind wir bei der Planung behilflich!

Stockbrunnen 1 • 78727 Oberndorf
Telefon +49 7423 - 870 05 44
stockbrunnen-oberndorf@freenet.de
www.gasthof-pension-stockbrunnen.de

Am Neckar bis nach Horb

60 km | 770 hm | hP 690 m

Tour ID: 4046

INFO: Grundkondition erforderlich
HIGHLIGHTS: Horb am Neckar, Glatttal-Radweg

Schwarzwald

Hotel Fortuna Stockach

Das familiengeführte Haus liegt mitten in Stockach nahe des Bodensees. Moderne, hell und freundlich eingerichtete Zimmer, eine abwechslungsreiche Küche und die ideale Lage bieten beste Voraussetzungen für Ihren Aufenthalt in einer der schönsten Urlaubsregionen Deutschlands. An den Bodensee ist es nur ein Katzensprung und auch in den Schwarzwald oder in das Donautal ist es nicht weit.

Bahnhofstraße 8 • 78333 Stockach
Telefon +49 77 71 / 918480
info@hotel-fortuna-stockach.de
www.hotel-fortuna-stockach.de

Am Ufer des Bodensee entlang

40 km | 320 hm | hP 560 m

Tour ID: 11092

INFO: Mittellange Tour mit wenig Höhenmetern. Gute Kondition erforderlich. Überwiegend auf Asphalt.
HIGHLIGHTS: Überlingen am Bodensee, Tatzelwurm, Bodenseeradweg

Schloss Langenstein – Radolfzeller Aach

54 km | 430 hm | hP 520 m

Tour ID: 11093

INFO: Mittellange Tour mit wenig Höhenmetern. Gute Kondition erforderlich. Überwiegend auf Asphalt.
HIGHLIGHTS: Schloss Langenstein, Aachquelle

Rund um Stockach

53 km | 560 hm | hP 650 m

Tour ID: 11094

INFO: Mittellange Tour mit einigen Höhenmetern. Überwiegend Asphalt.
HIGHLIGHTS: Elefant von Lenk in Bodman, Bodman

Schwarzwald

Gasthof Pension Zur Traube Bühl

Der Gasthof zur Traube im idyllischen Eisental, liegt direkt an der Badischen Weinstraße und am Ortenauer Weinpfad. Genießen Sie eine saisonale, frische, badische Küche des Naturparkwirtes, mit Liebe ausgesuchter Biere und Weine. Vom Wandern und Biken, über kindergerechte Familientouren, von Genussausflügen zu kulturellen und kulinarischen Freuden oder Touren bis hoch in den Schwarzwald reicht die unvergleichliche Palette.

Weinstrasse 77 • 77815 Bühl - Eisental
Telefon +49 (0) 7223 / 911943
info@traube-gasthof.de
www.traube-gasthof.de

Am Rhein entlang

57 km | 190 hm | hP 180 m

Tour ID: 4039

INFO: Grundkondition erforderlich
HIGHLIGHTS: Radweg am Rhein entlang

Raum Stuttgart

Gästehaus Andrea Stuttgart

Unser Gästehaus Andrea liegt am Rande Stuttgarts im Stadtteil Birkach. Nach einer schönen eBike-Tour laden unsere freundlichen Einzel- oder Doppelzimmern sowie das großzügige Apartment zur Entspannung ein. Stärken Sie sich mit unserem reichhaltigen „Stuttgarter Frühstück" für einen aktiven Tag. Frühstück, WLAN und der Parkplatz für Ihr Bike oder Auto sind bereits im Zimmerpreis enthalten. Unser Gästehaus liegt optimal zwischen Innenstadt und „freier Fahrt ins Grüne". Mit dem Rad oder dem Bus erreichen Sie unkompliziert die Innenstadt mit Ihren shopping- und kulturellen Angeboten, die SchwabenQuellen sowie die Musicals.

Birkheckenstr. 5 • 70599 Stuttgart
Telefon +49 711 / 4599800
info@gaestehaus-andrea.de
www.gaestehaus-andrea.de

Rund um Stuttgart

90 km | 1020 hm | hP 520 m

Tour ID: 4045

INFO: Grundkondition erforderlich
HIGHLIGHTS: Lindenbachtal, alte Panzerstraße - jetzt Radschnellweg

Schwäbische Alb

Hotel-Gasthof Sonne Fridingen an der Donau

Unser neu renoviertes Hotel & Gasthaus ist euer idealer Standort für Touren in die schwäbische Alb. Direkt am Donauradweg gelegen inmitten des DonauBikeland. Tagestouren auf die Alb und an den Bodensee möglich. Unsere Küche verwöhnt euch mit regionalen und saisonal zubereiteten Schwäbischen Spezialitäten. Alle Zimmer sind ausgestattet mit kostenfreiem W-Lan, SAT-TV, Dusche/WC. Parkplätze sowie eine abschließbare Garage für Fahrräder und Motorräder sind kostenfrei vorhanden.

Bahnhofstr. 22 • 78567 Fridingen an der Donau
Telefon 07463 / 99700
eMail: info@sonne-fridingen.de
www.sonne-fridingen.de

Kloster Beuron

39 km | 720 hm | hP 860 m

Tour ID: 6158

INFO: Mittellange Tour mit einigen Höhenmetern. Mischung aus Asphalt und unbefestigten Wegen.
HIGHLIGHTS: Benediktinerkloster Erzabtei Beuron, Donau-Überquerung mal ohne Brücke

Donautal - Mühlheim - Fridingen

51 km | 530 hm | hP 910 m

Tour ID: 6159

INFO: Mittellange Tour mit einigen Höhenmetern. Mischung aus Asphalt und unbefestigten Wegen.
HIGHLIGHTS: Bibertal, Donau-Radweg Tuttlingen, Mühlheim an der Donau

Donautal und Schloss Werenwag

43 km | 780 hm | hP 840 m

Tour ID: 6160

INFO: INFO: Mittellange Tour mit einigen Höhenmetern. Mischung aus Asphalt und unbefestigten Wegen.
HIGHLIGHTS: Donautal, Schloss Werenwag

Schwäbische Alb

Gasthof Herrmann**** Münsingen

Unser Hotel, eine kleine Stadt, direkt am Marktplatz des Städtchens Münsingen. Ein ganz besonderes Flair umringt uns mit den alten Fachwerkhäusern! Das Zusammenspiel von neuer und alter Architektur ist eines unserer großen Stärken. Unsere Küche steht für Regionalität und Kreativität. Genießen Sie fantastische Gerichte aus regionalen Zutaten. Unsere Tourenvorschläge sind in Zusammenarbeit mit dem Mobilitätszentrum der Stadt Münsingen sowie mit Outdooractive entstanden. **Nutzen Sie die Möglichkeit direkt bei uns Ihr E-Bike zu mieten!**

Ernst-Bezler-Straße 3 • 72525 Münsingen
Telefon +49 07381 18260
reservierung@hotelherrmann.de
www.hotelherrmann.de

An der Großen Lauter Runde von Münsingen

54 km | 610 hm | hP 810 m

Tour ID: 6133

INFO: Mittellange Tour mit einigen Höhenmetern. Gute Kondition erforderlich. Mischung aus Asphalt und unbefestigten Wegen.
HIGHLIGHTS: Ruine Bichishausen, Wacholderheide im Lautertal

Westerwald

Landgasthaus Zur Quelle Nistertal

Der Westerwald-Steig ist ein imposanter 235 km langer Premiumweg und führt von Osten nach Westen quer durch den gesamten Westerwald. Erfahren Sie faszinierende Naturräume - von den felsigen Landschaften im Hessischen Westerwald bis zu der milden Rheinlandschaft um Bad Hönningen. Neben viel Natur gibt es auch reichlich Historisches zu entdecken.

Wir haben die Möglichkeit, Ihr Bike in einem verschlossenen Raum unterzubringen inkl. Ladestation ist vorhanden.

Brückenstraße 36 • 57647 Nistertal
Telefon +49 2661 / 2119
info@landgasthaus-zur-quelle.de
www.landgasthaus-zur-quelle.de

Hachenburg – Dreifelder Weiher Runde

43 km | 530 hm | hP 520 m

Tour ID: 10936

INFO: Mittellange Tour mit wenig Höhenmetern. Grundkondition erforderlich. Überwiegend auf Asphalt.
HIGHLIGHTS: Landschaftsmuseum Westerwald, Hachenburg, Dreifelder Weiher

Wiesensee Runde von Nistertal

47 km | 590 hm | hP 520 m

Tour ID: 10937

INFO: Mittellange Tour mit wenig Höhenmetern. Grundkondition erforderlich. Überwiegend auf Asphalt.
HIGHLIGHTS: Wiesensee, Rastplatz am Wiesensee, Skulturenpark in Großseifen

Nisterquelle & Krombachtalsperre

59 km | 770 hm | hP 650 m

Tour ID: 10938

INFO: Mittellange Tour mit einigen Höhenmetern. Gute Kondition erforderlich. Überwiegend auf Asphalt.
HIGHLIGHTS: Nisterquelle, Krombachtalsperre

E-Bike-Touren in
ÖSTERREICH

Vorarlberg

Fairmotel**** Dornbirn

Unser familiär geführtes Hotel Garni in Privatbesitz liegt im sonnigen Süden von Dornbirn. Unser Haus hat insgesamt 63 Zimmer, davon 53 Doppelzimmer und 10 Studios. Wir bieten Ihnen zeitgemäßen 4**** Komfort. All unsere Zimmer verfügen über hochwertige Matratzen und Bettzeug „Made in Austria" und sind natürlich für Allergiker geeignet. Zu einem guten Start in den Tag gehört ein reichhaltiges Frühstück. Wir bieten Ihnen viele regionale Produkte und eine große Auswahl. Im Sommer können Sie Ihr Frühstück gerne auf unserer Terrasse mit Blick ins Grüne genießen.

Wallenmahd 15 • A-6850 Dornbirn
Telefon +43 5572 398 500
office@fairmotel.at
www.fairmotel.at

Der alte Rhein bei Diepoldsau

50 km | 120 hm | hP 480 m

Tour ID: 6130

INFO: Mittellange Tour mit wenig Höhenmetern. Überwiegend auf Asphalt.
HIGHLIGHTS: Radweg am alten Rhein bei Diepoldsau, Badesee Lustenau

Alter Eisenbahntunnel – Jannersee Runde
32 km | 90 hm | hP 447 m

Tour ID: 6131

INFO: Mittellange Tour mit wenig Höhenmetern. Überwiegend auf Asphalt.
HIGHLIGHTS: Jannersee, Alter Eisenbahntunnel in Bregenz

Promenade Lochau – Bodenseezufluss
45 km | 160 hm | hP 450 m

Tour ID: 6132

INFO: Mittellange Tour mit wenig Höhenmetern. Überwiegend auf Asphalt.
HIGHLIGHTS: Bodenseeufer bei Bregenz, Promenade Lochau

Vorarlberg
Hotel-Restaurant Alpenblume Damüls

Familiäres Hotel in Top-Lage in Damüls im Bregenzerwald/Vorarlberg. Gemütliche, neu renovierte Zimmer im modernen-alpinen Stil, regional- gehobene Küche, herzliche Gastgeber, schöner Wellnessbereich sowie der traumhafte Garten des Hotels mit Terrasse und Liegewiese garantieren Ihnen einen tollen Aufenthalt. abwechslungsreiche und anspruchsvolle Möglichkeiten für Bike-Touren, E-Bike Verleih im Hotel (3 Stück)

Damüls 78 • A-6884 Damüls
Telefon +43 5510 265
info@hotel-alpenblume.at
www.hotel-alpenblume.at

Runde um die Kanisfluh

23 km | 1080 hm | hP 1900 m

Tour ID: 4347

INFO: Sehr gute Kondition erforderlich

HIGHLIGHTS: Damülser Mittagsspitze, Alpe Wurzach, Blick auf den Diedamskopf

Faschinajoch

20 km | 830 hm | hP 1860 m

Tour ID: 4348

INFO: Gute Grundkondition erforderlich
HIGHLIGHTS: Faschinajoch, Alpe Zafern

Mittelargen Alpe Runde

22 km | 950 hm | hP 1790 m

Tour ID: 4349

INFO: Sehr gute Kondition erforderlich
HIGHLIGHTS: Damülser Mittagsspitze, Mittelargen Alpe

Vorarlberg
Hotel Montfort Feldkirch

Seit 60 Jahren ist das Hotel Montfort in Feldkirch Dreh- und Angelpunkt im 3-Ländereck. Unzählige Möglichkeiten für Ihre Zeit bei uns in Vorarlberg und der Bodenseeregion. Ob von Feldkirch aus über den Rheintalweg rundum den Bodensee, den Dreiländerweg oder auch eine kleine Stadttour durch Feldkirch. Das Montfort das Hotel bildet mit 72 Zimmern, Restaurant, Terrasse und gesichertem Fahrradkeller die perfekte Ausgangslage für eine Ein- oder Mehrtagestour im Rheintal. Daher freuen wir uns Sie bei uns begrüßen zu dürfen. Kommen Sie zur Ruhe und lassen Sie sich von uns verwöhnen.

Galuragasse 7 • A-6800 Feldkirch
Telefon +43 5522 72189
office@montfort-dashotel.at
www.montfort-dashotel.at

Egelsee Mauren/FL - Tosters/AT – Vaduz
75 km | 240 hm | hP 510 m

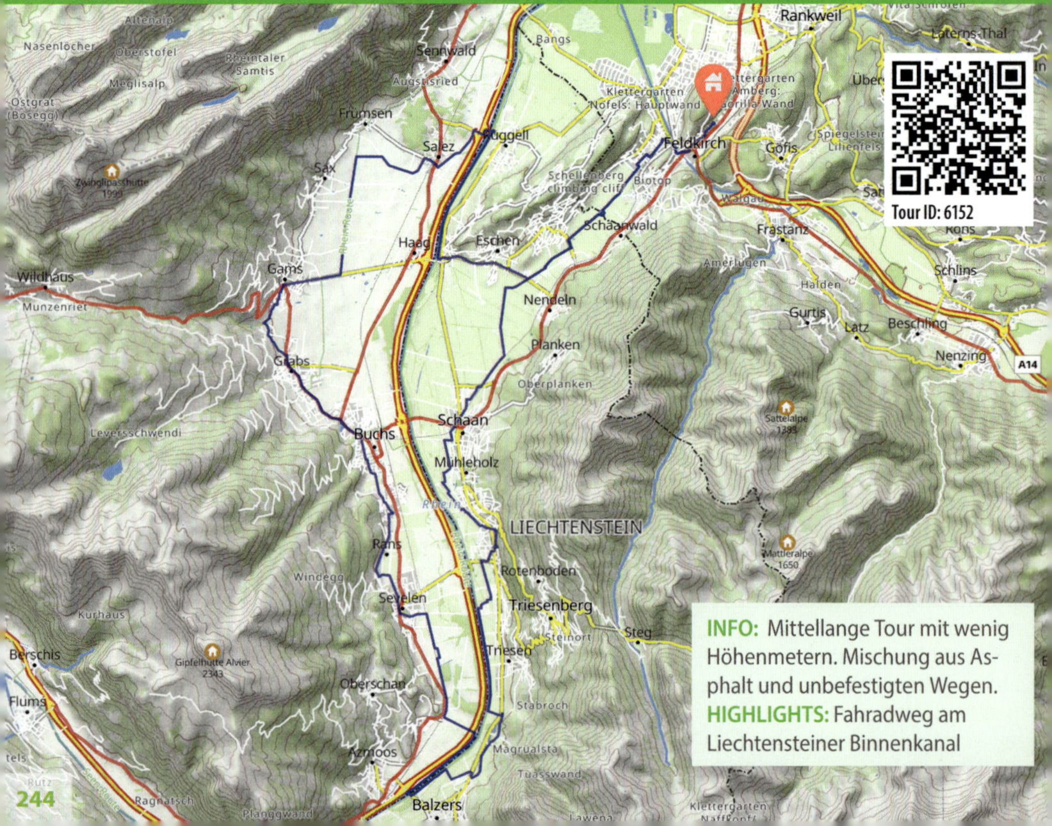

Tour ID: 6152

INFO: Mittellange Tour mit wenig Höhenmetern. Mischung aus Asphalt und unbefestigten Wegen.
HIGHLIGHTS: Fahradweg am Liechtensteiner Binnenkanal

Illspitz – Rheinradweg

56 km | 90 hm | hP 470 m

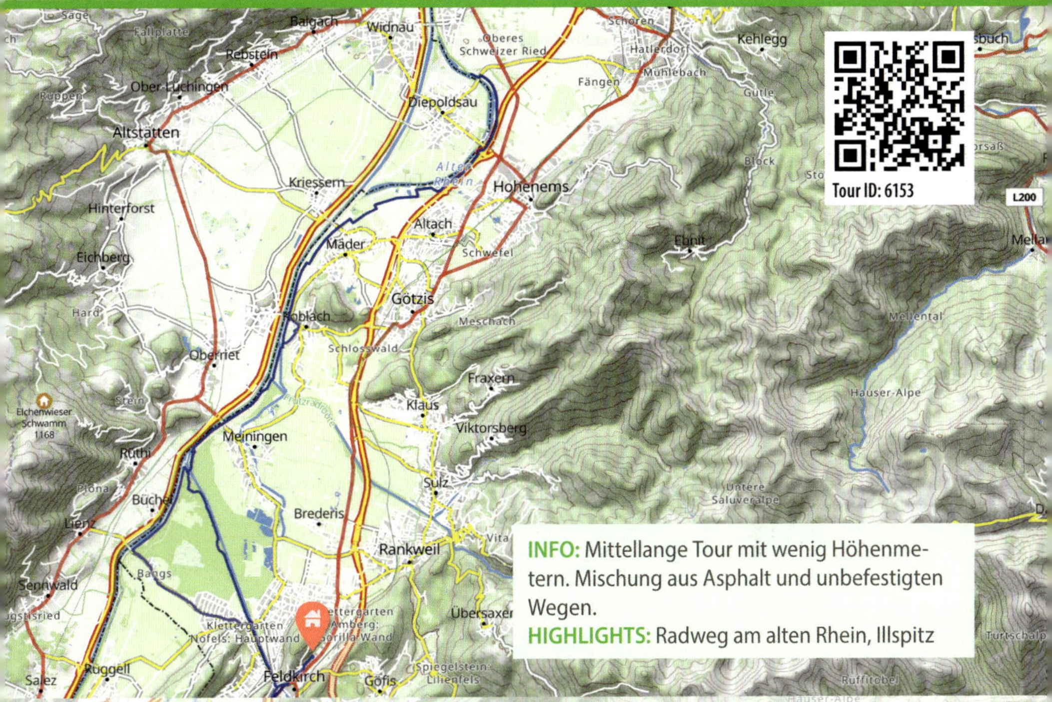

Tour ID: 6153

INFO: Mittellange Tour mit wenig Höhenmetern. Mischung aus Asphalt und unbefestigten Wegen.
HIGHLIGHTS: Radweg am alten Rhein, Illspitz

Galinasee – Radweg entlang der Ill

53 km | 340 hm | hP 590 m

Tour ID: 6154

INFO: Mittellange Tour mit wenig Höhenmetern. Mischung aus Asphalt und unbefestigten Wegen.
HIGHLIGHTS: Galinasee, Radweg entlang der Ill

Vorarlberg

Landhaus Trista Damüls

Das familienfreundliche Landhaus Trista auf 1403m in Damüls wurde in den 80er Jahren von der Familie Türtscher gebaut. Neben 5 Zimmer und 2 Appartements gibt es auch eine Landwirtschaft mit Kühen und Kälbern. Wir legen Wert auf heimische Produkte. Freuen Sie sich auf ein reichhaltiges Frühstücksbuffet und genießen Sie den Urlaub. Ob eine leichte oder anspruchsvolle Mountainbiketour - diese starten mit dem ersten Schritt aus der Haustüre.

Uga 65 • A-6884 Damüls
Telefon +43 5510 - 277
landhaus.trista@aon.at
www.landhaustrista.at

Damüls Rundtour nach Au

30 km | 1270 hm | hP 1790 m

Tour ID: 4216

INFO: gute Kondition erforderlich
HIGHLIGHTS: Argenschlucht, Alpe Mittel Arge Aussicht

Vorarlberg
Hotel Am Garnmarkt Götzis

Das Hotel am Garnmarkt – inmitten von Götzis, im Herzen von Vorarlberg, im Zentrum des 4-Länderecks Österreich, Deutschland, Schweiz und Liechtenstein. Unser Haus ist ein idealer Ausgangspunkt für eBike-Touren in die Umgebung. Ob mit dem Mountainbike, dem Rennrad oder dem Tourenrad. Hier ist für jeden etwas dabei.

Im Buch 1 • A-6840 Götzis
Telefon +43 5523 55 250
info@hotelamgarnmarkt.at
www.hotelamgarnmarkt.at

Aussicht mit Blick ins Rheintal
46 km | 790 hm | hP 1100 m

Tour ID: 4334

INFO: Gute Grundkondition erforderlich
HIGHLIGHTS: Blick ins Rheintal, St. Anton

Vorarlberg

Hotel Engel Mellau

Wir heißen Sie herzlich willkommen in unserem stilvoll und gemütlich eingerichtetem Haus in Mellau. Unsere Zimmer sind alle mit viel Liebe zum Detail gestaltet. Genießen Sie traditionell zubereitete Speisen in stimmungsvoller Atmosphäre in der heimeligen Stube oder in unserem Restaurant. Gerne sind wir ihnen behilflich bei der Tourenplanung mit hilfreichen Tipps und Ausflugszielen behilflich.

Platz 68 • A-6811 Mellau
Telefon +43 5518 2246
office@hotel-engel.at
www.hotel-engel.at

Kleiner Wasserfall

57 km | 900 hm | hP 850 m

Tour ID: 10534

INFO: Mittellange Tour mit einigen Höhenmetern. Gute Kondition erforderlich. Mischung aus Asphalt und unbefestigten Wegen.
HIGHLIGHTS: Kapelle Arche Bezau, Dampflog im Bahnhof Bezau

Seebühne und ein alter Eisenbahntunnel

75 km | 1380 hm | hP 1150 m

Tour ID: 10535

INFO: Mittellange Tour mit vielen Höhenmetern. Gute Kondition erforderlich. Mischung aus Asphalt und unbefestigten Wegen.
HIGHLIGHTS: Seebühne Bregenz, Alter Eisenbahntunnel

Hochtannbergpass

56 km | 1100 hm | hP 1650 m

Tour ID: 10536

INFO: Mittellange Tour mit vielen Höhenmetern. Gute Kondition erforderlich. Mischung aus Asphalt und unbefestigten Wegen.
HIGHLIGHTS: Hochtannbergpass, Kirche bei Au

Vorarlberg
Bödele Alpenhotel Schwarzenberg

Unser „Bödele Alpenhotel" mit seinen 11 großzügigen Suiten befindet sich direkt auf der Passhöhe zwischen Dornbirn und Schwarzenberg auf 1140m Seehöhe und bietet einen eindrucksvollen Rundblick auf die Bregenzerwälder Berge. Eine große Bandbreite von gemütlichen bis anspruchsvollen MTB-Touren zieht sich quer durch den Bregenzerwald – noch immer ein Geheimtipp unter Mountainbikern. Gerne können Sie sich auch einer geführten Tour anschließen oder ganz alleine losradeln.

Bödele 473 • A-6850 Schwarzenberg
Telefon +43 660 444 7777
info@boedele.at
www.boedele.at

Bodenseezufluss Bregenzer Ach – Radweg am Rheindelta
59 km | 770 hm | hP 1140 m

Tour ID: 4333

INFO: Sehr gute Kondition erforderlich
HIGHLIGHTS: Hafen & Promenade in Hard, Radweg am Rheindelta, Rheindelta

Tirol
Alpengasthof Alpencafe DIE ENG Hinterriss

... ist ein ideales Ziel für erlebnisvolle eBikeTouren mit der ganzen Familie.
Der Große Ahornboden das Herzstück der Bergidylle.
Mitten in der unberührten Natur bieten wir: wunderschöne Ahornzimmer mit einen Vitalbereich,
genussvolle Kulinarik mit persönlicher Tiroler Gastfreundschaft
Wer hier noch nicht war, wird überrascht & glücklich sein.

Eng Nr. 1 • A-6215 Hinterriss
Tel. +43 (0) 5245 / 231
info@eng.at
www.eng.at

Tour zur Falkenhütte

47 km | 1180 hm | hP 1830 m

Tour ID: 6121

INFO: Mittellange eBike Tour mit vielen Höhenmetern und vielen Glücksmomenten.
HIGHLIGHTS: Kleiner Ahornboden, Falkenhütte

Tirol

Quartier Severin Berwang

Willkommen im Bikeparadies in den Alpen - der Zugspitzarena und das Quartier Severin ist mittendrin. Es gibt unzählige E-Bike- und Mountainbike-Touren in herrlicher Berg- und Seenlandschaft. Wir bieten Euch vom Verleih-Service über Routenvorschläge bis hin zu geführten Touren alles, was das Biker-Herz begehrt.
Jutta und Elmar verwöhnen Euch mit einer wunderschön gelegenen Pension nach Tiroler Art.

Berwang 74 • A-6622 Berwang
Telefon + 43 (0) 5674 8277
info@quartier-severin.at
www.quartier-severin.at

Zum Rotlech-Stausee

31 km | 1120 hm | hP 1730 m

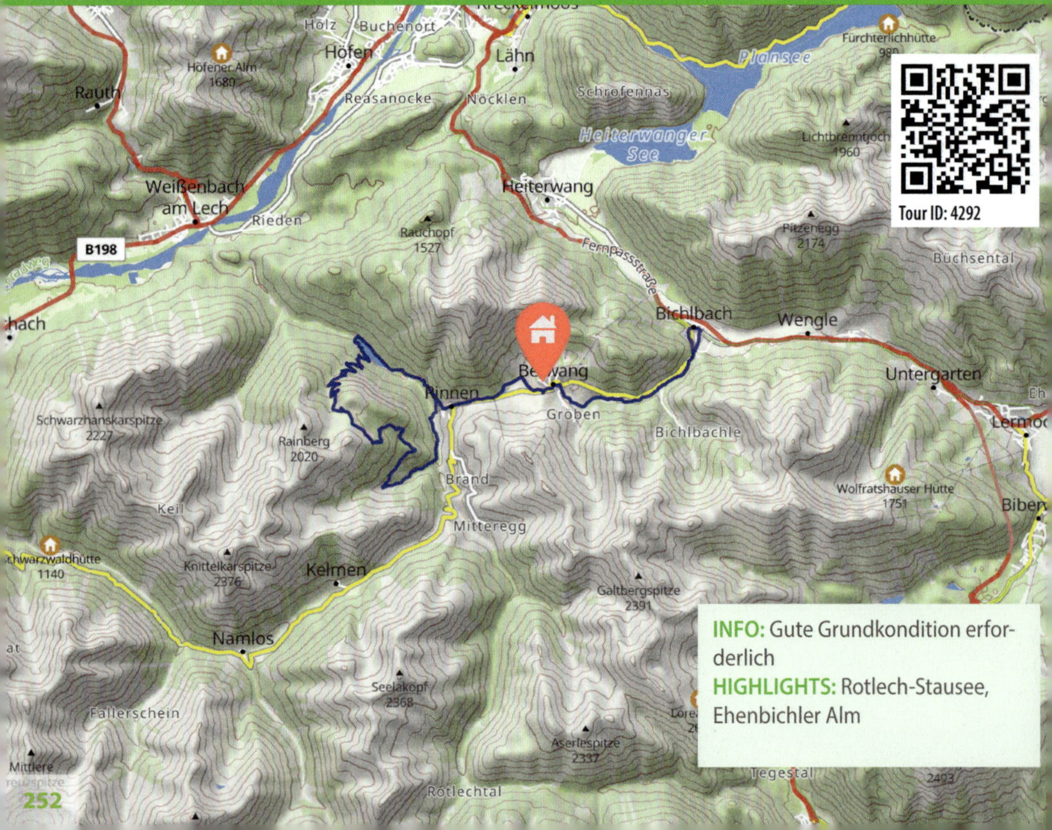

Tour ID: 4292

INFO: Gute Grundkondition erforderlich
HIGHLIGHTS: Rotlech-Stausee, Ehenbichler Alm

Besuch am Plansee

62 km | 890 hm | hP xx m

Tour ID: 4293

INFO: Gute Grundkondition erforderlich
HIGHLIGHTS: Hängebrücke (Highline179), Plansee, Blick auf die Zugspitze

Heiterwang - Plansee

63 km | 880 hm | hP 1370 m

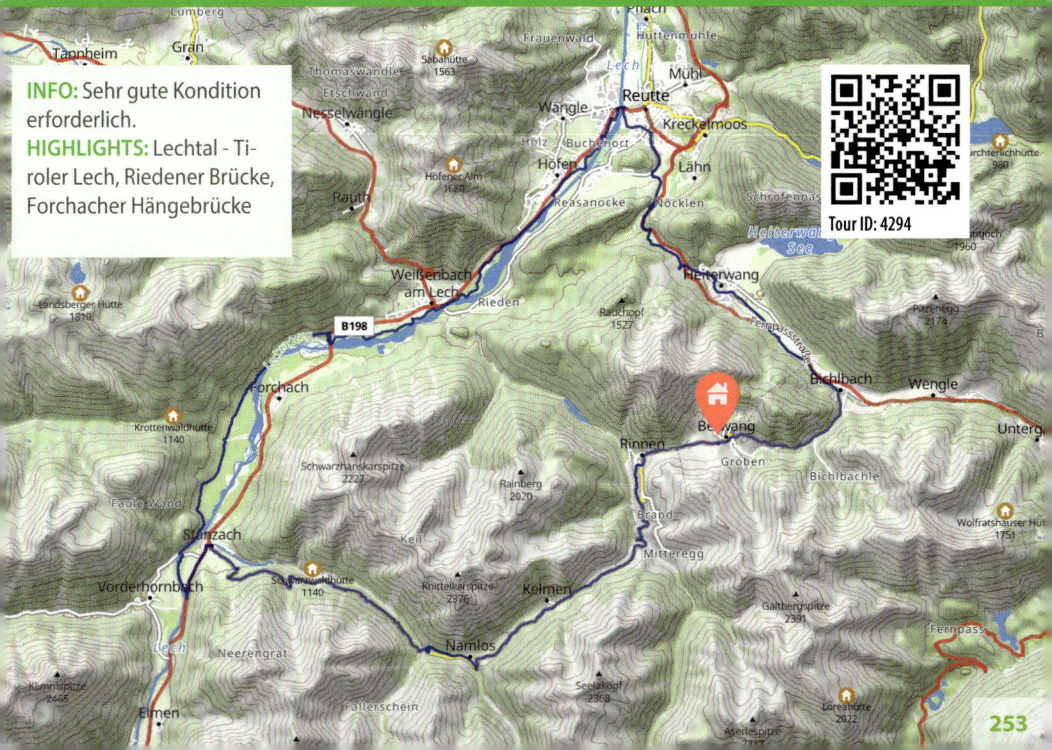

INFO: Sehr gute Kondition erforderlich.
HIGHLIGHTS: Lechtal - Tiroler Lech, Riedener Brücke, Forchacher Hängebrücke

Tour ID: 4294

Tirol
Hotel Garni Alpenblick Ischgl

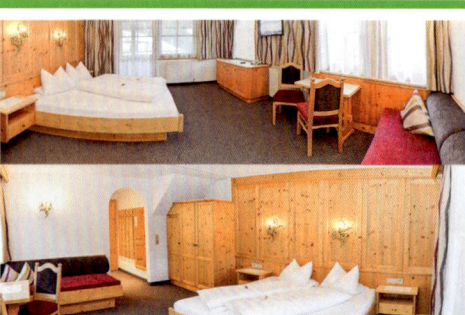

Herzlich willkommen im Hotel Garni Alpenblick, der optimalen Adresse für unvergessliche Urlaube im Herzen von Ischgl. Die unschlagbare Lage in der Alpen Lifestyle Metropole - ruhig und dennoch zentral – ist nur eines von vielen Argumenten, das für einen Aufenthalt im Alpenblick spricht. Starten Sie nach einem reichhaltigen Frühstück auf traumhaft schöne Touren durch Tirol. Gerne geben wir Ihnen Tipps und Ausflugsziele.

Fam. Kurz Martin
Innerer Kapellenweg 1 • A-6561 Ischgl
Telefon +43 5444 53 11
alpenblick-ischgl@aon.at
www.alpenblick.ischgl.at

Am Fluß Trisanna entlang bis Kops Stausee
38 km | 680 hm | hP 1850 m

Tour ID: 6155

INFO: Mittellange Tour mit vielen Höhenmetern. Gute Kondition erforderlich. Mischung aus Asphalt und unbefestigten Wegen.
HIGHLIGHTS: Kops Stausee

Tirol
Hotel Schrofenstein**** Landeck

Das Hotel ist Ihr perfekter Ausgangspunkt für Aktivitäten in einer beeindruckenden Region der Alpen, an der Grenze zu Südtirol und der Schweiz. Das Hotel Schrofenstein gehört zu den qualitätsgeprüften Mountainbike- und Radunterkünften Tirols. Wir freuen uns sehr über diese Auszeichnung! Gerne erstellen wir für Ihren Aufenthalt ein perfektes Angebot!

Malserstraße 31 • A-6500 Landeck
Telefon +43 5442 62395
info@schrofenstein.at
www.schrofenstein.at

30095

Gepatschstausee im Kaunertal

80 km | 1300 hm | hP 1810 m

Tour ID: 4038

INFO: Sehr gute Kondition erforderlich
HIGHLIGHTS: Kaunertal, Gepatsch Stausee

Tirol
Traditionshotel Krone Matrei am Brenner

Das stilvolle Ambiente unserer 50 komfortabel eingerichteten Zimmer lädt zum Verweilen und Wohlfühlen ein. Verwöhnen Sie Ihren Feinschmecker – Gaumen mit einer Reihe an kulinarischen Köstlichkeiten aus Küche und Keller. Die Bergsauna sorgt für pure Entspannung und Wohlfühlmomente. Unser 150 km großes Mountainbike- und Radwegenetz zwischen Innsbruck und dem Brenner umfasst gemütliche Almrundtouren, Singletrails, einen Bikepark mit Downhill-Strecken oder Alpenüberquerungen.

Brennerstrasse 54-56 • A-6143 Matrei am Brenner
Telefon +43 (0) 5273 6228
office@krone-matrei.at
www.krone-matrei.at

Klammalm – Poltnalm Runde
44 km | 1260 hm | hP 1960 m

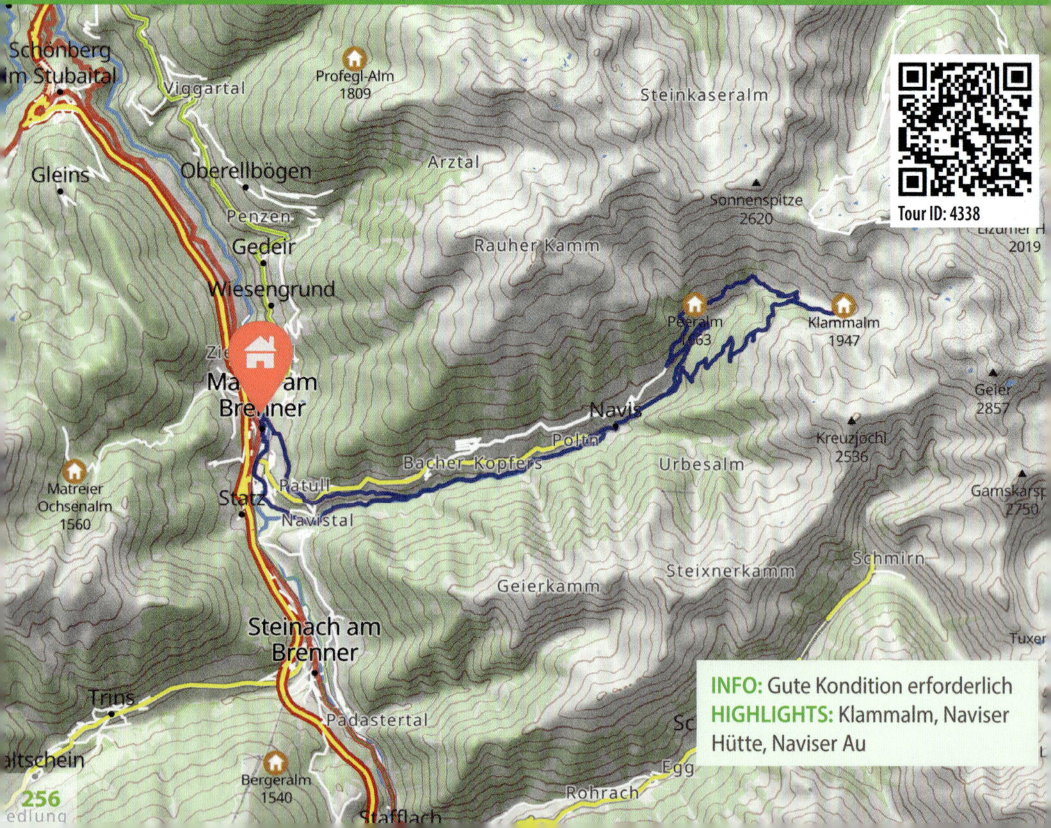

Tour ID: 4338

INFO: Gute Kondition erforderlich
HIGHLIGHTS: Klammalm, Naviser Hütte, Naviser Au

Blick auf die Autobahn – Auf zum Brenner

42 km | 810 hm | hP 1380 m

Tour ID: 4339

INFO: Sehr gute Kondition erforderlich
HIGHLIGHTS: St. Wendelins-Kapelle, Brenner, Kirche am Lueg, BBT Tunnelwelten

Gasthof Schützenwirt Runde von Matrei am Brenner

34 km | 780 hm | hP 1660 m

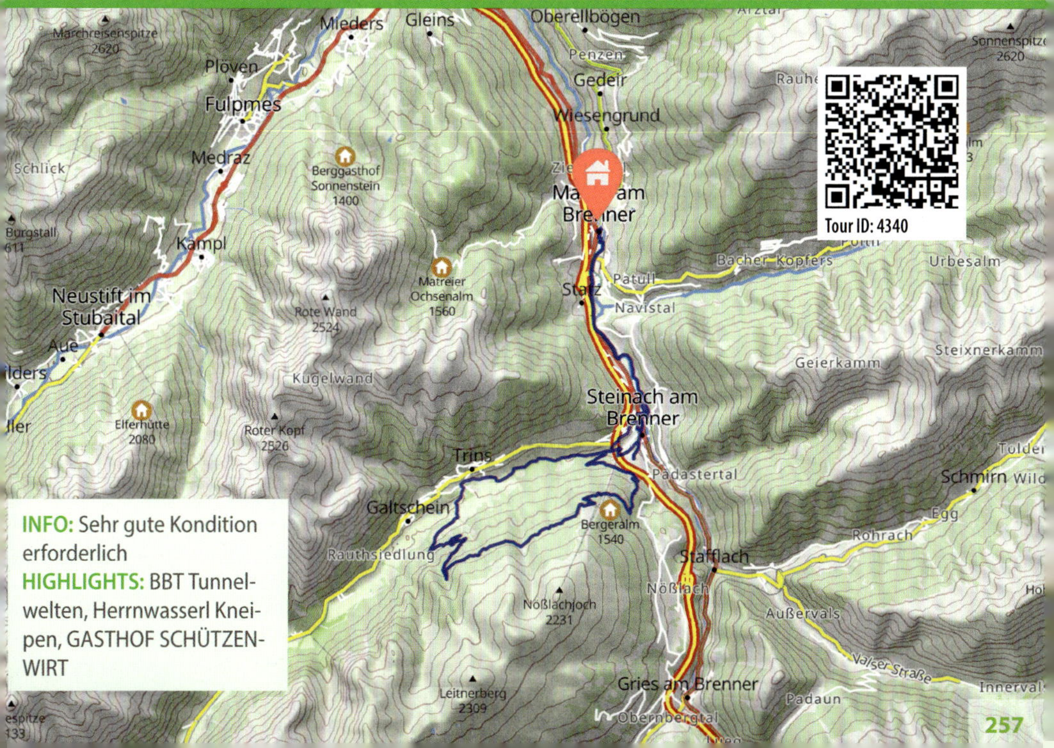

Tour ID: 4340

INFO: Sehr gute Kondition erforderlich
HIGHLIGHTS: BBT Tunnelwelten, Herrnwasserl Kneipen, GASTHOF SCHÜTZENWIRT

257

Tirol
Pension Das Schlossberg Nauders

Neu in der Pension Schlossberg ist die Empfangshalle, die neben der Rezeption, einer Lounge und Barbereich integriert ist. Hier können Sie entspannen und feinste Getränke genießen. Was gibt es schöneres, als nach einer langen und anstrengenden Fahrradtour ein warmes Saunabad zu nehmen? Unsere Wellnessräume stehen Ihnen uneingeschränkt zur Verfügung. Lassen Sie Ihre Seele baumeln - Ihr Körper wird es Ihnen danken!

Nr. 275 • A-6543 Nauders
Telefon +43 5473 87328
info@pension-schlossberg.com
www.pension-schlossberg.com

Von Nauders in Planeital und zurück
60 km | 1300 hm | hP 2170 m

Tour ID: 4308

INFO: Sehr gute Kondition erforderlich
HIGHLIGHTS: Reschensee, Kirchturm Alt-Graun, Planeital

Tirol

Hotel Drei Mohren Oetz

Herzlich willkommen im Hotel 3 Mohren, einem der traditionsreichsten Häuser des Ötztals. Als Bike Ötztal Home umsorgen wir nicht nur unsere Gäste, sondern kümmern uns auch um die entsprechende Unterbringung für Räder. Wir verfügen deshalb unter anderem über einen verschließbaren Abstellraum und natürlich auch eine Möglichkeit die Bikes zu waschen. Für notwendige Reparaturen oder Radpflege gibt es einen Montageständer und das passende Werkzeug. Auch bieten wir eine kostenlose Leihe von Mountainbikes und selbstverständlich auch jegliche Informationen und Tipps zu allen Rad- und Bike-Themen.

Hauptstraße 54 • A-6433 Oetz
Telefon +43 (0) 5252 6301
fam.haid@hotel3mohren.at
www.hotel3mohren.at

Ötztal Radweg

62 km | 960 hm | hP 1347 m

Tour ID: 4332

INFO: Sehr gute Kondition erforderlich, Bustransfer
HIGHLIGHTS: Ötztal Radweg

Tirol
Posthotel Pfunds*** Pfunds

„einfach gut leben"... das ist unsere Philosophie... Mountainbikes, E-Bikes und Rennräder - hier in Pfunds im Tiroler Oberland findet jedes Bike seine Strecke. Wer es lieber etwas gemütlich angehen möchte, der schnappt sich einfach ein E-Bike und erklimmt spielend leicht jede Anhöhe. Erleben sie ganz entspannt die atemberaubenden Berggipfel, klare Flüsse und Bäche und die vielfältige Flora und Fauna der Region.

Stuben 32 • A-6542 Pfunds
Telefon +43 5474 5606
info@post-pfunds.at
www.post-pfunds.at

Marktplatz in Landeck
65 km | 820 hm | hP 1065 m

Tour ID: 934

INFO: Schwere E-Bike-Tour. Gute Grundkondition erforderlich.
HIGHLIGHTS: Fließ, Marktplatz Landeck

Besuch in der Schweiz

62 km | 720 hm | hP 1237 m

INFO: Mittelschwere E-Bike-Tour. Grundkondition erforderlich.
HIGHLIGHTS: Brücke bei San Nicla, Scuol

Tour ID: 935

Besuch am Reschensee

41 km | 1170 hm | hP 1520 m

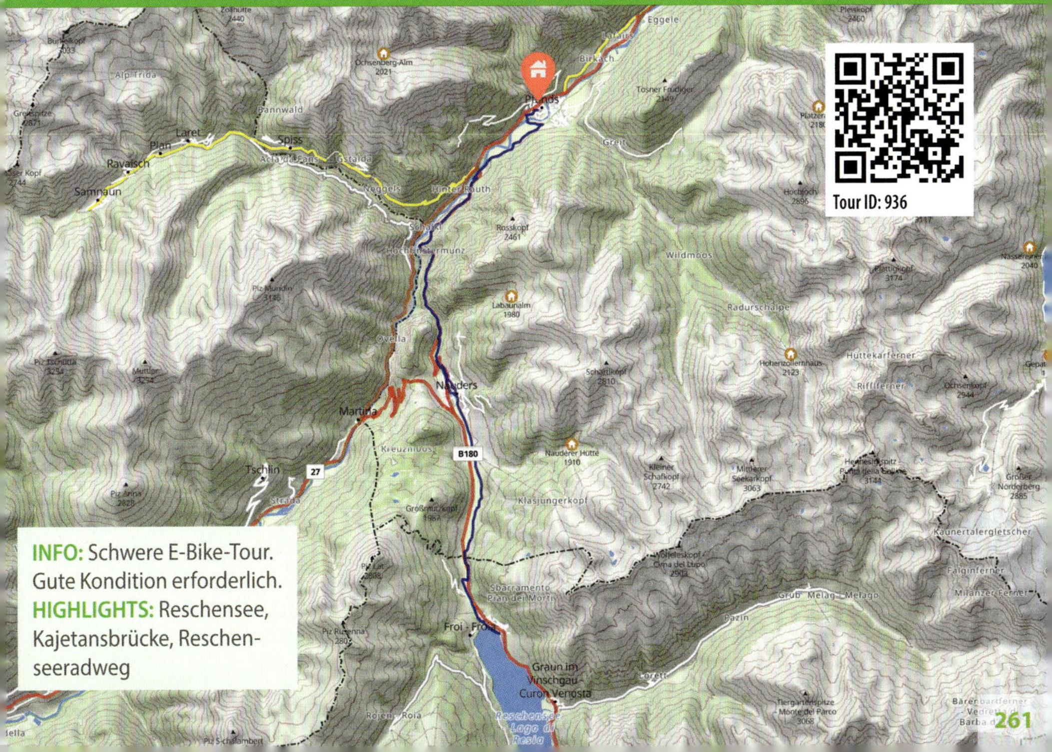

Tour ID: 936

INFO: Schwere E-Bike-Tour. Gute Kondition erforderlich.
HIGHLIGHTS: Reschensee, Kajetansbrücke, Reschenseeradweg

261

Tirol
Hotel Enzian See im Paznautal

Wir möchten Sie „Herzlich Willkommen" heißen in unserem familiär geführten Hotel Enzian in See im Paznauntal (Tirol / Österreich). See und das gesamte Paznaun ist bekannt für seine anspruchsvollen Mountainbike Strecken. Nicht umsonst haben sich hier eigene Mountainbike Communities gebildet. Auch Biking Anfänger und Kinder werden rund um See die geeigneten Tracks für ihre ersten Versuche finden.

Au 131 • A-6553 See im Paznauntal
Telefon +43 5441 8236
info@urlaubimenzian.at
www.urlaubimenzian.at

Inntalblick auf den Tschirgant

32 km | 1170 hm | hP 1820 m

Tour ID: 4328

INFO: Sehr gute Kondition erforderlich
HIGHLIGHTS: Inntalblick auf den Tschirgant, Kapelle Habigen in See, Paznauner Talweg

Tirol
Appartement-Hotel Alte Schmiede Serfaus

In unserem 4-Sterne Appartement-Hotel Alte Schmiede in Serfaus erwartet Sie ein einmaliges Preis-Leistungsverhältnis. Alle Zimmer/Suiten oder Appartements sind buchbar ab 2 Tagen. Der Sommer in Serfaus und das Appartement-Hotel Alte Schmiede bietet einfach alles was ein Biker Herz begehrt. Für Biker heißt es: Radlerhose an, Helm auf und ab auf den Sattel. Ob am Bikepark oder bei den anspruchsvollen Singletrails. Für jeden Fahrradfahrer ist das passende Angebot dabei.

Dorfbahnstr. 64 • A-6534 Serfaus
Telefon +43 (0) 5476 64920
info@alte-schmiede-serfaus.at
www.alte-schmiede-serfaus.at

Inn-Brücke in Prutz - Runde von Serfaus

39 km | 930 hm | hP 1430 m

Tour ID: 4335

INFO: Sehr gute Kondition erforderlich
HIGHLIGHTS: Ried im Oberinntal, Badesee Ried, Brennerei Maass

Vorarlberg
Hotel Tirolerhof St. Anton am Arlberg

Freuen Sie sich auf eine gemütliche Unterkunft mit persönlichem Ambiente im Tirolerhof in St. Anton am Arlberg . (Tip: Günstige Wochenpauschalen) Mountainbiker können unmittelbar von der Unterkunft in das hervorragend ausgebaute Streckennetz (für jedes Fitnesslevel) einsteigen, um ca 350 km reizvoller Wege auf eigene Faust zu erkunden. Im heimeligen Gastlokal können die Gäste Ihre erlebnisreichen Tage fröhlich ausklingen lassen. Es werden hausgemachte Tiroler und österreichische Spezialitäten serviert.

Landauerweg 3 • A-6580 St. Anton am Arlberg
Telefon +43 5446 407990
info@tihof.at
www.tihof.at

Am Ufer der Rosanna – Putzenalm Runde
40 km | 1320 hm | hP 1710 m

Tour ID: 4331

INFO: Sehr gute Kondition erforderlich
HIGHLIGHTS: Putzenalm, Eldorado - Bike Areal Verwall, Rosanna Schlucht, Skulpturenweg

Tirol

Hotel Neue Post Streiter Sölden

In unserer Neuen Post in Zwieselstein finden Sie ein besonders schönes Plätzchen, um Ihre kostbaren Urlaubstage im Ötztal zu verbringen. Das idyllische Örtchen Zwieselstein liegt im Schnittpunkt von drei wunderschönen Ski- und Wandergebieten: Sölden, Obergurgl und Vent. Der ideale Ort also, um die vielen Möglichkeiten des Ötztals zu erkunden und den Alltag weit hinter sich zu lassen – Sommer wie Winter.

Gurglerstraße 1 • A-6450 Sölden
Telefon +43 (0) 5254 2910
info[at]post-soelden.at
www.post-soelden.at

30094

Tour zur Amberger Hütte

61 km | 1390 hm | hP 2120 m

Tour ID: 4050

INFO: Gute Grundkondition erforderlich
HIGHLIGHTS: Solztalradwegbrücke, Rasdorfer Stiftskirche

265

Tirol
Sport & Vital Hotel Seppl St. Leonhard

Herzlich Willkommen im wildromantischen Pitztal! Aktive Erholung inmitten einer atemberaubenden Naturkulisse mit Ausblick auf die Pitztaler Bergwelt. Auszeit oder Abenteuer – bei uns im Pitztal finden Sie in naturbelassener Umgebung zahlreiche Möglichkeiten Ihre schönsten Tage im Jahr ganz nach Ihren individuellen Wünschen zu gestalten. Erkunden Sie die umliegenden Hütten, Almen und den beeindruckenden Tal-Radweg entlang des Baches besonders komfortabel mit unseren Fully E-Mountainbikes.

Weisswald 41 • A-6481 St. Leonhard
Telefon 0043 (0) 5413 / 86220
E-Mail: office@hotel-seppl.com
www.hotel-seppl.com

Trail zum Riffelsee
20 km | 800 hm | hP 2260 m

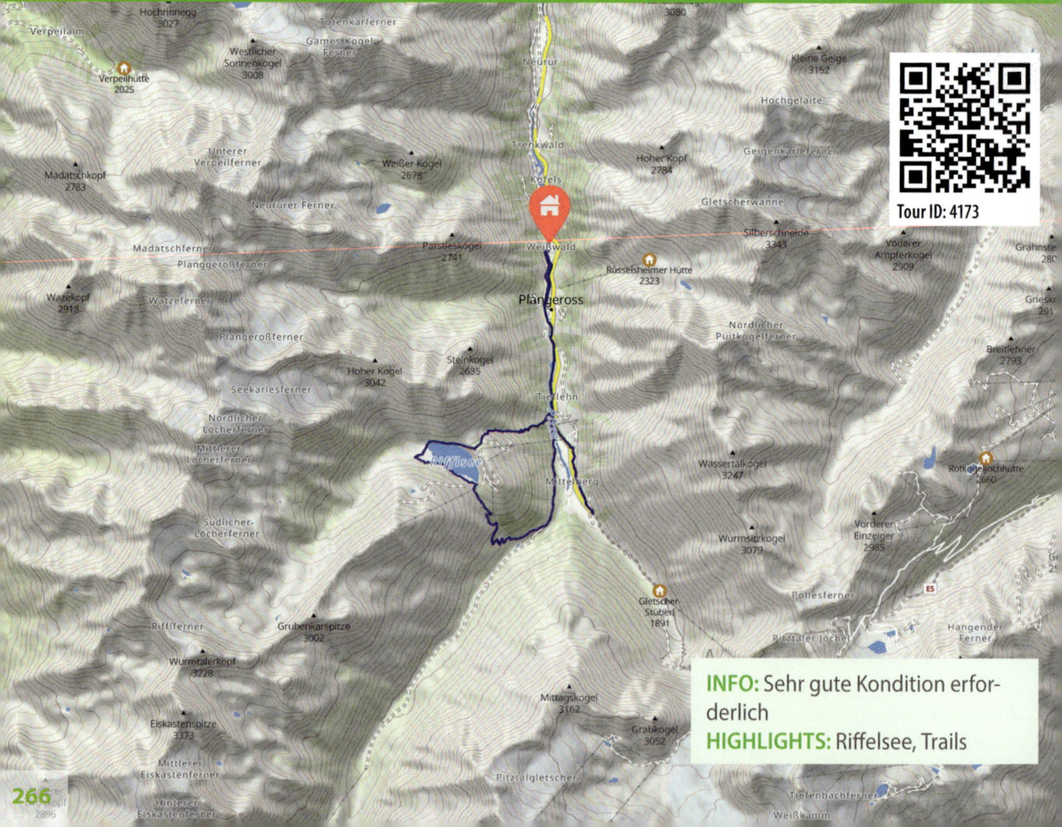

Tour ID: 4173

INFO: Sehr gute Kondition erforderlich
HIGHLIGHTS: Riffelsee, Trails

pitztal bike route 614

77 km | 1450 hm | hP 1740 m

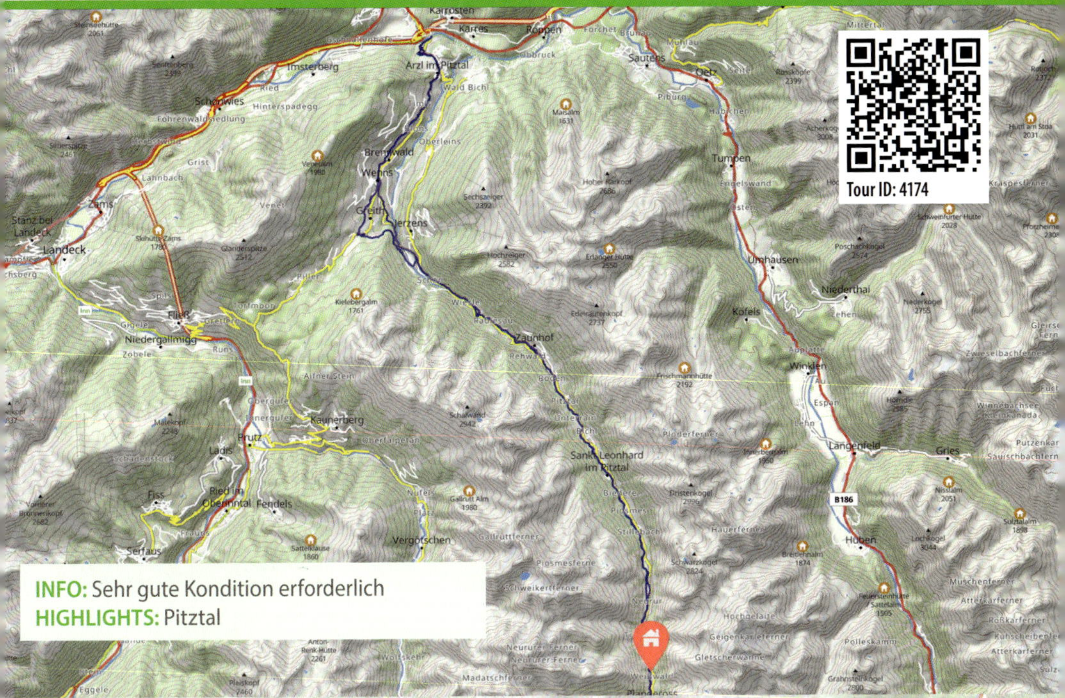

Tour ID: 4174

INFO: Sehr gute Kondition erforderlich
HIGHLIGHTS: Pitztal

Besuch auf der Neubergalm

31 km | 800 hm | hP 1880 m

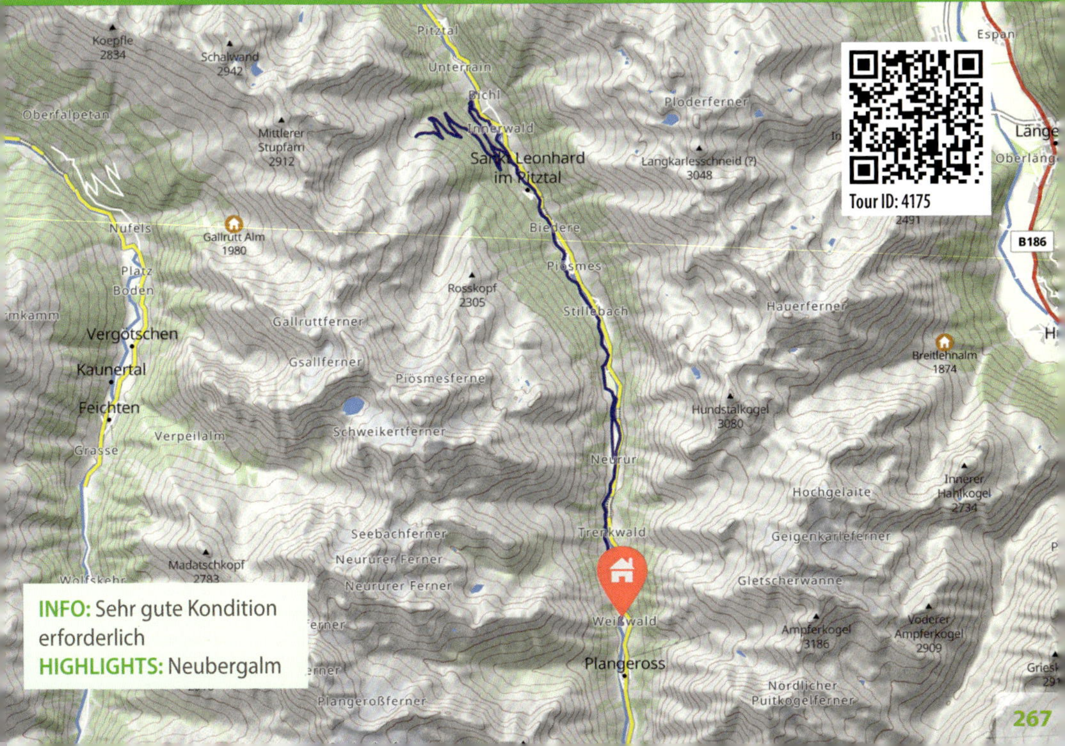

Tour ID: 4175

INFO: Sehr gute Kondition erforderlich
HIGHLIGHTS: Neubergalm

Tirol
Hotel Jägerhof**** Zams

„Rein in die Pedale!" Die Radregion TirolWest zählt durch die ideale geografische Lage, zahlreiche Radtouren und professionelle Radpartner vor Ort zu den besten Radgebieten in den Alpen. Über die endlosen asphaltierten Radwege oder über Stock und Stein - erobern Sie die Umgebung auf dem E-Bike. Zahlreiche Ladestationen sorgen für genügend „Saft" über längere Strecken. Relaxen können Sie in unserem großzügigen Wellnessbereich. Unsere hervorragende Küche verwöhnt Sie gerne nach einem erlebnisreichen Tag. Eigener E-Bike Verleih.

Hauptstr. 52 • A-6511 Zams
Tel. 0043 (0) 5442 / 62642
E-Mail: info@jaegerhof-zams.at
www.jaegerhof-zams.at

Besuch in Nauders

90 km | 1410 hm | hP 1430 m

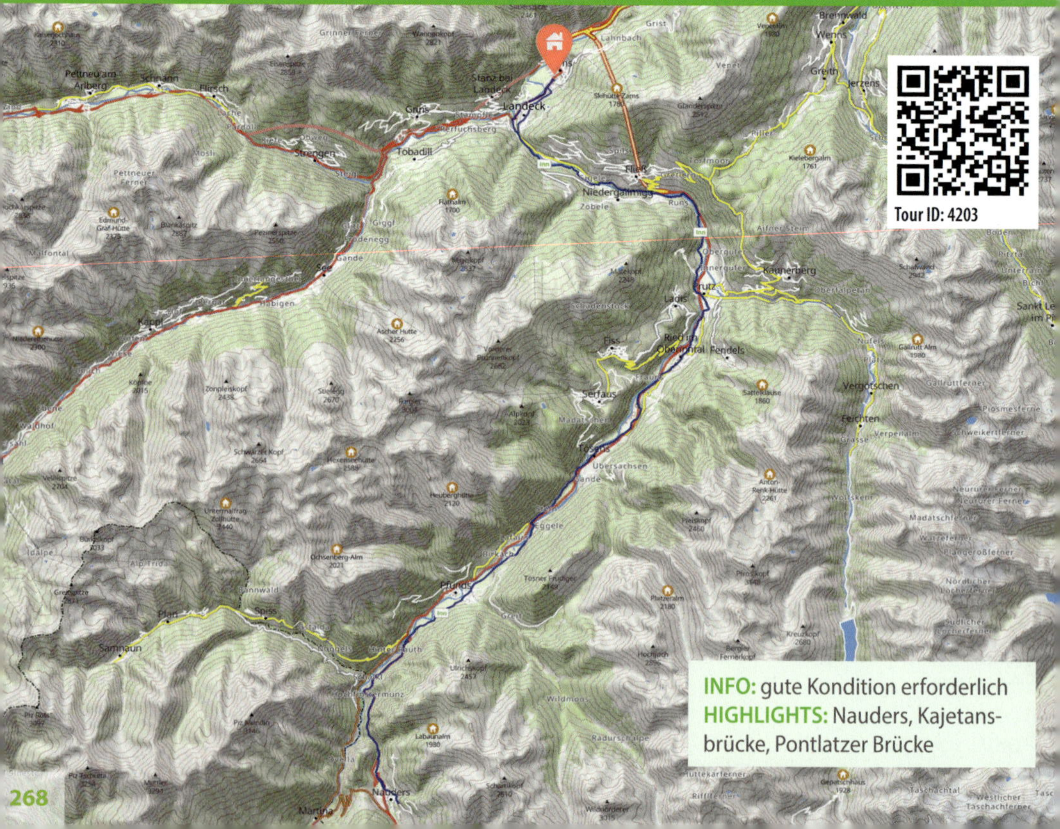

Tour ID: 4203

INFO: gute Kondition erforderlich
HIGHLIGHTS: Nauders, Kajetansbrücke, Pontlatzer Brücke

Landeck – Fließ Runde

38 km | 1550 hm | hP 1990 m

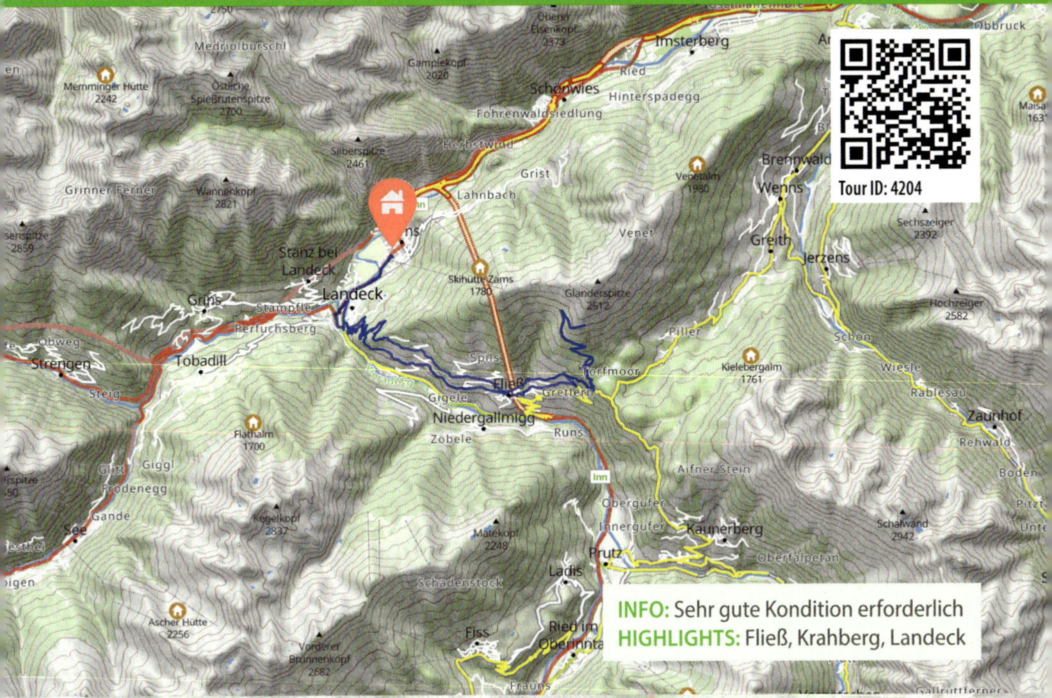

Tour ID: 4204

INFO: Sehr gute Kondition erforderlich
HIGHLIGHTS: Fließ, Krahberg, Landeck

Rund um den Simmering

84 km | 970 hm | hP 1510 m

INFO: gute Kondition erforderlich
HIGHLIGHTS: Innradweg, Panorama in Nassereith

Tour ID: 4205

269

Tirol
Gasthof Klösterle Kronburg Zams

KRONBURG liegt in einer der schönsten Landschaften des Tiroler Oberlandes. Wählen Sie zwischen den gemütlich und komfortabel ausgestatteten Zimmern im Gasthaus oder unseren einfacheren Zimmern im Klösterle. Unser Küchenteam verwöhnt Sie mit deftigen regionalen Speisen ebenso wie mit raffinierter leichter Küche. Montag & Dienstag Ruhetag.

Kronburg 103-107 • A-6511 Zams/Tirol
Telefon +43 5442 63345
kronburg@mutterhaus-zams.at
www.kronburg-tirol.at

Ötztal und Tarrenz

77 km | 1010 hm | hP 1150 m

Tour ID: 4044

INFO: Grundkondition erforderlich
HIGHLIGHTS: Ötztal, Nassereith, Imst

Tirol
Berggasthof Klapf Bach

Verbringen Sie Ihren Urlaub in ruhiger Lage oberhalb von Bach im Lechtal mit herrlichem Blick auf die umliegenden Lechtaler Alpen. Unser in dritter Generation als Familienbetrieb geführter Gasthof mit eigener Landwirtschaft überzeugt durch freundliche und familiäre Atmosphäre, gutbürgerliche Küche, Sonnenterrasse und echtes Urlaubsgefühl.

Klapf 81 • A-6653 Bach
Telefon +43 5634 6349
berggasthof_klapf@aon.at
www.gasthof-klapf.at

Tunnelweg

28 km | 1310 hm | hP 2150 m

Tour ID: 4329

INFO: Sehr gute Kondition erforderlich
HIGHLIGHTS: Tunnelweg, Knittel Sommerrodelbahn

Tirol
Hotel & Apart Central Fügen

Sie suchen einen Urlaub voller Entspannung oder Urlaub mit Action pur im Zillertal? Dann ist unser ***Hotel & Landhaus Central in Fügen im Zillertal die richtige Adresse für Sie! Flexibel und ganz nach Ihrem Geschmack können Sie Ihr favorisiertes Domizil wählen - ob Zimmer oder Apartment - wahlweise mit oder ohne Halbpension - so starten Sie unkompliziert in den Urlaub. Folgen Sie dem Wegenetz von 1.200 km Fahrradrouten und Bike-Trails im Zillertal, von den tiefgrünen Wiesen und Wäldern im Tal über die malerischen Almböden hinauf bis auf die spektakulärsten Gipfel!

Hauptstraße 81 & 83 • A-6263 Fügen
Telefon +43 5288 62327
info@central-zillertal.at
www.central-zillertal.at

Zillerweg – Reintaler See Runde
52 km | 190 hm | hP 590 m

Tour ID: 10932

INFO: Mittellange Tour mit wenig Höhenmetern. Überwiegend auf Asphalt.
HIGHLIGHTS: Schlitterer Badesee, Zillerweg, Reintaler See

Tirol

Garni Dias Kappl

Willkommen im **Apart Hotel Garni Dias** im sonnigen Kappl im Paznaun... In ruhiger zentraler Lage, im Herzen der reizvollen Silvretta Bergwelt auf knapp 1200 m Höhe, liegen unsere **zwei Gästehäuser** und bieten alles, was jedes Urlauberherz begehrt. **Komfortzimmer und Apartments** für den perfekten Aktiv-Urlaub; im Ferienhaus auch Kleingruppen (8 - 24 Personen). Gratis-**Silvrettacard** und **Silvrettacard**-Premium an der Rezeption erhältlich. Zu unseren **Specials** zählen der Wellnessbereich und ein leckeres Frühstücksbuffet. **Anreise bequem mit ÖFFIS**. Fam. Kleinheinz und Dias-Team

Lochau 354 • A-6555 Kappl
Telefon +43 5445 6843
alexandra@garnidias.com
www.garnidias.com / Apartmenthaus: www.garnidias.com/apart-dias

Kops Stausee

79 km | 1800 hm | hP 2040 m

Tour ID: 11101

INFO: Mittellange Tour mit vielen Höhenmetern. Gute Kondition erforderlich. Mischung aus Asphalt und unbefestigten Wegen. Gutes Akkumanagement oder nachladen erforderlich.
HIGHLIGHTS: Kops Stausee

Am Ufer der Trisanna entlang

31 km | 670 hm | hP 1500 m

INFO: Mittellange Tour mit einigen Höhenmetern. Gute Kondition erforderlich. Mischung aus Asphalt und unbefestigten Wegen.
HIGHLIGHTS: Weg an der Trisanna

Tour ID: 11002

MTB Runde von Kappl

40 km | 1530 hm | hP 1820 m

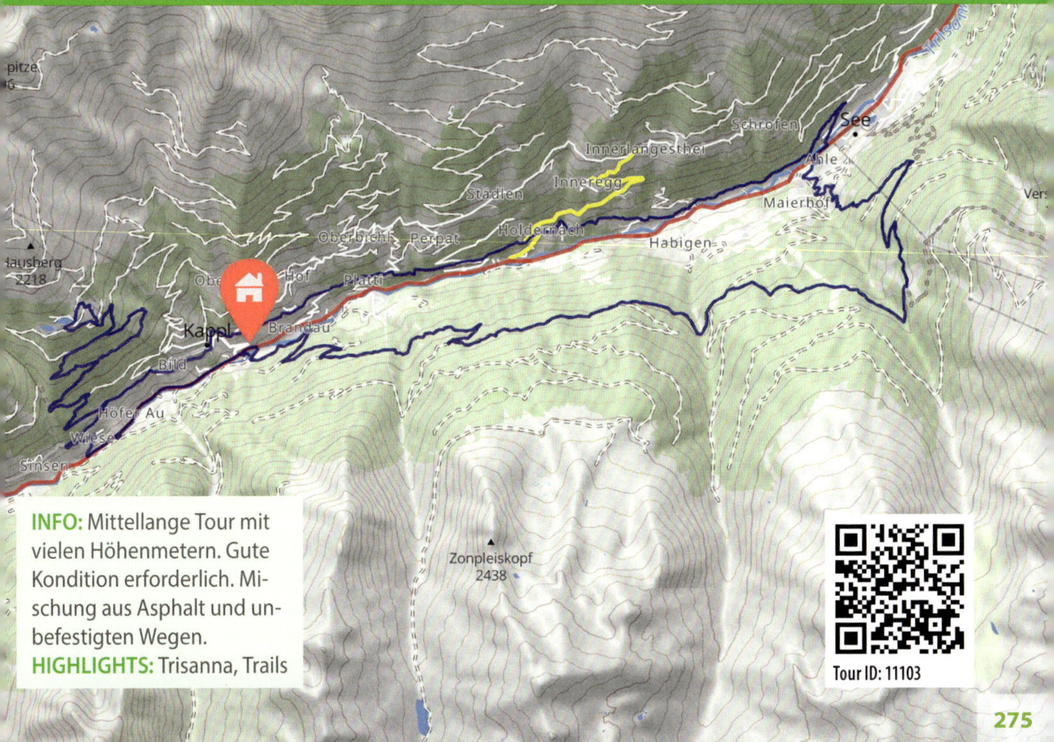

INFO: Mittellange Tour mit vielen Höhenmetern. Gute Kondition erforderlich. Mischung aus Asphalt und unbefestigten Wegen.
HIGHLIGHTS: Trisanna, Trails

Tour ID: 11103

Salzburger Land

Hotel Weiß Munderfing

In unserem Hotel– Gasthof bieten wir Ihnen 25 Doppel- bzw Einbettzimmer der 3-Stern Kategorie. Der Hotelneubau bietet 23 geräumige und moderne Design-Doppelzimmer, die Sie gerne als Einbettzimmer buchen können. Diese sind stilsicher und mit viel Liebe zum Detail eingerichtet.

In unser Küche legen wir großen Wert auf Zutaten von Lieferanten der Region. So kommen Sie in den Genuß von saisonalen Gerichten, die mit Geschmack und Frische überzeugen. Selbstverständlich finden Sie auch vegetarische / vegane Gerichte auf unserer Karte.

Hauptstraße 30 • A-5222 Munderfing
Tel. +43 7744 6251

www.gasthof-weiss.at

Um den Mondsee

85 km | 580 hm | hP 580 m

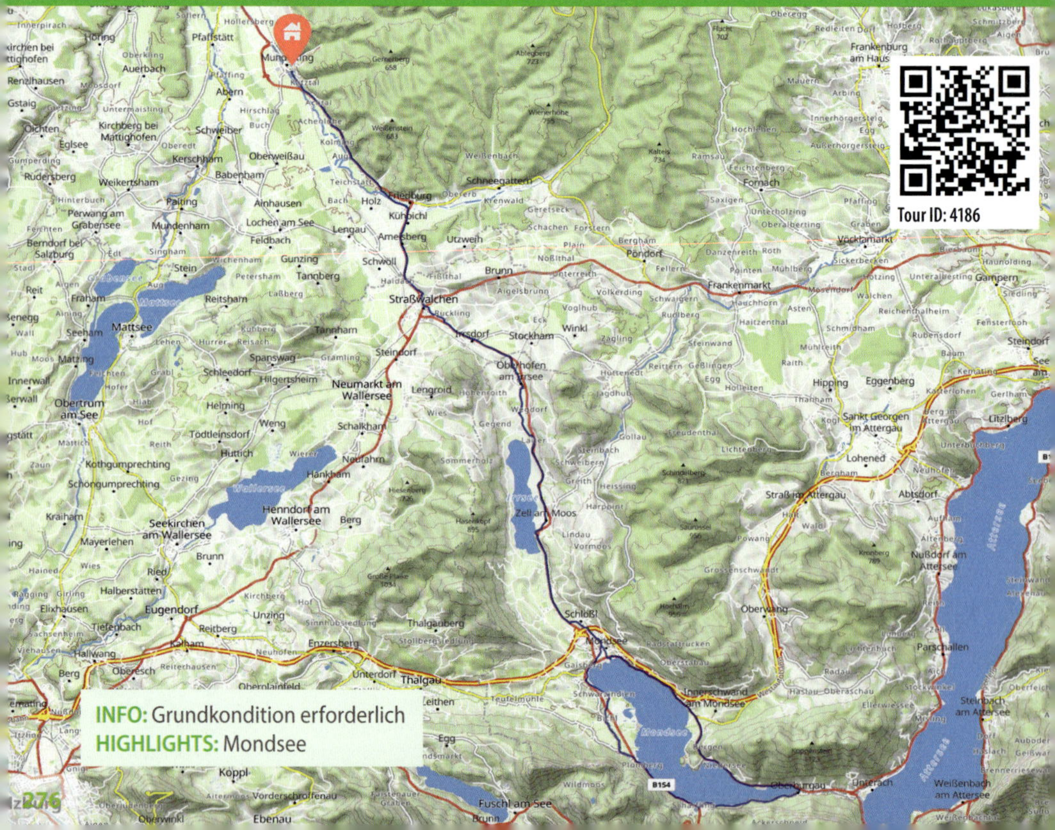

Tour ID: 4186

INFO: Grundkondition erforderlich
HIGHLIGHTS: Mondsee

Obertrumersee, Wallersee und Grabensee   70 km | 560 hm | hP 610 m

INFO: Grundkondition erforderlich
HIGHLIGHTS: Obertrumersee, Wallersee, Grabensee

Tour ID: 4187

Tour nach Braunau am Inn   81 km | 620 hm | hP 574 m

Tour ID: 4188

INFO: Grundkondition erforderlich
HIGHLIGHTS: Braunau am Inn, Feldkirchen

Salzburger Land
Good Life Resort Riederalm in Leogang Leogang

Das Genießerhotel in bester Lage – direkt am BikePark Leogang mit unzähligen Aktivmöglichkeiten vor der Tür. Besonderes Highlight ist die Gourmetküche „The epic slow Food Leogang" von JRE Andreas Herbst, welche mehrfach ausgezeichnet wurde. Entspannung bieten 2.000 m² Spa mit 2 beheizten Pools, unter anderem der einzigartige Thermalpool. Das stilvolle Ambiente und die herzliche Gastfreundschaft der Familie Herbst machen den Urlaub unvergesslich.

Rain 100 • A-5771 Leogang
Telefon +43 6583 7342
info@riederalm.com
www.riederalm.com

Zum Dießbachstausee
57 km | 1130 hm | hP 1470 m

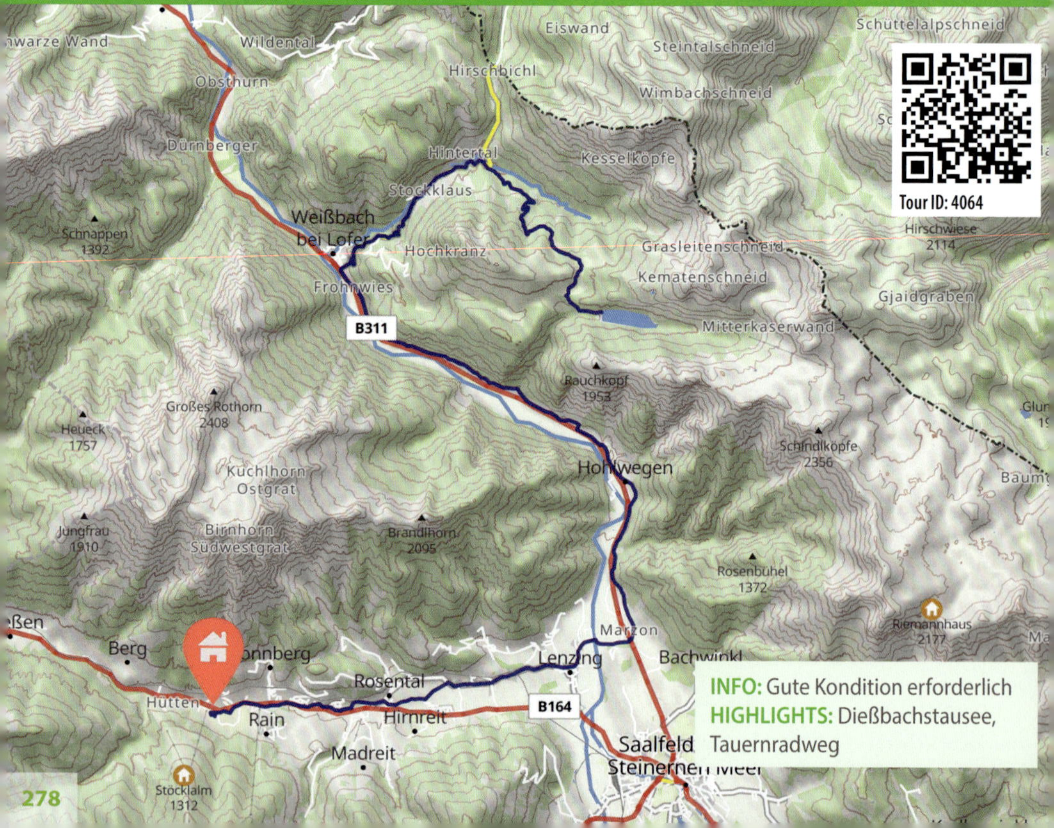

Tour ID: 4064

INFO: Gute Kondition erforderlich
HIGHLIGHTS: Dießbachstausee, Tauernradweg

Um den Zeller See

52 km | 410 hm | hP 800 m

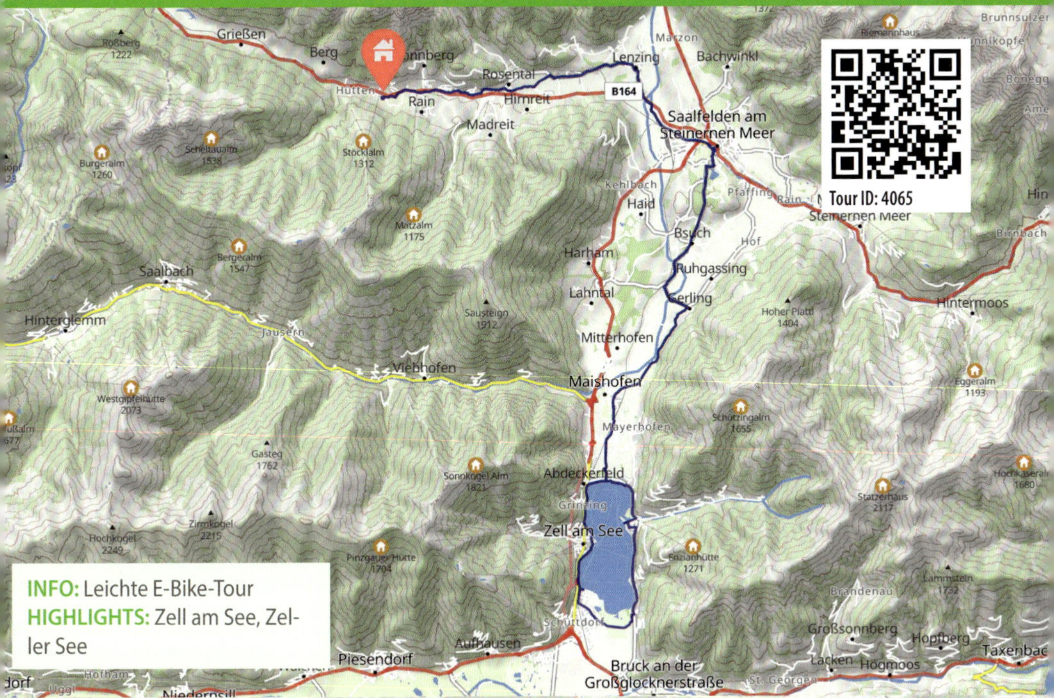

Tour ID: 4065

INFO: Leichte E-Bike-Tour
HIGHLIGHTS: Zell am See, Zeller See

Weissensee, Pillersee und Tauern Radweg

65 km | 500 hm | hP 990 m

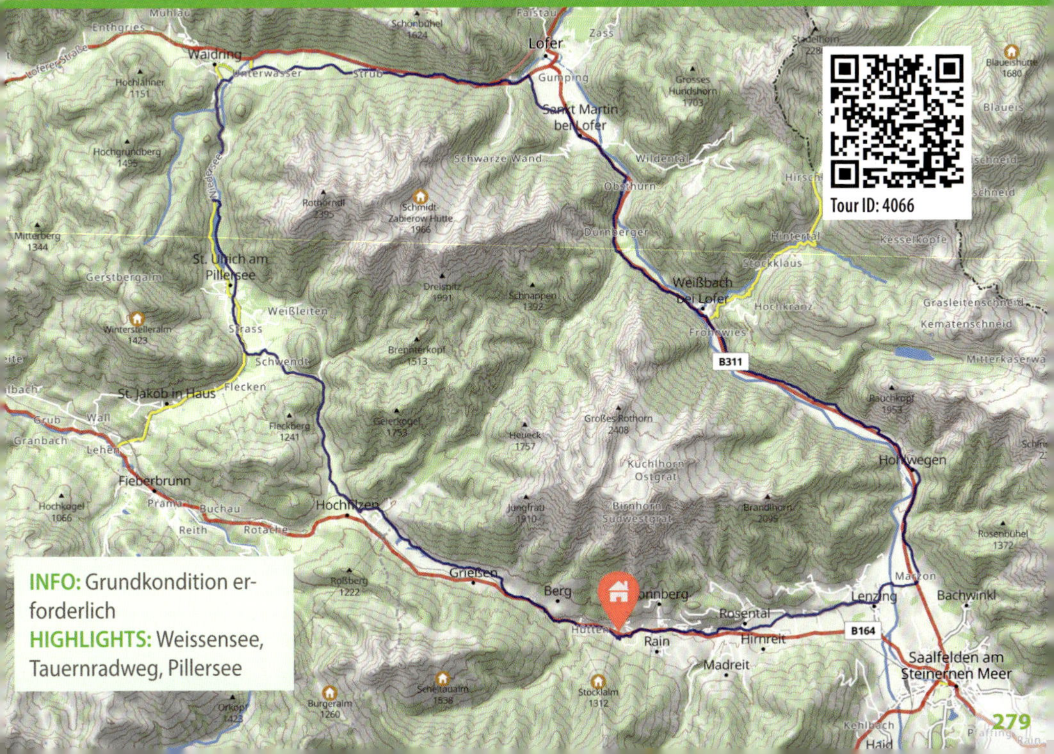

Tour ID: 4066

INFO: Grundkondition erforderlich
HIGHLIGHTS: Weissensee, Tauernradweg, Pillersee

279

Salzburger Land
Appartements Helsen — Mühlbach am Hochkönig

Hallo, wir sind Peggy und Guy, ein belgisches Paar, das seit 2015 in Österreich lebt. Wir betreiben Appartments Helsen im schönen Mühlbach am Hochkönig auf 860 m Seehöhe. Alle unsere 7 Appartements sind mit einer Küche oder Küchenzeile, Essecke, TV, Bad, Balkon (außer ca. 7) und kostenlosem WLAN ausgestattet. Wir haben 1 Parkplatz pro Wohnung am Haus. Im Sommer können unsere Gäste die Terrasse und den BBQ nutzen.

Schlöglberg 58 • A-5505 Mühlbach am Hochkönig
Telefon +43 660 7822885
appartmentshelsen@outlook.com
www.appartements-helsen.com

Besuch in Zell am See
88 km | 1650 hm | hP 1360 m

Tour ID: 4054

INFO: Gute Kondition erforderlich
HIGHLIGHTS: Zeller See, Zell am See, Filzensatten

Tälertour

70 km | 830 hm | hP 960 m

Tour ID: 4055

INFO: Grundkondition erforderlich
HIGHLIGHTS: Bischofshofen, St. Johann im Pongau, entlang der Salzsach

Um den Haidberg

44 km | 1580 hm | hP 1410 m

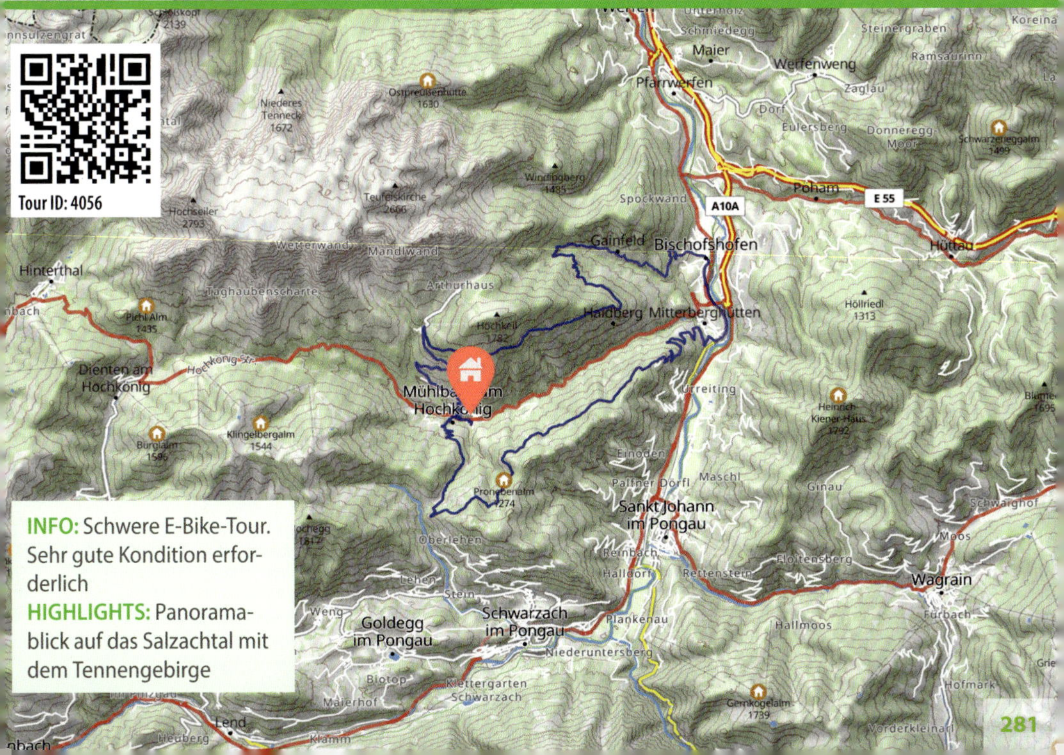

Tour ID: 4056

INFO: Schwere E-Bike-Tour. Sehr gute Kondition erforderlich
HIGHLIGHTS: Panoramablick auf das Salzachtal mit dem Tennengebirge

Salzburger Land
Vitalhotel Saliter Hof**** Saalfelden

Inmitten der Saalfeldener Steinberge ist die Welt noch in Ordnung. Man findet Ruhe abseits vom Großstadttrubel und hört die Vögel wieder zwitschern. Die Luft ist klar und das Wasser aus dem Wasserhahn ist die reinste Medizin. Nicht nur die Lage, sondern auch das Interior des Saliter Hof sind einzigartig.

Uttenhofen 5 • A-5760 Saalfelden
Telefon +43 6582 73381
info@saliterhof.at
www.saliterhof.at

Runde um den Zeller See

47 km | 300 hm | hP 800 m

Tour ID: 916

INFO: Leichte E-Bike-Tour. Für alle Fitnesslevel.
HIGHLIGHTS: Zell am See

Salzburger Land
Hotel Scheffer**** Altenmarkt

Inmitten der Salzburger Bergwelt, im natürlich gewachsenen Ferienort Altenmarkt, begrüßt das 4-Sterne Hotel Scheffers seine Gäste mit viel Herzlichkeit. Scheffers, ein idealer Ausgangspunkt für abwechslungsreiche E-Bike Routen mit verschiedenen Schwierigkeitsgraden. Nach erlebnisreichen Stunden in einer traumhaften Bergwelt lädt die Wohlfühloase im Scheffers zum Relaxen ein.

Zauchenseestrasse 27 • A-5541 Altenmarkt
Telefon +43 (0) 6452 / 5506
office@scheffers-hotel.at
www.scheffers-hotel.at

30086

Königslehen, Feuersang, Sattelbauer und über Flachau zurück | 32 km | 880 hm | hP 1300

Tour ID: 4041

INFO: Gute Grundkondition erforderlich
HIGHLIGHTS: Gasthof Sattelbauer, Königslehen, Feuersang

283

Salburger Land
Hotel Pension Kandolf*** Tamsweg

Unser Hotel ist ein Biker freundliches Haus, direkt am Marktplatz an der beliebten „Tour de Mur" Runde. Ausgangspunkt für viele Ausflugsmöglichkeiten in die wunderschönen Seitentäler des Lungaus (mit bewirteten Hütten). Am Marktplatz gibt es viele Möglichkeiten, sich kulinarisch verwöhnen zu lassen. Sauna, Infrarotkabine, Garage, W-LAN gratis.

Kirchengasse 1 • A-5580 Tamsweg
Telefon +43 (0) 6474 / 2336
office@pension-kandolf.at
www.pension-kandolf.at

Besuch auf der Sticklerhütte

84 km | 1050 hm | hP 1755 m

Tour ID: 4155

INFO: Gute Kondition erforderlich
HIGHLIGHTS: Sticklerhütte

Rundtour um die Payerhöhe

72 km | 760 hm | hP 1234 m

Tour ID: 4156

INFO: Grundkondition erforderlich
HIGHLIGHTS: Murau, an der Mur entlang

Etrachsee und Güstner Wasserfall

62 km | 1180 hm | hP 1530 m

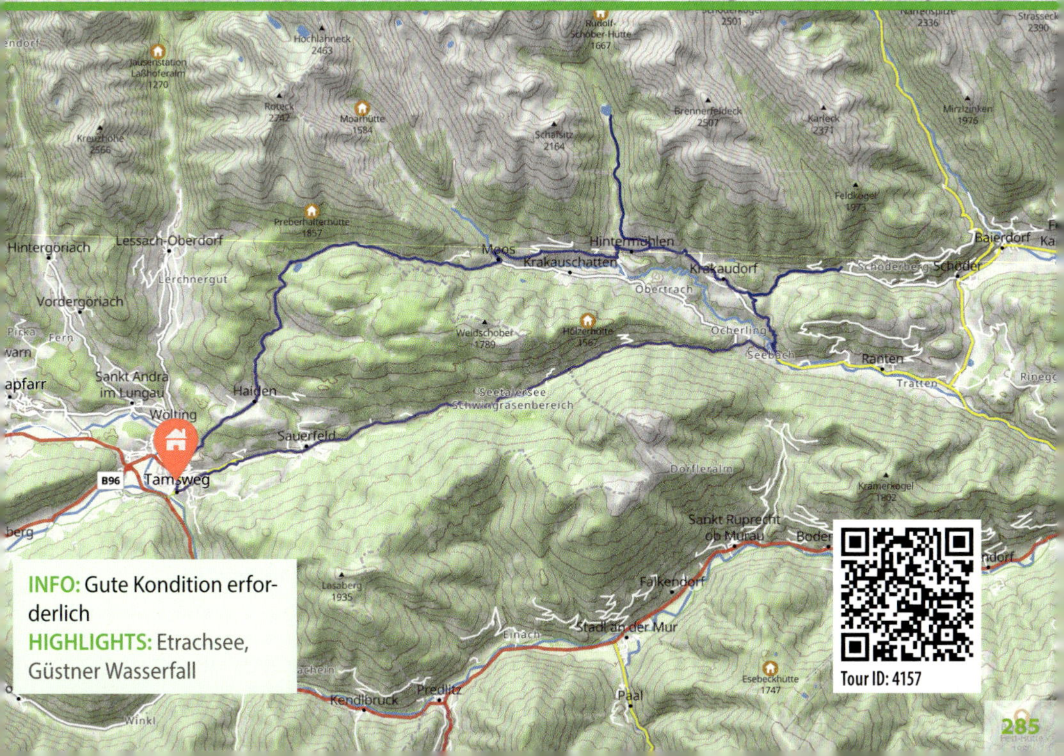

INFO: Gute Kondition erforderlich
HIGHLIGHTS: Etrachsee, Güstner Wasserfall

Tour ID: 4157

Salzburger Land

Hotel Blü Bad Hofgastein

Mitten ins Gasteinertal, mitten in Hofgastein, mitten ins Herz. Genau da hin, wo's guttut. Dort haben wir das BLÜ hingepflanzt. Ein Hotel, das voll und ganz der freien Entfaltung gewidmet ist. Als längstes aller Tauerntäler hat das Gasteinertal eine beachtliche Anzahl an Bikestrecken zu bieten. Eingebettet in die malerische Landschaft des Nationalparks Hohe Tauern führen die unterschiedlichsten Strecken durch Wälder, Wiesen und alpines Gelände - bei uns in Gastein zischen Mountainbiker, E-Biker und auch Rennradfahrer gerne durch die Gegend.

Kaiser-Franz-Platz 1 · A-5630 Bad Hofgastein
Telefon +43 6432 6230
info@hotelblue.at
www.hotelblue.at

Berg und Talfahrt ab Bad Hofgastein

57 km | 870 hm | hP 880 m

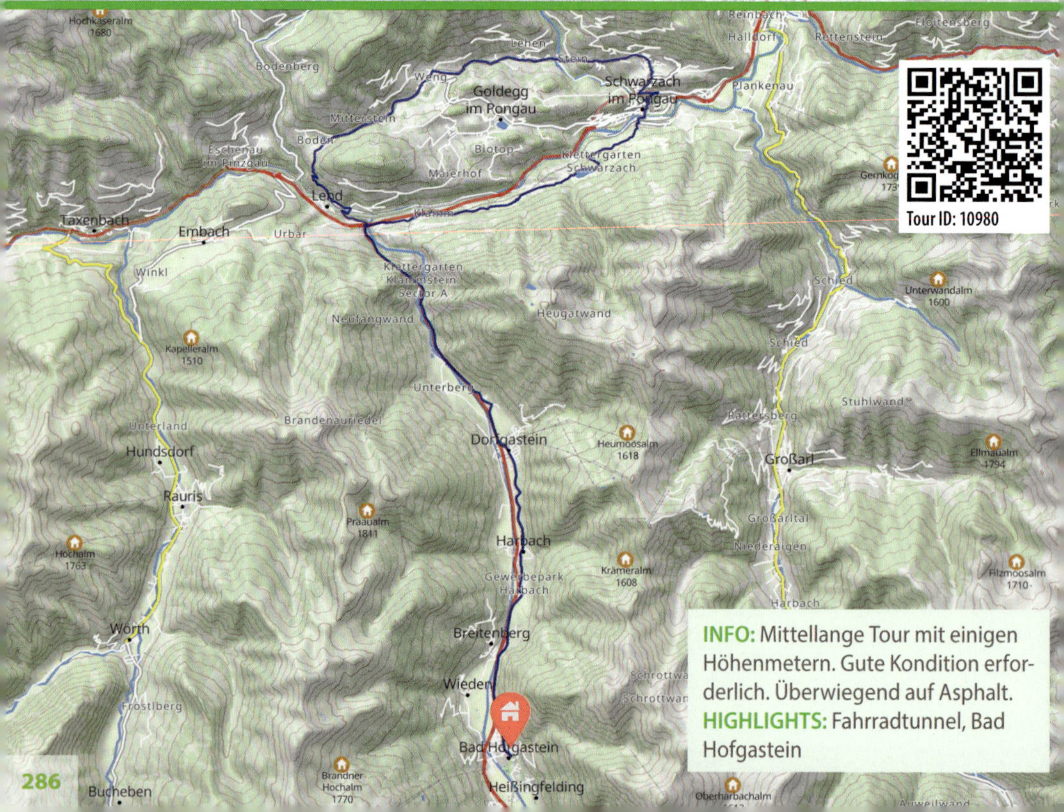

Tour ID: 10980

INFO: Mittellange Tour mit einigen Höhenmetern. Gute Kondition erforderlich. Überwiegend auf Asphalt.
HIGHLIGHTS: Fahrradtunnel, Bad Hofgastein

Zu Besuch in Zell See

93 km | 720 hm | hP 860 m

INFO: Mittellange Tour mit einigen Höhenmetern. Gute Kondition erforderlich. Überwiegend auf Asphalt.
HIGHLIGHTS: Kurpark Thumersbach, Badestrand Prielau, Zeller See

Tour ID: 10981

MTB Runde von Bad Hofgastein

26 km | 1030 hm | hP 1840 m

INFO: Kurze Tour mit vielen Höhenmetern. Gute Kondition erforderlich. Gutes Akkumanagement oder nachladen erforderlich. Mischung aus Asphalt und unbefestigten Wegen.
HIGHLIGHTS: Hochoim Ausblick

Tour ID: 10982

Salzburger Land
Hotel Almlust Flachau

Beschaulichkeit und Almflair mitten in Flachau: In der ALMLUST verbinden sich der Charme ursprünglicher Dorfromantik mit modernem Komfort und einem Hauch von Exklusivität. Bezaubernd urige Chalets, luxuriöse Appartements und stilsicher eingerichtete Gästezimmer lassen das richtige Alm-Feeling aufkommen. Top Lage, Flair und ein Hauch von Luxus. Familie Mooslechner und ihr Team freuen sich auf euch!

Flachauer Hauptstr. 275 • A-5542 Flachau
Telefon +43 6457 31958
info@almlust.com
www.almlust.com

Flachau – Ennsradweg

57 km | 530 hm | hP 960 m

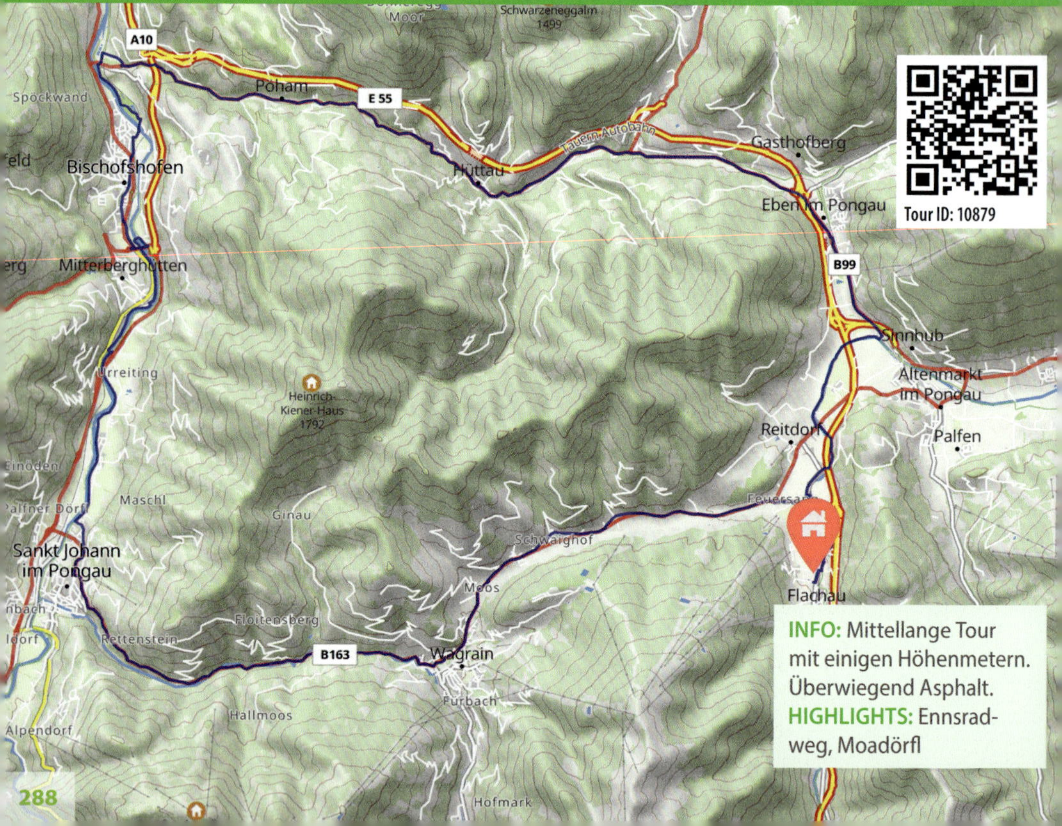

Tour ID: 10879

INFO: Mittellange Tour mit einigen Höhenmetern. Überwiegend Asphalt.
HIGHLIGHTS: Ennsradweg, Moadörfl

Schöne Aussicht auf Altenmarkt

50 km | 1500 hm | hP 1670 m

Tour ID: 10880

INFO: Mittellange Tour mit vielen Höhenmetern. Gute Kondition erforderlich. Gutes Akkumanagement oder nachladen erforderlich. Überwiegend auf Asphalt.
HIGHLIGHTS: Schloss Höch, Aussicht auf Altenmarkt, Lackenkapelle

MTB-Tour von Flachau

38 km | 1280 hm | hP xx m

Tour ID: 10881

INFO: Mittellange Tour mit vielen Höhenmetern. Gute Kondition erforderlich. Gutes Akkumanagement oder nachladen erforderlich. Überwiegend auf Asphalt.
HIGHLIGHTS: Altenmarkt Therme Amade, Ennsradweg

Salzburger Land
Hotel Winter Obertauern

Der Weg ist das Ziel, aber wir warten ganz oben auf Sie! Im Winter wie auch im Sommer, Ferienwohnungen und Doppelzimmer gerne mit Frühstück. Als wichtiger Wegpunkt der Alpen, sind wir Rastplatz und Ausgangspunkt für Touren in alle Himmelsrichtungen. Von hier rollen Sie sogar bis ans Meer. Bei uns im Haus finden Sie eine Parkgarage, Saunalandschaft, Physio /Osteopathie und einen Sport-Shop mit E-Bikes zum ausleihen.
Familie Winter heißt Sie herzlich willkommen!

Römerstraße 9 • A-5562 Obertauern
Telefon +43 664 10 05 562
hotelwinter@obertauern.co.at
www.obertauern.co.at

Tauernrunde vom Hotel Winter
16 km | 490 hm | hP 1990 m

Tour ID: 6039

INFO: Sehr gute Kondition erforderlich
HIGHLIGHTS: Sehr schöne Panoramen. Trails, Hundsfeldsee

Oberösterreich

Stadtgut Hotel Steyr

Das Hotel mit 90 klimatisierten Zimmern verbindet Design und Komfort eines Mittelklasse Hotels mit der gewissen „Lifestyle" Note. Die Altstadt ist ca. 15 min. entfernt. Unsere Lobby – das „Wohnzimmer" des Hotels - beherbergt unsere Y-Bar. Im Y-Bistro werden die Mahlzeiten serviert. Parkplätze und E-Ladestationen sind direkt vor dem Hotel verfügbar.

Im Stadtgut Zone E11 • A-4407 Steyr
Tel. +43725226700
info@stadtguthotel.com
www.stadtguthotel.accenthotels.com

Steyr-Enns Runde vom Stadtgut Hotel

50 km | 520 hm | hP 540 m

Tour ID: 6156

INFO: Mittellange Tour mit einigen Höhenmetern. Gute Kondition erforderlich. Mischung aus Asphalt und unbefestigten Wegen.
HIGHLIGHTS: Christkindl, Steyr

Oberösterreich
Gasthof-Pension Sonnenhof Ulrichsberg

Mit einem herzlichen „Grüß Gott" - begrüßen wir Sie in unserem Familienbetrieb, um Sie von ihrem turbulenten Alltag zu befreien. Wir befinden uns in dem schönen, verträumten Dorf „Hintenberg", wo schon die Anfahrt ein einzigartige Tour ist. Zudem bieten wir dem Fahrradfahrer, alle die Kleinigkeiten, wo er wert drauf legt. Angefangen bei einer Garage, über Lunchpakete, Sauna uvm ...

Hintenberg 39 • A-4161 Ulrichsberg
Telefon +43 7288 2280
gasthof-sonnenhof@aon.at
www.sonnenhof-krauk.at

Sonnenhofs große Seenrunde
90 km | 1090 hm | hP 1020 m

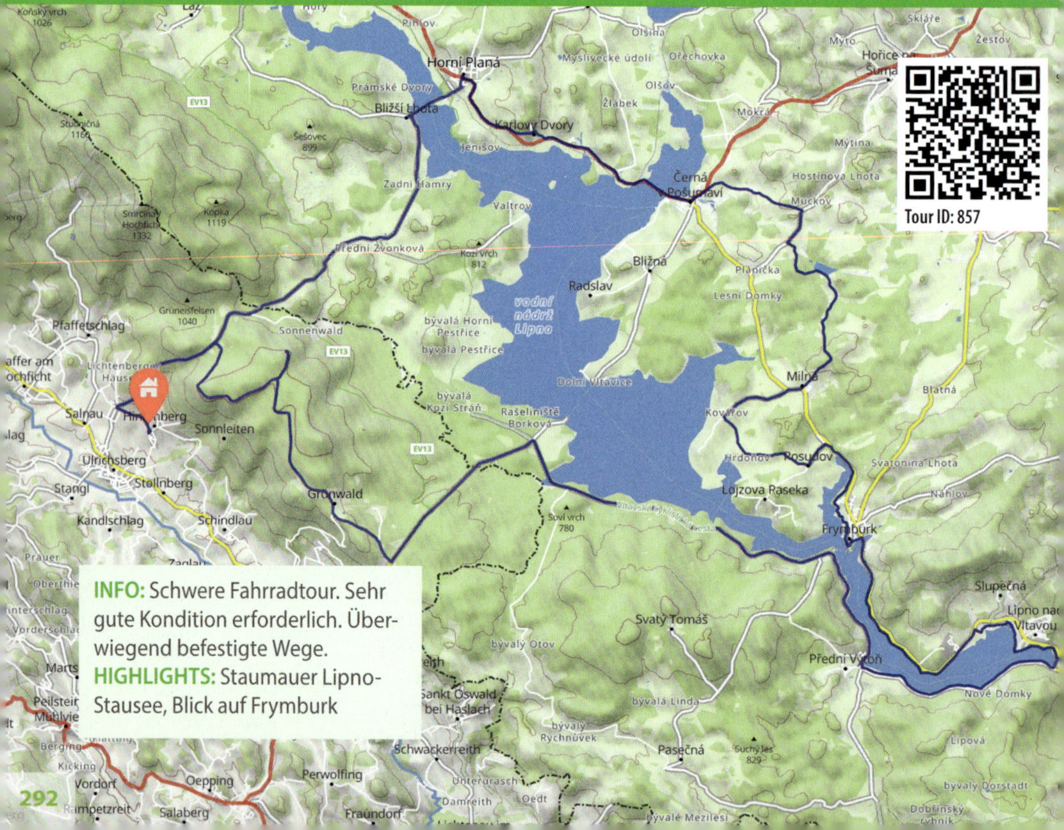

Tour ID: 857

INFO: Schwere Fahrradtour. Sehr gute Kondition erforderlich. Überwiegend befestigte Wege.
HIGHLIGHTS: Staumauer Lipno-Stausee, Blick auf Frymburk

Oberösterreich
Parkhotel Zur Klause Bad Hall

Genießen Sie während Ihres Aufenthalts in unserem Hotel die entschleunigende Lage, mitten im Grün, direkt am 34ha großen Kurpark und dennoch zentral gelegen. Nur 5 Gehminuten zur Therme Mediterrana und ins Zentrum von Bad Hall und nur wenige Autominuten vom Golfplatz Tassilo entfernt. In unseren Einzel- und Doppelzimmern finden Sie Raum zum Wohlfühlen und Sie genießen den vollen Komfort unseres Hauses.

Am Sulzbach 10 • A-4540 Bad Hall
Telefon +43 7258 / 4900
info@parkhotelzurklause.at
www.parkhotelzurklause.at

Damberg Westtrail

67 km | 1380 hm | hP 810 m

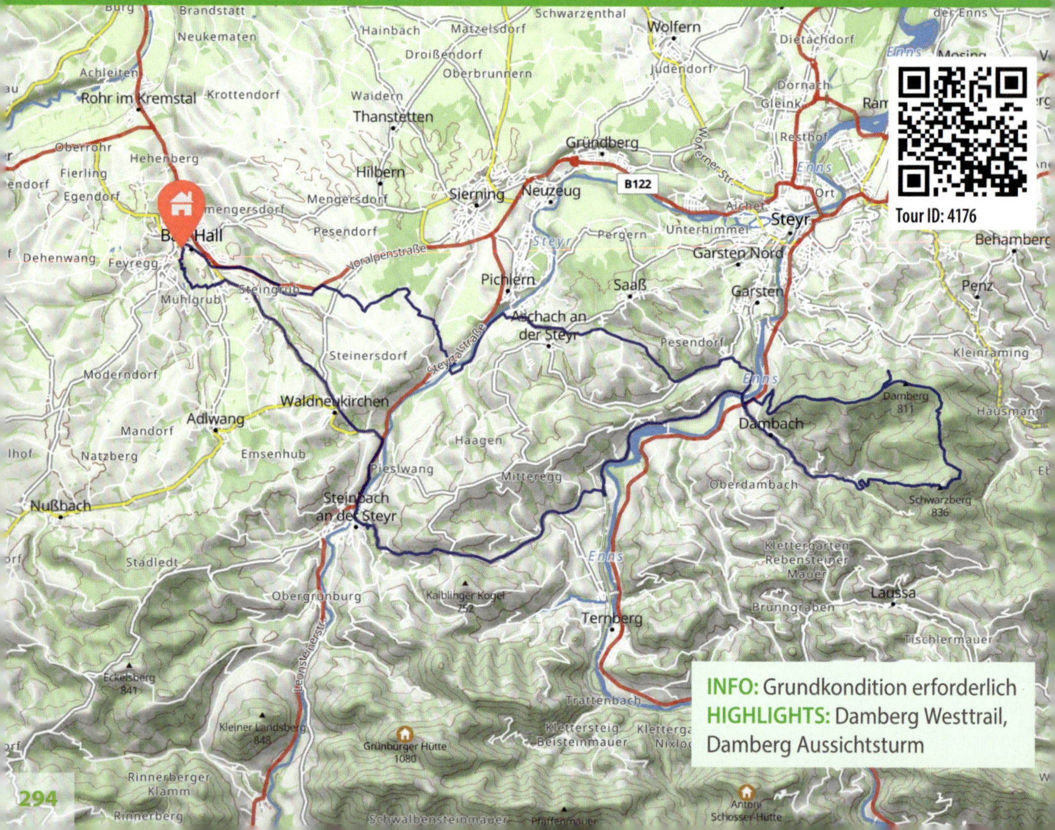

Tour ID: 4176

INFO: Grundkondition erforderlich
HIGHLIGHTS: Damberg Westtrail, Damberg Aussichtsturm

Steyr – Stift Kremsmünster Runde von Bad Hall 72 km | 690 hm | hP 500 m

INFO: Grundkondition erforderlich
HIGHLIGHTS: Stift Kremsmünster, Steyrtalradweg

Oedter See – Bad Hall 79 km | 580 hm | hP 460 m

INFO: Für alle Fitnesslevel
HIGHLIGHTS: Oedter See, Stift Kremsmünster

Oberösterreich
Stiftsgasthof Hochburg Hochburg

Ob in unserer Gaststube, dem lauschigen Biergarten oder unseren modernen Übernachtungsquartieren: ihr werdet euch bei uns wohlfühlen. Gastfreundschaft und Gemütlichkeit haben bei uns seit Jahrhunderten Tradition. Abends nach eurer Tour könnt ihr den Abend in unserem gemütlichen Biergarten ausklingen lassen. Gerne geben wir auch Tourentipps.

Hochburg 2 • A-5122 Hochburg-Ach
Telefon 0043 (0) 7727 35001
E-Mail: office@stiftsgasthof.at
www.stiftsgasthof.at

Besuch am Waginger See

86 km | 700 hm | hP 520 m

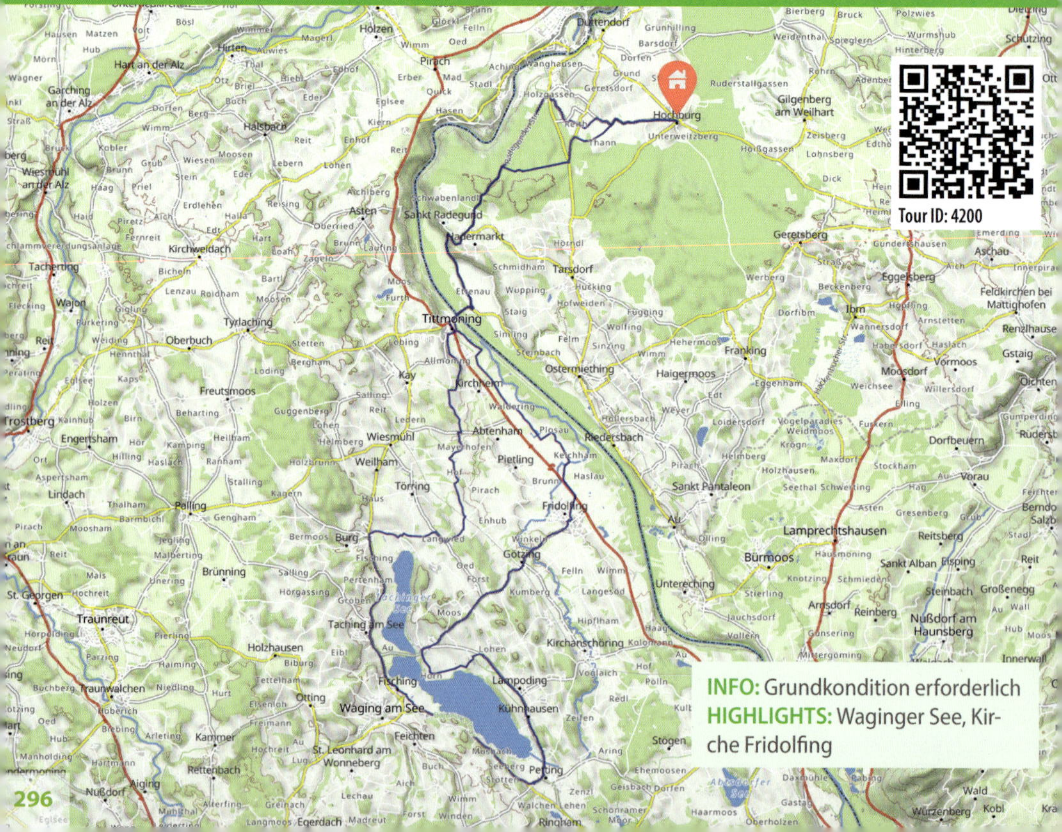

Tour ID: 4200

INFO: Grundkondition erforderlich
HIGHLIGHTS: Waginger See, Kirche Fridolfing

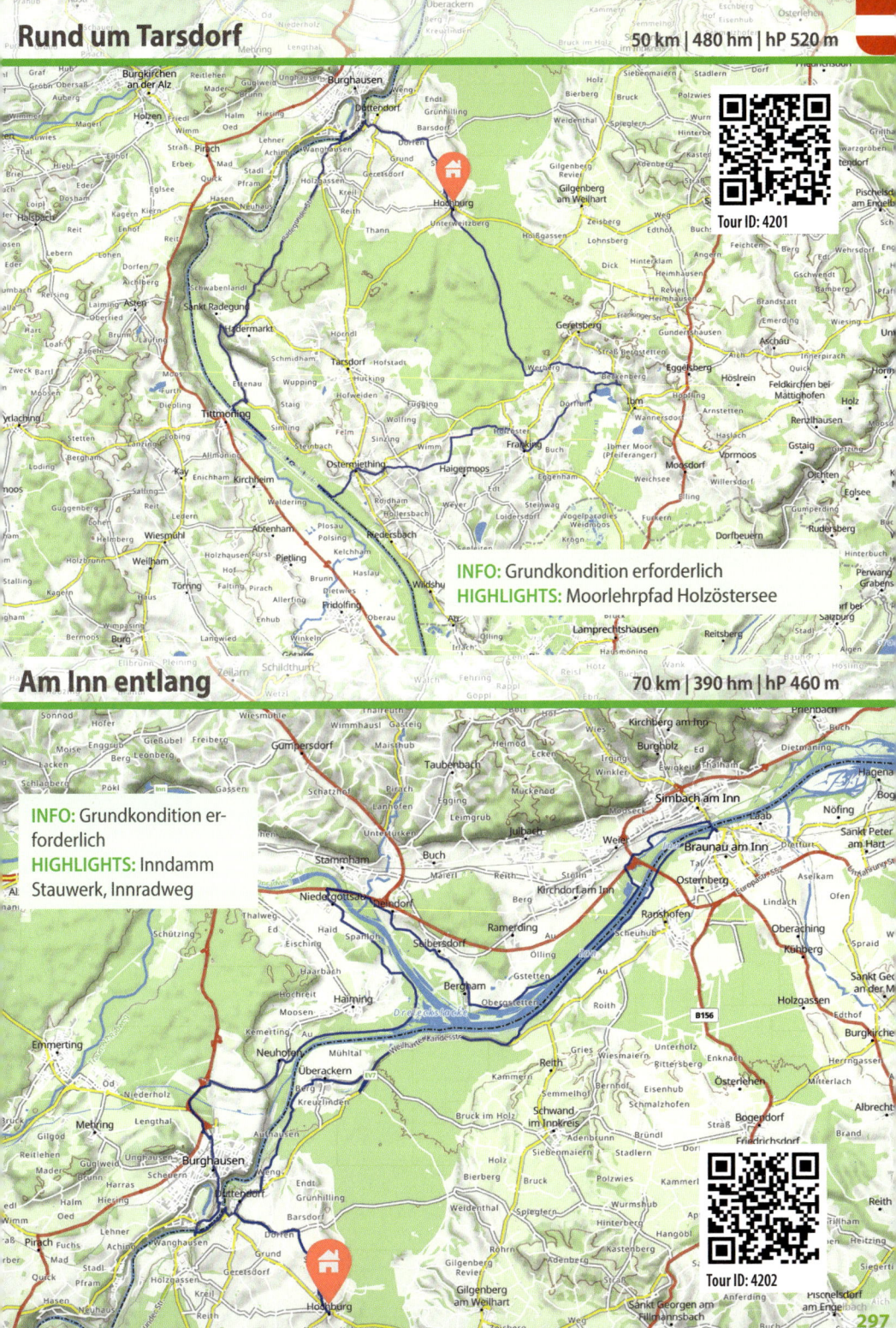

Oberösterreich

Hotel Fürst***s Unterweißenbach

Im Herzen der Mühlviertler Alm, gelegen inmitten zahlreicher Mountainbike-Strecken und der „Tour de Alm", ist das Hotel Fürst*** der perfekte Ausgangspunkt für traumhafte Mountainbike-Touren. Außerdem bieten wir einen sicheren Abstellplatz, Lademöglichkeiten und einen Waschplatz. Gerne informieren wir Sie auch über professionelle E-Bike-Verleihstationen.

A-4273 Unterweißenbach 11
Telefon +43 (0) 7956 / 7272
hotel@fuerstlich.at
www.fuerstlich.at

Tanner Moorsee

43 km | 930 hm | hP 970 m

Tour ID: 10542

INFO: Mittellange Tour mit vielen Höhenmetern. Gute Kondition erforderlich. Mischung aus Asphalt und unbefestigten Wegen.
HIGHLIGHTS: Tanner Moor, RubnerTeich, Kammererkapelle in Silberberg

Niederösterreich
Schlosshotel Rosenau Schloss Rosenau

Mitten in einem schönen Park gelegen, liegt das romantische Barockschloss Rosenau. Historischer Charme und der Luxus heutiger Tage vereinen sich in diesem wunderschönen 4-Sterne-Superior-Hotel auf perfekte Art und Weise. Ausgezeichnete Küche (Falstaff 2 Gabeln und 87 Punkte) die kulinarische Highlights bietet.

Schloss Rosenau 1 • A-3924 Schloss Rosenau
Telefon +43(2822)582210
E-Mail: schloss@hotelrosenau.at
www.schlosshotelrosenau.at

Whiskey-Erlebniswelt Roggenreith Mohndorf Armschlag
79 km | 1200 hm | hP 900 m

Tour ID: 4183

INFO: gute Kondition erforderlich
HIGHLIGHTS: Whiskey-Erlebniswelt Roggenreith, Mohndorf Armschlag

Zwettl und Ottensteiner Stausee

58 km | 770 hm | hP 640 m

Tour ID: 4184

INFO: Gute Grundkondition erforderlich
HIGHLIGHTS: Stausee Ottenstein, Burg Rastenberg, Hundertwasser Brunnen Zwettl

Besuch Schrems und Weitra

84 km | 930 hm | hP 750 m

Tour ID: 4185

INFO: Sehr gute Kondition erforderlich
HIGHLIGHTS: Moorbad Schrems, Weitra

301

Wien

Gartenhotel Gabriel Wien

Das familiär geführte Hotel Garni wird mit viel Liebe zum Detail geführt und erwartet Sie mit 59 komfortablen und geräumigen Zimmern. Besonders unser großer ruhiger Hotelgarten wird von Familien gerne angenommen. Hier können Sie in einer grünen Oase unter großen, alten Bäumen mitten in der Stadt schöne Stunden mit Ihrer Familie verbringen.

Landstrasser Hauptstrasse 165 • A-1030 Wien
Tel. +43 1 712 32 05
office@hotel-gabriel.at
www.adler-hotels-wien.at

Rechts und links der Donau

67 km | 220 hm | hP 177 m

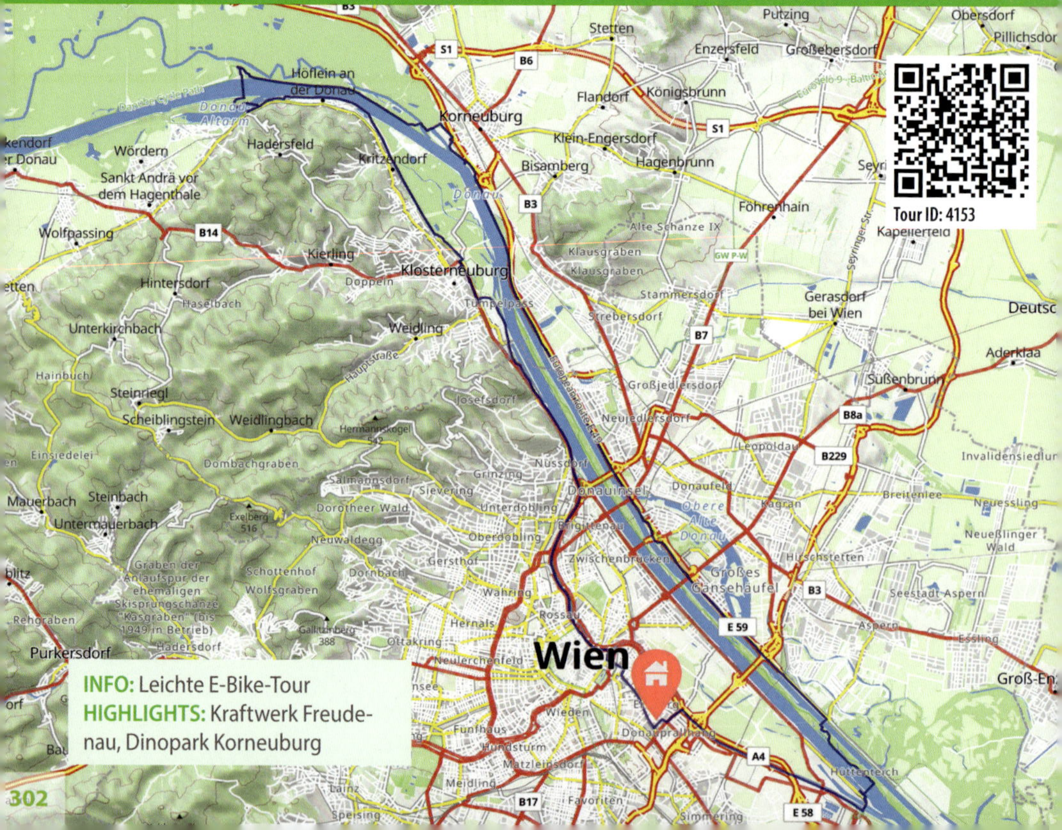

Tour ID: 4153

INFO: Leichte E-Bike-Tour
HIGHLIGHTS: Kraftwerk Freudenau, Dinopark Korneuburg

Besuch in Tulln

80 km | 450 hm | hP 400 m

Tour ID: 4152

INFO: Grundkondition erforderlich
HIGHLIGHTS: Tulln, an der Donau entlang

Zum Neusiedler See

101 km | 520 hm | hP 279 m

Tour ID: 4154

INFO: Grundkondition erforderlich
HIGHLIGHTS: Neusiedler See

Steiermark
Hotel Am Marktplatz Gamlitz

Mitten im Zentrum der größten Weinbaugemeinde der Steiermark, am Marktplatz von Gamlitz, liegt unser 4-Sterne-Hotel mit dem traditionsreichen Landgasthof. Ganz egal, ob beim Kurzurlaub übers Wochenende, beim inspirierenden Tagesausflug als Abwechslung zum grauen Büroalltag oder einfach als Ausgangspunkt für Ihre Entdeckungsreise entlang der Südsteirischen Weinstraße: Wir freuen uns auf Ihren Besuch im Hotel-Landgasthof Wratschko. Die erste Adresse am Marktplatz in Gamlitz.

Marktplatz 9 • A-8462 Gamlitz
Telefon +43 3453 2647
office@wratschko.at
www.wratschko.at

Um den Ortenberg und an Kaindorf vorbei — 57 km | 810 hm | hP 540 m

Tour ID: 4182

INFO: Gute Grundkondition erforderlich
HIGHLIGHTS: An der Mur entlang, Muradweg

Kärnten

HOTEL-BRAUHAUS BREZNIK Bleiburg

Das kleine gemütliche Hotel liegt im Stadtkern von Bleiburg, im südlichsten Teil Österreichs, am Rande des Unterkärntner Seengebietes. Ca. 6 km zum Pirkdorfer See, 15 Autominuten zum Gösselsdorfer See, sowie zu den wärmsten Badeseen Österreichs, dem Klopeiner- und Turnersee. Unsere - mit allem Komfort ausgestatteten - Themenzimmer sind heimischen Künstlern gewidmet. In einem gemütlichen Ambiente können Sie bei uns regionale und internationale Speisen genießen. Unser Brauer legt bei der Produktion von unserem Bieren größten Wert auf Reinheit, Qualität und Geschmack.

10. Oktoberplatz 9 • A-9150 Bleiburg
Telefon +43 4235 2026
brauhaus@breznik.at
www.brauhaus.breznik.at

Luscha-Alm – Vellachtal-Radweg   67 km | 1020 hm | hP 1290 m

Tour ID: 4150

INFO: gute Kondition erforderlich
HIGHLIGHTS: Luscha-Alm, Vellachtal-Radweg, Sonnegger See

Kärnten
Familienhotel Alexanderhof Millstatt

Es ist der Blick über den See, der Sie verzaubern wird. Wenn Sie von der Seeuferstraße in Millstatt abzweigen und sich die Straße in Richtung Alexanderhof auf den Berg windet, erahnen Sie bereits, was Sie bei Ihrer Ankunft erwarten wird. Beim Alexanderhof angekommen heißt es zuallererst, den Blick schweifen lassen. Auf der Südseite der Alpen wartet eine schier unendliche Tourenvielfalt für Fahrradfahrer aus Nah und Fern.

Alexanderhofstraße 16 • A-9872 Millstatt
Telefon +43(4766) 20 20
hotel@alexanderhof.at
www.alexanderhof.at

Millstätter See
50 km | 420 hm | hP 690 m

Tour ID: 4351

INFO: Gute Grundkondition erforderlich
HIGHLIGHTS: Drauradweg, Millstätter See, Bar Kap 4613

Dellach Blick Runde von Millstatt

45 km | 1430 hm | hP 1930 m

Tour ID: 4352

INFO: Sehr gute Kondition erforderlich
HIGHLIGHTS: Millstätter See, Dellach, Millstätter Hütte

Runde um den Millstätter See

56 km | 670 hm | hP 840 m

Tour ID: 4352

INFO: Sehr gute Kondition erforderlich
HIGHLIGHTS: Millstätter See, Döbriacher Bucht

Kärnten
Hotel voco® Villach Villach

Über den Drauradweg direkt vor dem Hotel erreicht man mit nur wenigen Pedaltritten den Alpe-Adria-Radweg, die Kärntner Seenschleife, trendige Mountainbike-Trails und das „MTB Areaone" Skill Center & Pumptrack Drobollach. Ein eigener Rad- und E-Bike Verleih sowie ein gesicherter Rad-Abstellraum mit Akku-Lademöglichkeit und Reparaturset gehören zum Service des Hauses. Link Angebot:

Europaplatz 2 • A-9500 Villach
+43 4242 22522
info@villach.vocohotels.com
www.villach.vocohotels.com

Rund um den Ossiacher See

57 km | 1240 hm | hP 1450 m

Tour ID: 4361

INFO: Sehr gute Kondition erforderlich
HIGHLIGHTS: Ossiacher See,

Kärnten
Hotel Prägant**** Bad Kleinkirchheim

Im Hotel Prägant genießen Sie Ihren Urlaub in Kärnten ganz bestimmt, weil … Sie liegen zentral und doch ruhigen, in mitten der wunderschönen Nockberge. Mit über 500 Kilometer markierten Rad- und Mountainbike Strecken genießen Sie, egal ob E-Biker oder ambitionierte Downhiller, pures Vergnügen. Entspannen im hauseigenen Wellnessbereich mit beheiztem Hallen- und Freibad.

Kirchheimer Weg 6 • A-9546 Bad Kleinkirchheim
Telefon +43 4240 452
hotel@praegant.at
www.hotel-praegant.at

Besuch am Ossiacher See

81 km | 1010 hm | hP 1110 m

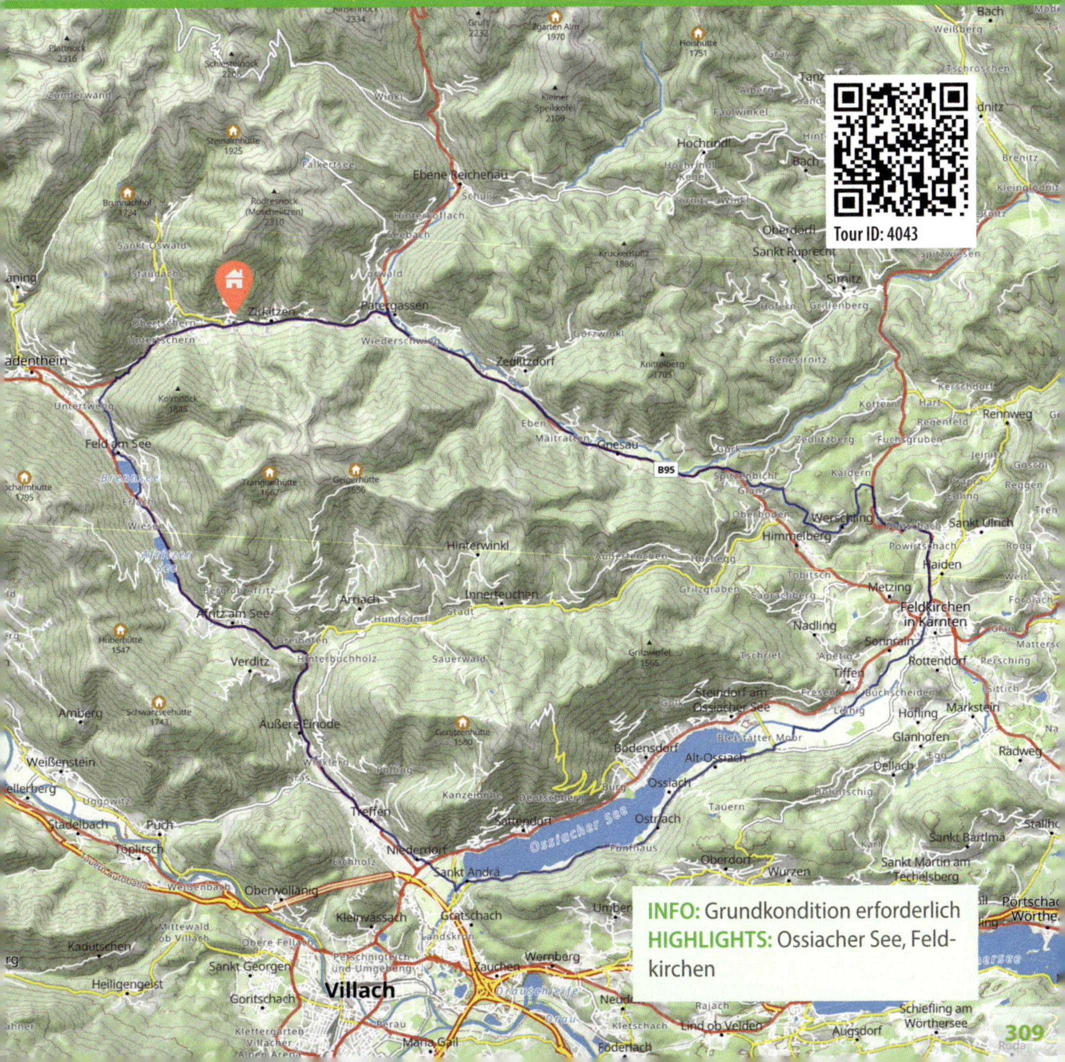

Tour ID: 4043

INFO: Grundkondition erforderlich
HIGHLIGHTS: Ossiacher See, Feldkirchen

Osttirol

Hotel Goldried*** Matrei

Mountainbiken & Wellness

Ankommen – tief durchatmen – Begeisterung spüren, erleben Sie den atemberaubenden Panoramablick, genießen Sie die Goldried Kulinarik, finden Sie Ihre Balance im Goldried SPA und Massageangeboten, Die Region bietet mehr als 500 Kilometer offizielle Bikestrecken – mit knackigen Anstiegen, beeindruckender Bergsicht oder Strecken entlang von romantischen Bachverläufen.

Goldriedstraße 15 • A-9971 Matrei
Telefon +43 (0)4875 61 13
info@goldried.at
www.hotel-goldried-tirol.com

Kalser Matreier Thörlhaus

44 km | 1530 hm | hP 2270 m

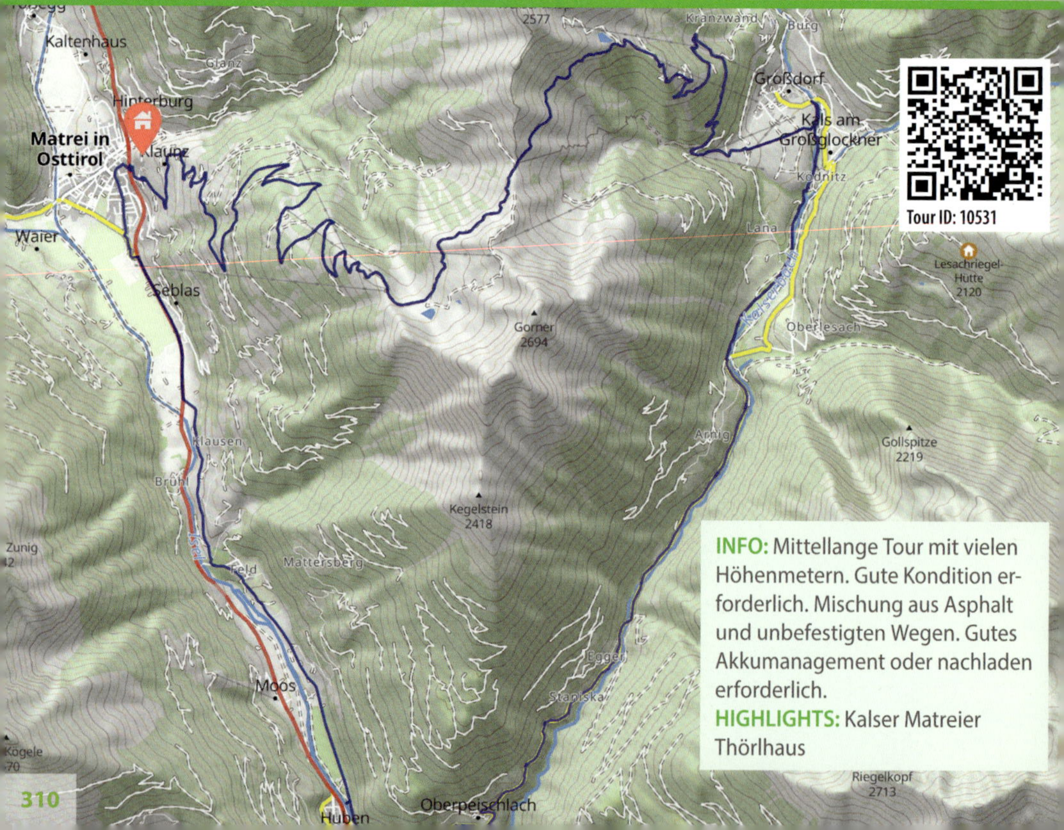

Tour ID: 10531

INFO: Mittellange Tour mit vielen Höhenmetern. Gute Kondition erforderlich. Mischung aus Asphalt und unbefestigten Wegen. Gutes Akkumanagement oder nachladen erforderlich.
HIGHLIGHTS: Kalser Matreier Thörlhaus

Besuch auf Burg Kienburg

58 km | 460 hm | hP 1000 m

Tour ID: 10532

INFO: Mittellange Tour mit einigen Höhenmetern. Gute Kondition erforderlich. Mischung aus Asphalt und unbefestigten Wegen.
HIGHLIGHTS: Burg Kienburg, Holzbrücke über die Isel

Besuch am Obersee Osttirol

88 km | 1650 hm | hP 2050 m

Tour ID: 10533

INFO: Mittellange Tour mit vielen Höhenmetern. Gute Kondition erforderlich. Mischung aus Asphalt und unbefestigten Wegen. Gutes Akkumanagement oder nachladen erforderlich.
HIGHLIGHTS: Obersee Osttirol, Staller Sattel

E-Bike-Touren in
ITALIEN

Südtirol

Bio-Hotel Panorama Mals

Panorama – der Name hält, was er verspricht. Auf der großzügigen Hotelterrasse kann man wunderbar den Blick auf den Vinschgau genießen und sich in den kulinarischen Himmel schlemmen. Das Biohotel im Südtiroler Mals verlockt mit Feinschmecker-Bio-Küche und traumhaftem Weitblick. Edle Zimmer aus reinem, duftenden Zirben-Holz, kreatives Gaumenkino mit frischen Kräutern, Salaten und knackigem Gemüse direkt aus dem nur einen Steinwurf entfernten eigenen Garten werden im Biohotel geboten. Die Köstlichkeiten aus der hauseigenen Bio-Brennerei sind immer eine kleine Sünde wert.

Staatsstraße 5 • I-39024 Mals
Telefon +39 0473 831186
info@biohotel-panorama.it
www.biohotel-panorama.it

Fischerstube – Runde von Mals

36 km | 780 hm | hP 1470 m

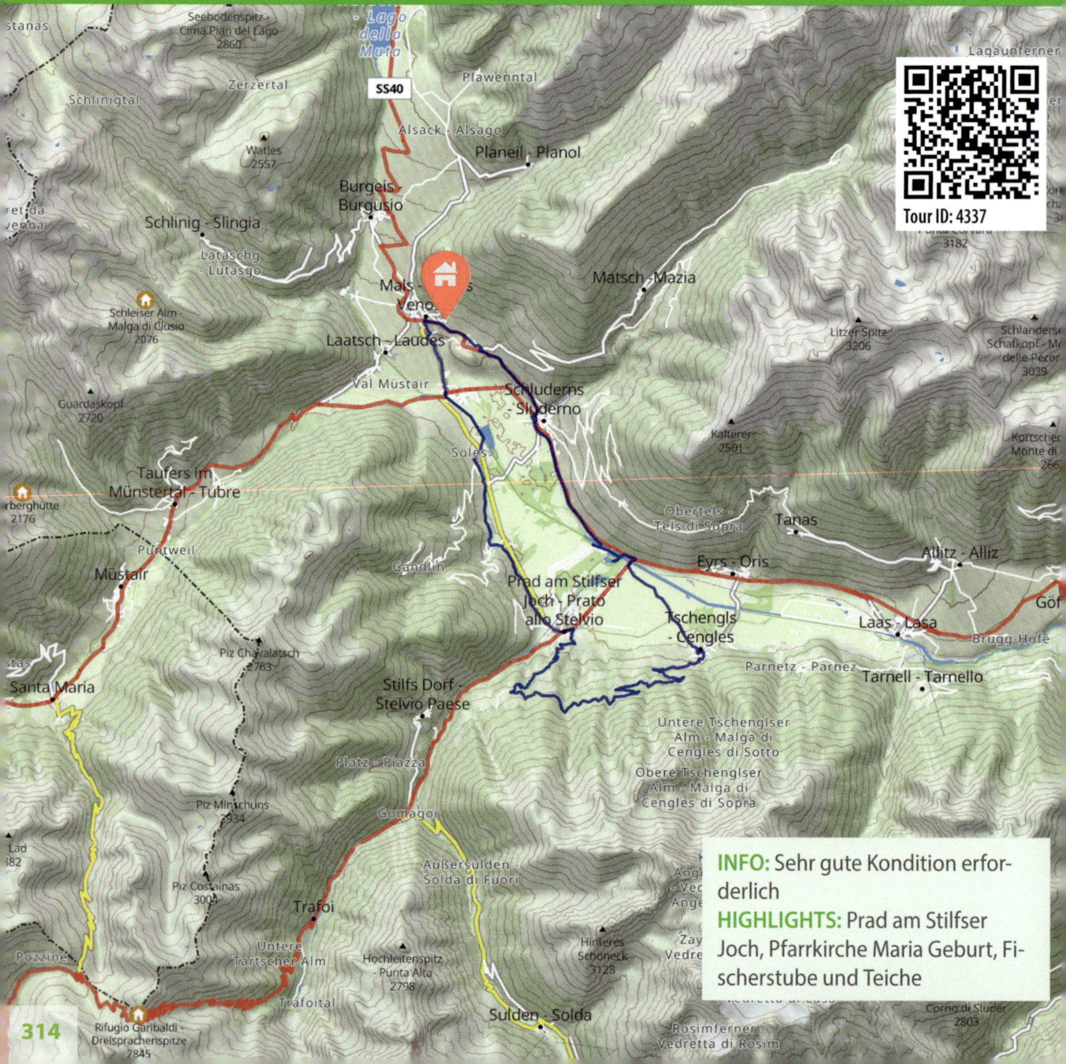

Tour ID: 4337

INFO: Sehr gute Kondition erforderlich
HIGHLIGHTS: Prad am Stilfser Joch, Pfarrkirche Maria Geburt, Fischerstube und Teiche

Südtirol

Gasthof Alpenrose*** St. Valentin a.d. Heide

Das Hotel Restaurant Alpenrose ist ein einfaches, familiär geführtes Haus, nur wenige Schritte vom wunderbaren Haider See entfernt. Unsere Lage verspricht nicht nur Seeblicke, sondern genauso wunderbare Aussichten auf Bergwiesen, Wälder und die dahinterliegenden, schneebedeckten Berge des Ortlermassivs.

Hauptstr.4 • I-39027 St.Valentin a.d.H
Telefon +39 0473 634639
info@hotel-alpenrose.it
www.hotel-alpenrose.it

Reschensee und Pfaffensee

46 km | 1310 hm | hP 2230 m

Tour ID: 4040

INFO: Grundkondition erforderlich
HIGHLIGHTS: Reschensee, Pfaffensee, St. Valentin auf der Heide

Südtirol
Laguscei Dolomites Mountain Hotel***S Arabba

Eine exklusive Location, unser Hotel in Arabba am Campolongo-Pass befindet sich auf halber Strecke zwischen Arabba und Corvara in Alta Badia, wo Ruhe und Natur uneingeschränkt herrschen. Das 3-Sterne S Laguscei Dolomites Mountain Hotel mit Blick auf die majestätische Landschaft der Sella ist ein renommiertes Hotel im Umfeld des UNESCO-Weltkulturerbes der Dolomiten.

Campolongo Pass 22 • I-32020 Arabba
Telefon +39 0436 79311
info@laguscei.com
www.laguscei.com

Rund um den Col dei Rossi
41 km | 2216 hm | hP 2360 m

Tour ID: 4104

INFO: Schwere Mountainbike-Tour. Sehr gute Kondition erforderlich
HIGHLIGHTS: Col dei Rossi, Val di Fassa, Arabba

Rund um Piz Arlara

24 km | 1110 hm | hP 2120 m

Tour ID: 4105

INFO: Schwere E-Bike-Tour. Sehr gute Kondition erforderlich
HIGHLIGHTS: Blick auf Corvara, Pralongià-Hochebene

Grödnerjoch und Sellajoch

47 km | 1700 hm | hP 2230 m

Tour ID: 4106

INFO: Schwere E-Bike-Tour. Sehr gute Kondition erforderlich
HIGHLIGHTS: Grödner Joch, Sellajoch

Südtirol
Hotel Watles Mals

Der pure Genuss: E-Bike fahren im sonnenverwöhnten Vinschgau, in Südtirol. Das lässt jedes Radlerherz höher schlagen... Für jeden ist etwas dabei. Das Hotel Watles ist der ideale Ausgangspunkt für Ihre Rad-Genusstouren, bei denen Sie ohne große Anstrengung den Vinschgau erkunden und dabei ein traumhaftes Bergpanorama genießen können. Zahlreiche Einkehrmöglichkeiten unterwegs bieten traditionelle Südtiroler Küche.

Prämajur 49 • I-39024 Mals
Telefon +39 0473 835411
info@watles.com
www.watles.com

E-Bike zum Pfaffensee

20 km | 1040 hm | hP 2230 m

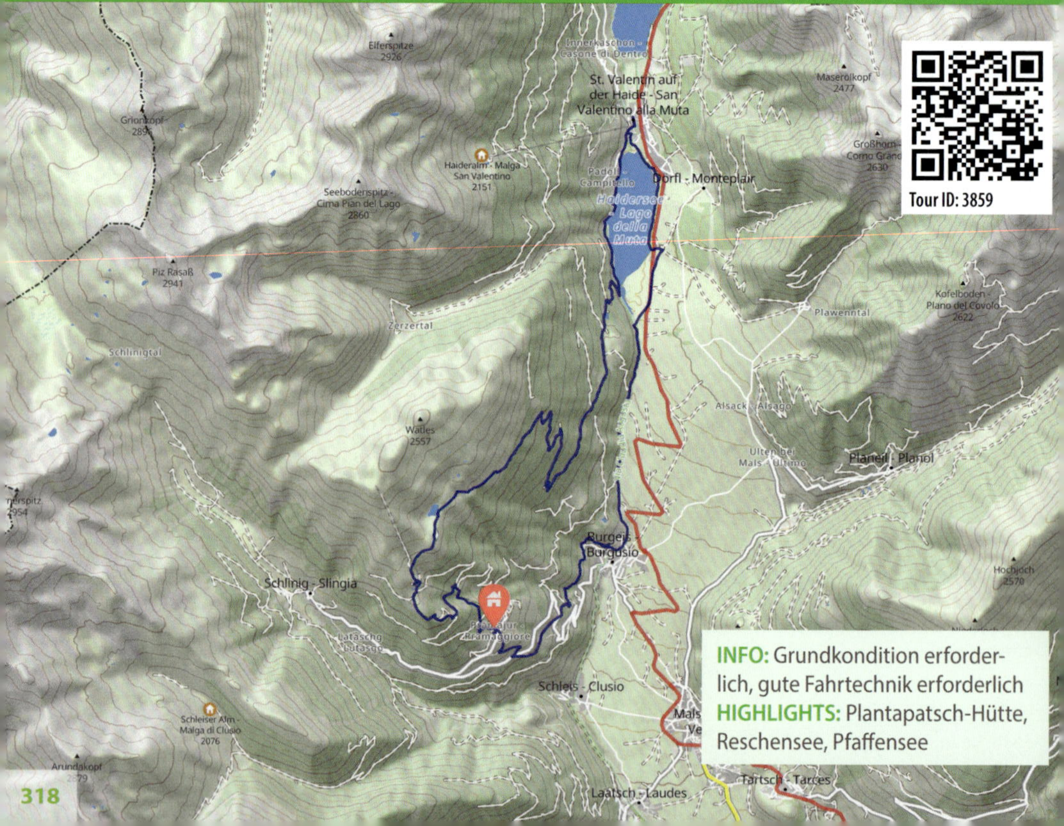

Tour ID: 3859

INFO: Grundkondition erforderlich, gute Fahrtechnik erforderlich
HIGHLIGHTS: Plantapatsch-Hütte, Reschensee, Pfaffensee

E-Bike Genusstour um den Reschensee

43 km | 970 hm | hP 1750 m

INFO: sehr gute Kondition erforderlich
HIGHLIGHTS: Haidersee Radweg, Kirchturm Alt-Graun, Blick auf Reschensee in Richtung Vinschgau

Tour ID: 3860

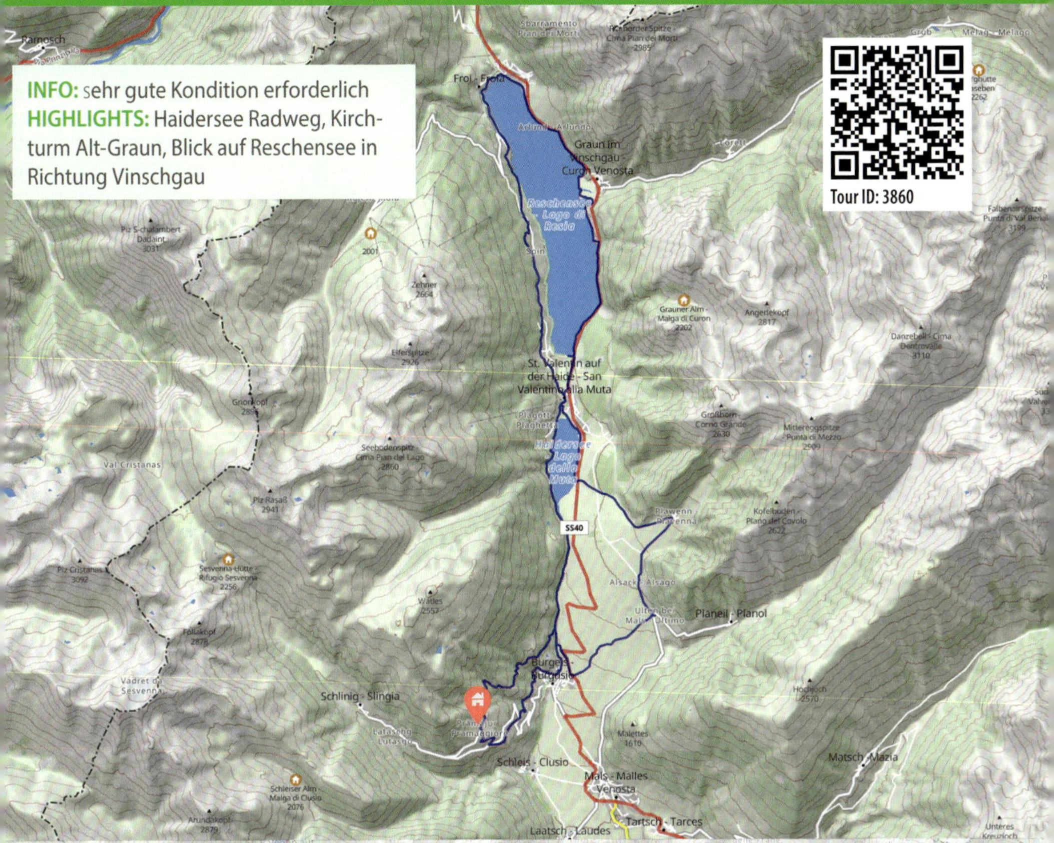

Tour durch das Vinschgau

70 km | 1300 hm | hP 1700 m

Tour ID: 3861

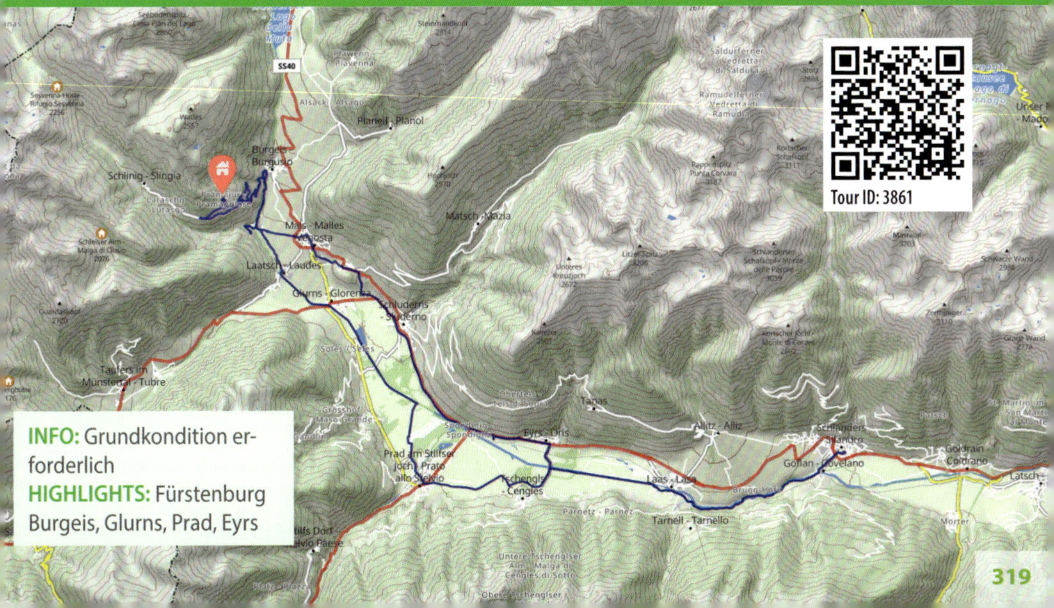

INFO: Grundkondition erforderlich
HIGHLIGHTS: Fürstenburg Burgeis, Glurns, Prad, Eyrs

Südtirol
Ai Pini Sankt Kassian

Die Leidenschaft zu den Bergen, die Begegnung mit der unberührten Natur und die Magie der Dolomiten. In der Einrichtung jedes Zimmers des Hotel Ciasa Ai Pini in San Cassiano spürt man Tradition, Eleganz und Komfort. Lassen Sie einen langen und spannenden Tag in den Bergen im Wellnessraum ausklingen. Für Ihre Entspannung sorgen Dampfbad, finnische Sauna, Tauchbecken, Dusche mit Hydromassage und Solarium.

Str. Glira, 4 · I-39036 Sankt Kassian
Telefon +39 0471 84 95 41
info@ai-pini.it
www.ai-pini.it

Corvara von oben
32 km | 1010 hm | hP 2150 m

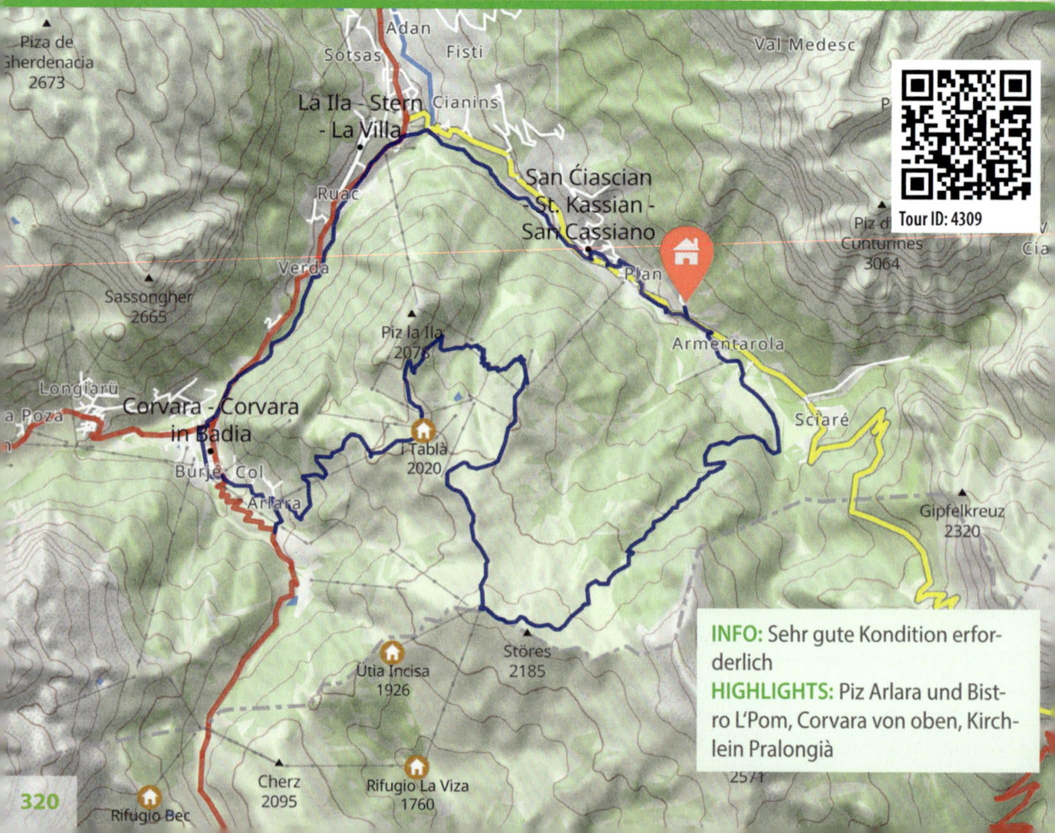

Tour ID: 4309

INFO: Sehr gute Kondition erforderlich

HIGHLIGHTS: Piz Arlara und Bistro L'Pom, Corvara von oben, Kirchlein Pralongià

Zu Besuch in Wolkenstein

40 km | 1400 hm | hP 2110 m

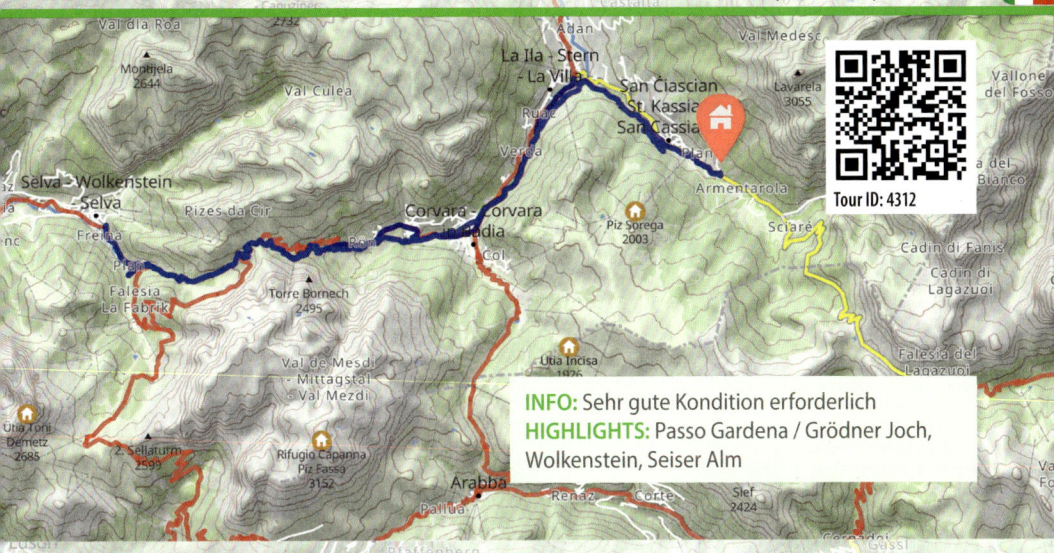

Tour ID: 4312

INFO: Sehr gute Kondition erforderlich
HIGHLIGHTS: Passo Gardena / Grödner Joch, Wolkenstein, Seiser Alm

Zu Besuch in St. Vigil in Enneberg

61 km | 1120 hm | hP 1620 m

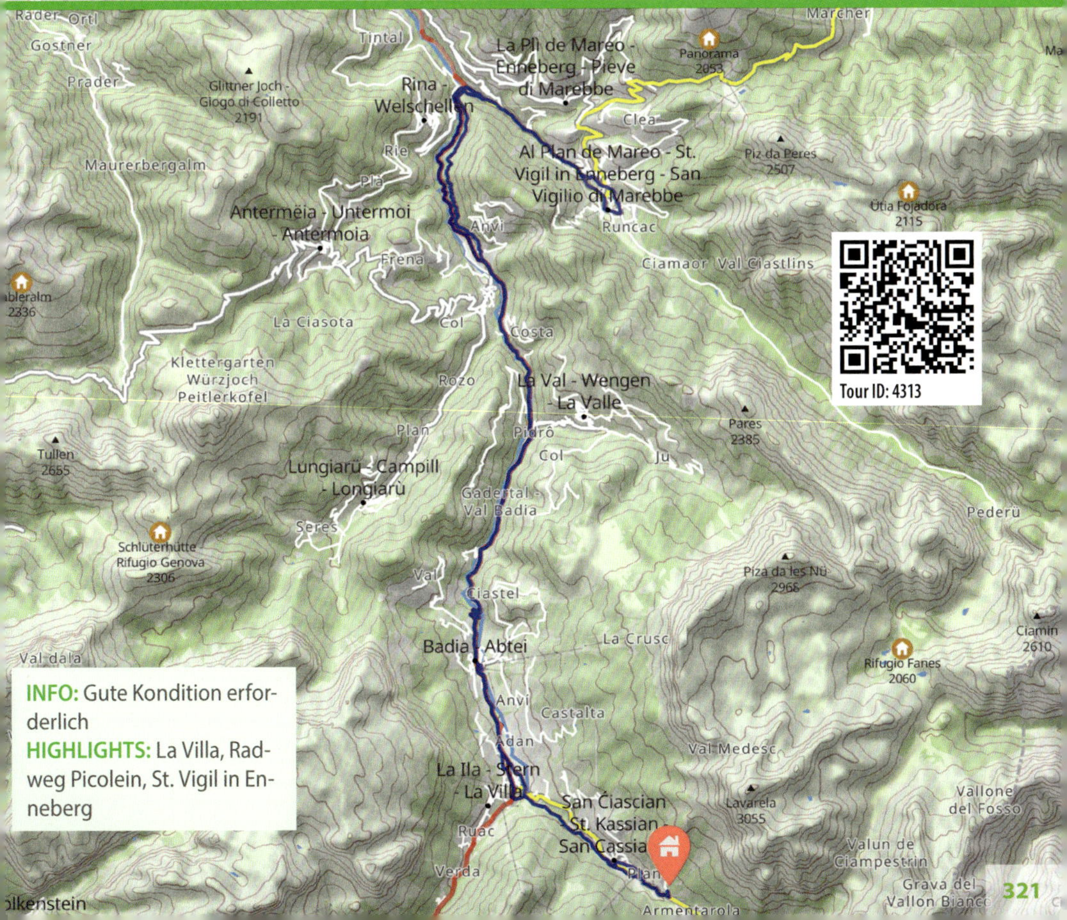

Tour ID: 4313

INFO: Gute Kondition erforderlich
HIGHLIGHTS: La Villa, Radweg Picolein, St. Vigil in Enneberg

Südtirol

Parkhotel Schönblick Bruneck

Das Parkhotel Schönblick liegt mitten im Bike-Paradies in den Dolomiten

Spezielle Extras runden unsere Angebote für passionierte Radfahrer ab: vom Radverleih über Tourenverpflegung und -tipps bis hin zum hoteleigenen Bike-Guide.

Reiperting 1 • I-39031 Bruneck
Telefon +39 0474 010 199
hotel@schoenblick.it
www.schoenblick.it

Tour über den Furkelpass

50 km | 1280 hm | hP 1170 m

Tour ID: 4212

INFO: Sehr gute Kondition erforderlich

HIGHLIGHTS: Zählerstand München - Venezia, Furkelpass, Wildholzsperre

Zum Pragser Wildsee

63 km | 1070 hm | hP 1610 m

Tour ID: 4213

INFO: Sehr gute Kondition erforderlich
HIGHLIGHTS: Lago di Valdaora, Olanger See, Lago di Braies

Besuch auf der Ehrenburg

59 km | 1030 hm | hP 1261 m

Tour ID: 4214

INFO: Sehr gute Kondition erforderlich
HIGHLIGHTS: Ehrenburg, Train Station Tunnel, Altstadt Bruneck

323

Südtirol
Sporthotel Obereggen Obereggen

Im Sporthotel Obereggen gibt es so viele kulinarische, aktive und entspannte Momente zu erleben. Bereits die Anreise durch das wildromantische Eggental ist besonders. Umgeben von den Südtiroler Dolomiten lohnt es sich allemal rechts ranzufahren, innezuhalten und den Anblick auf die bizarre Felsenwelt zu genießen. Angekommen im Sporthotel Obereggen, setzt sich die Vielfalt der Berge fort.

Obereggen 17 • I-39050 Deutschnofen
Tel. +39 0471 615 797
info@obereggen.it
www.obereggen.it

Karrersee und Moena
40 km | 1500 hm | hP 2110 m

Tour ID: 4161

INFO: Schwere E-Mountainbike-Tour. Sehr gute Kondition erforderlich
HIGHLIGHTS: Karerpass, Karersee, Moena

Nigerpass Runde
32 km | 1120 hm | hP 1780 m

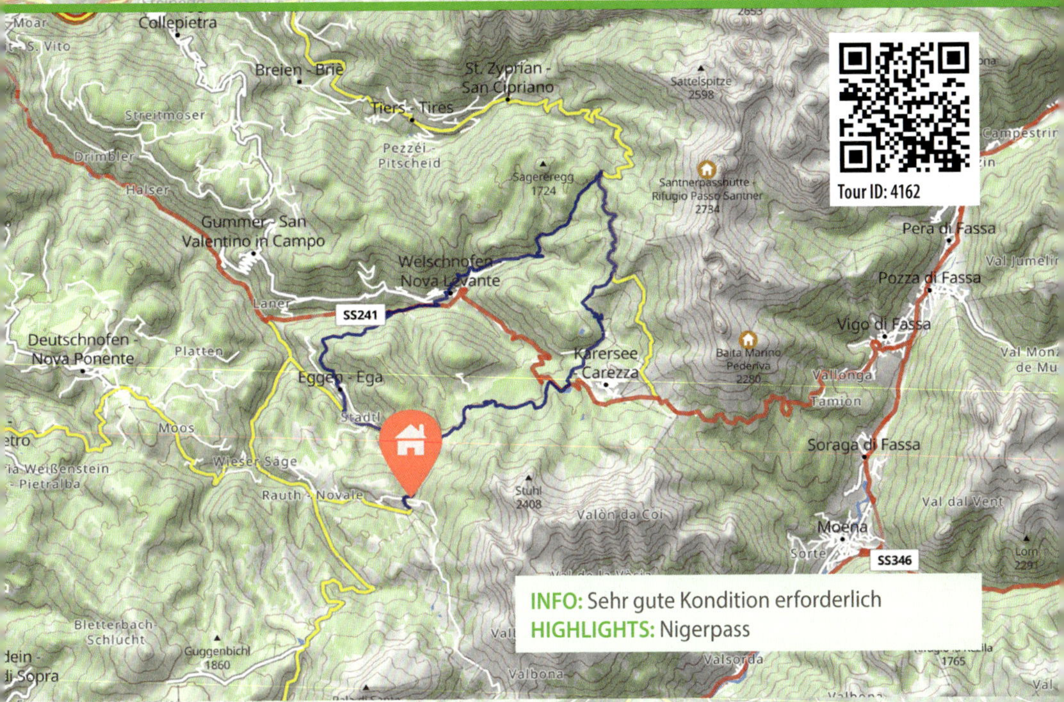

Tour ID: 4162

INFO: Sehr gute Kondition erforderlich
HIGHLIGHTS: Nigerpass

Mountain-Cinema
38 km | 1150 hm | hP 1880 m

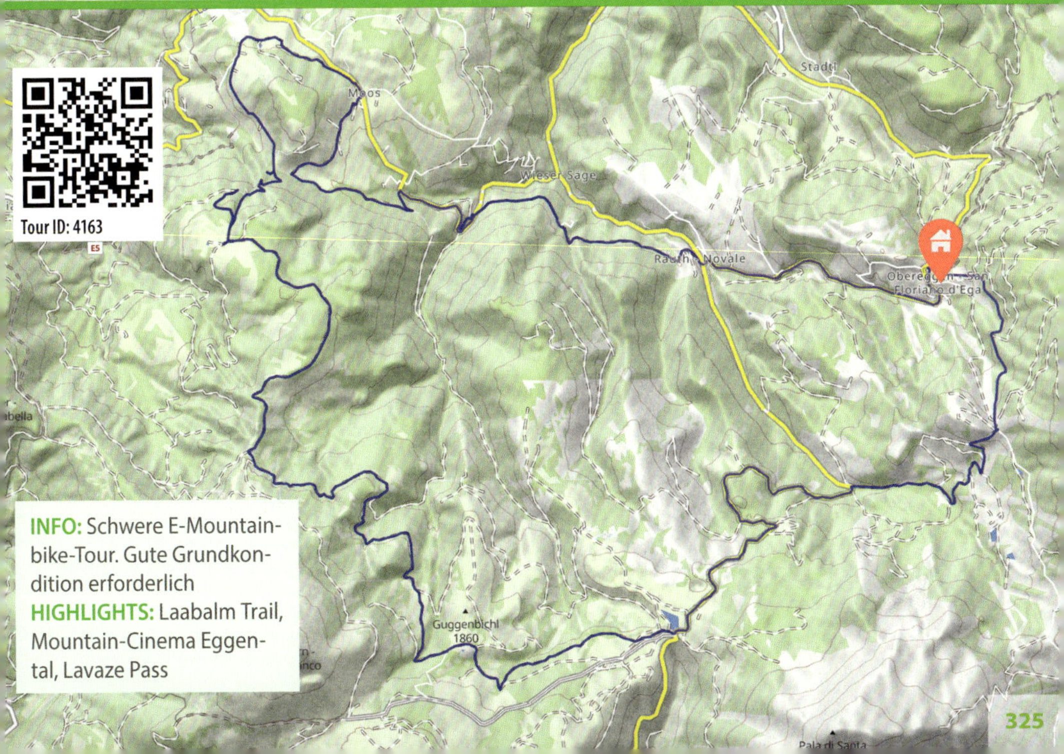

Tour ID: 4163

INFO: Schwere E-Mountainbike-Tour. Gute Grundkondition erforderlich
HIGHLIGHTS: Laabalm Trail, Mountain-Cinema Eggental, Lavaze Pass

Südtirol

Residenz Hotel Alpinum Sand in Taufers

Das Hotel Residence Alpinum befindet sich im Herzen von Sand in Taufers im Tauferer Ahrntal. Idealer Ausgangspunkt für Touren in die nahegelegenen Dolomiten. Gestalten Sie Ihre Auszeit individuell beim Wandern, Biken oder Motorradfahren oder ganz einfach bei uns im Hotel in unserer hauseigenen Bar oder in unserem kleinen aber feinen SPA-Bereich mit Indoorpool, Finnischer Sauna und Türkischem Dampfbad.

Jungmannstraße 12 • I-39032 Sand in Taufers
Telefon +39 0474 678 444
info@alpinum.com
www.alpinum.com

Bruneck und Burg Taufers

52 km | 390 hm | hP 960 m

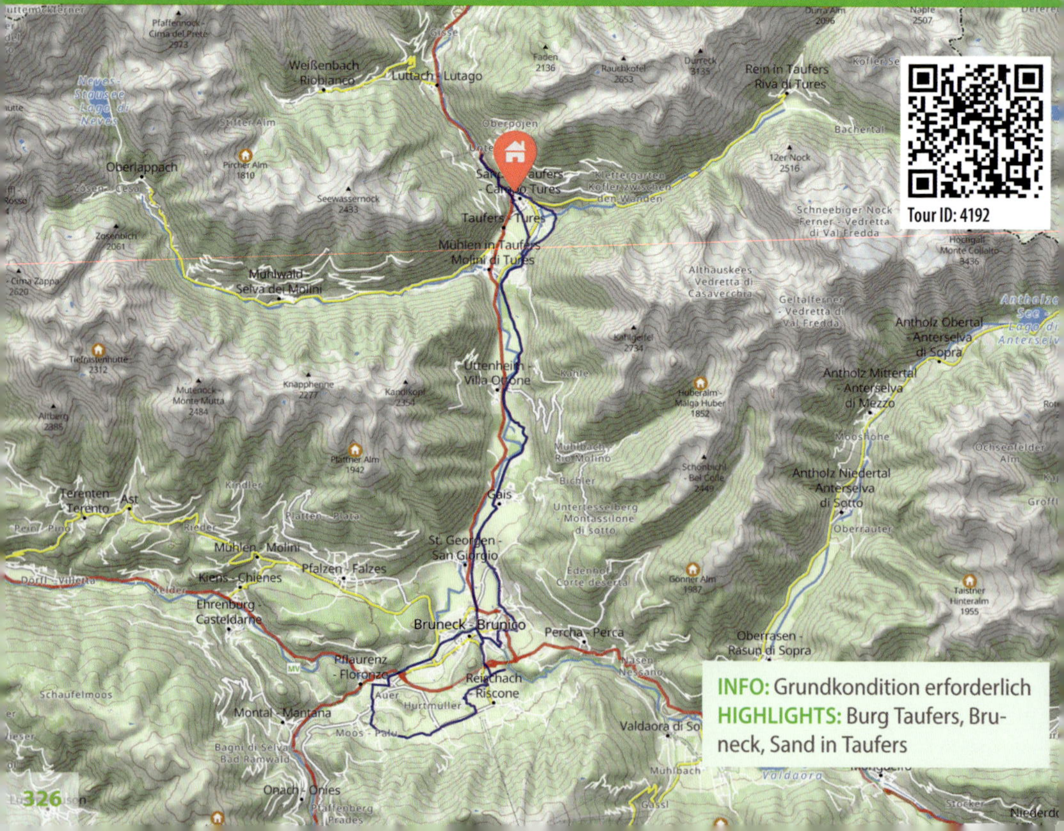

Tour ID: 4192

INFO: Grundkondition erforderlich
HIGHLIGHTS: Burg Taufers, Bruneck, Sand in Taufers

Von Hotel Alpinum zum Neves Stausee

40 km | 1030 hm | hP 1840 m

Tour ID: 4193

INFO: Gute Grundkondition erforderlich
HIGHLIGHTS: Neves Stausee, Mühlwalder See

Wasserfälle und Ausblicke

40 km | 1010 hm | hP 1510 m

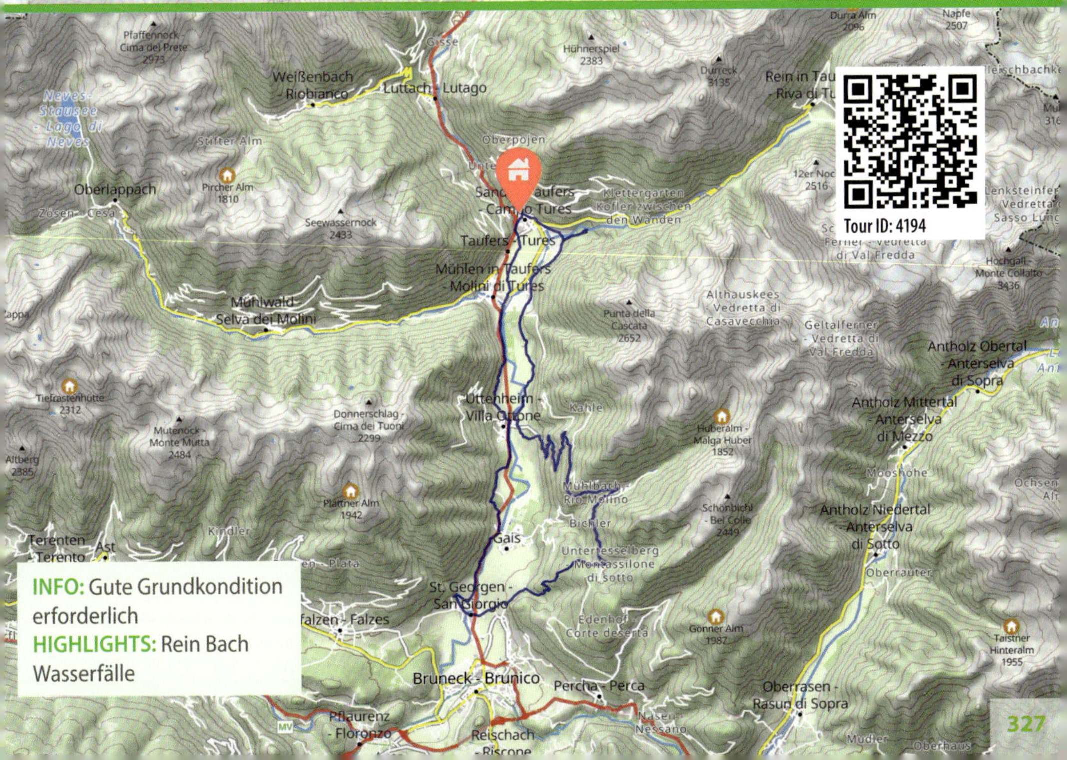

Tour ID: 4194

INFO: Gute Grundkondition erforderlich
HIGHLIGHTS: Rein Bach Wasserfälle

327

Südtirol
Vitalhotel Verdinserhof Schenna

Über den Dächern von Meran gelegen und mit dem fantastischen Ausblick auf das Meraner Land erwartet Sie der Verdinser Hof. Hier finden Sie maximale Erholung sowie neue Kraft und Energie für den Alltag und können sich vom Anbeginn Ihres Urlaubs wie zuhause fühlen. Das Alpine Wellnessdörfl beeindruckt sowohl durch seine Einzigartigkeit, als auch durch die Vielzahl an verschiedenen Saunen und Kneipp-Anwendungen.

I-39017 Verdins 7
Telefon +39 0473 949 423
E-Mail: info@verdinserhof.it
www.verdinserhof.it

MTB-Runde mit Ausblick auf den Videgg 28 km | 1230 hm | hP 1560 m

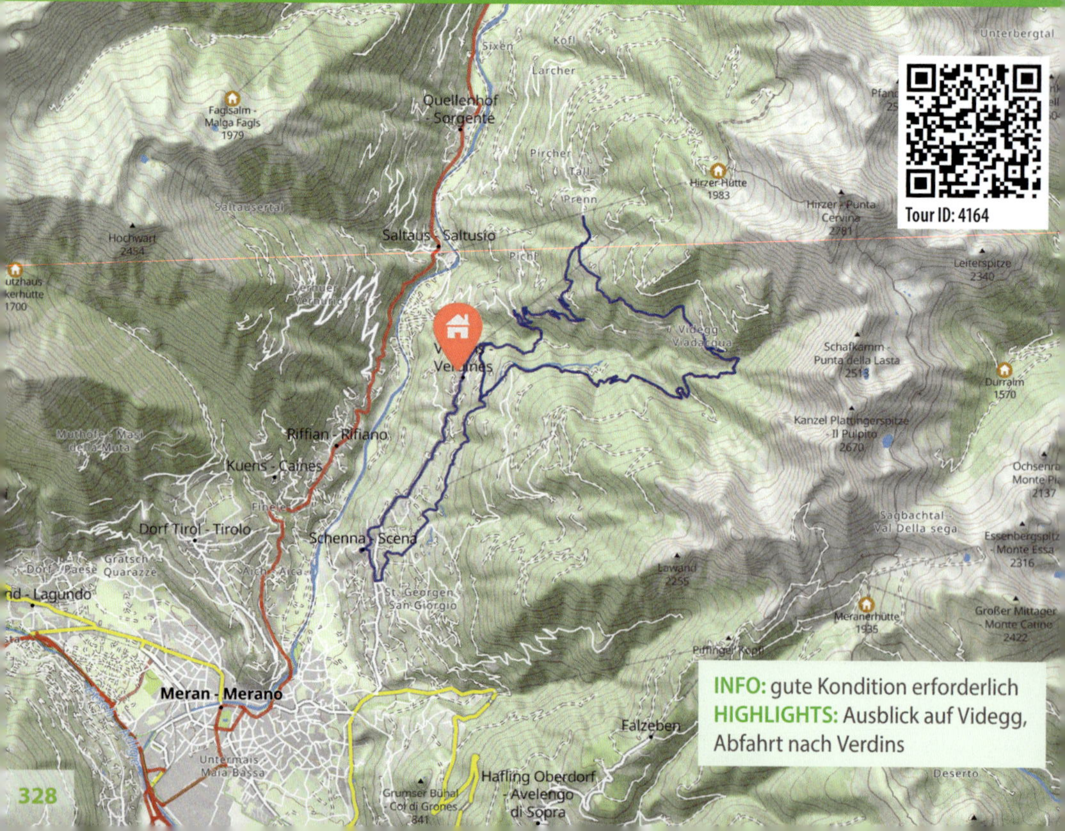

Tour ID: 4164

INFO: gute Kondition erforderlich
HIGHLIGHTS: Ausblick auf Videgg, Abfahrt nach Verdins

Passeiertal Runde

51 km | 860 hm | hP 770 m

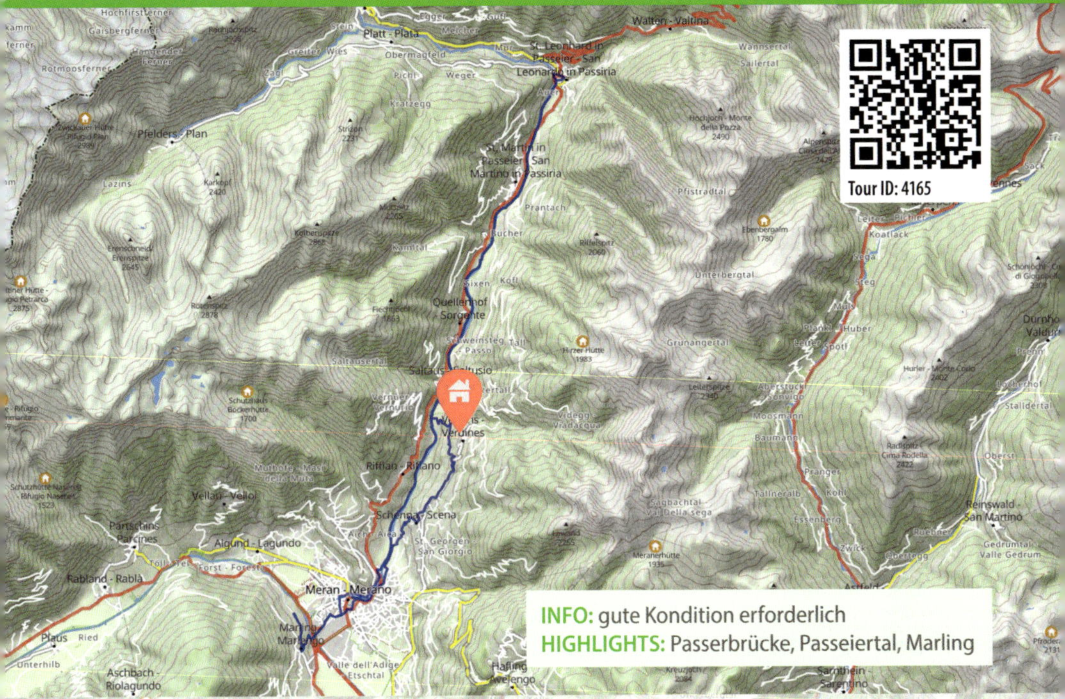

Tour ID: 4165

INFO: gute Kondition erforderlich
HIGHLIGHTS: Passerbrücke, Passeiertal, Marling

Etschtal Radweg

67 km | 710 hm | hP xx m

Tour ID: 4166

INFO: gute Kondition erforderlich
HIGHLIGHTS: Etschtalradweg, Südtiroler Weinstraße

329

Südtirol
Parkhotel Bellevue Toblach

Gut schlafen, entspannt frühstücken und dann auf dem E-Bike durch die Dolomiten. Zahlreiche Touren starten direkt vor unserer Haustür. Zurück im Hotel im Wellnessbereich entspannen und am Abend die Köstlichkeiten der Südtiroler und italienischen Küche genießen. Ein perfekter Bellevue Urlaubstag!

Dolomitenstraße 23 • I-39034 Toblach
Telefon +39 0474 972 101
info@parkhotel-bellevue.com
www.parkhotel-bellevue.com

Lachwiesenhütte

36 km | 810 hm | hP 1900 m

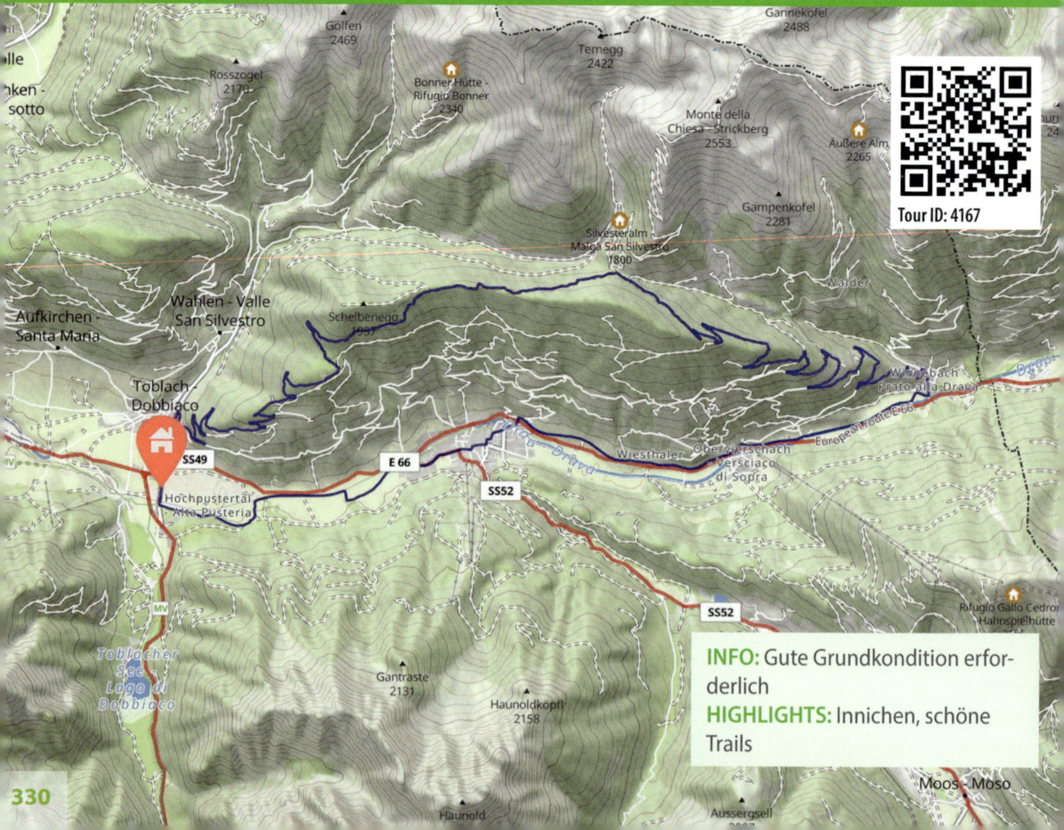

Tour ID: 4167

INFO: Gute Grundkondition erforderlich
HIGHLIGHTS: Innichen, schöne Trails

Plätzwiese

49 km | 1200 hm | hP 2280 m

Tour ID: 4168

INFO: Gute Grundkondition erforderlich
HIGHLIGHTS: Plätzwiese, Toblacher See

Gsiesertal

35 km | 630 hm | hP 1630 m

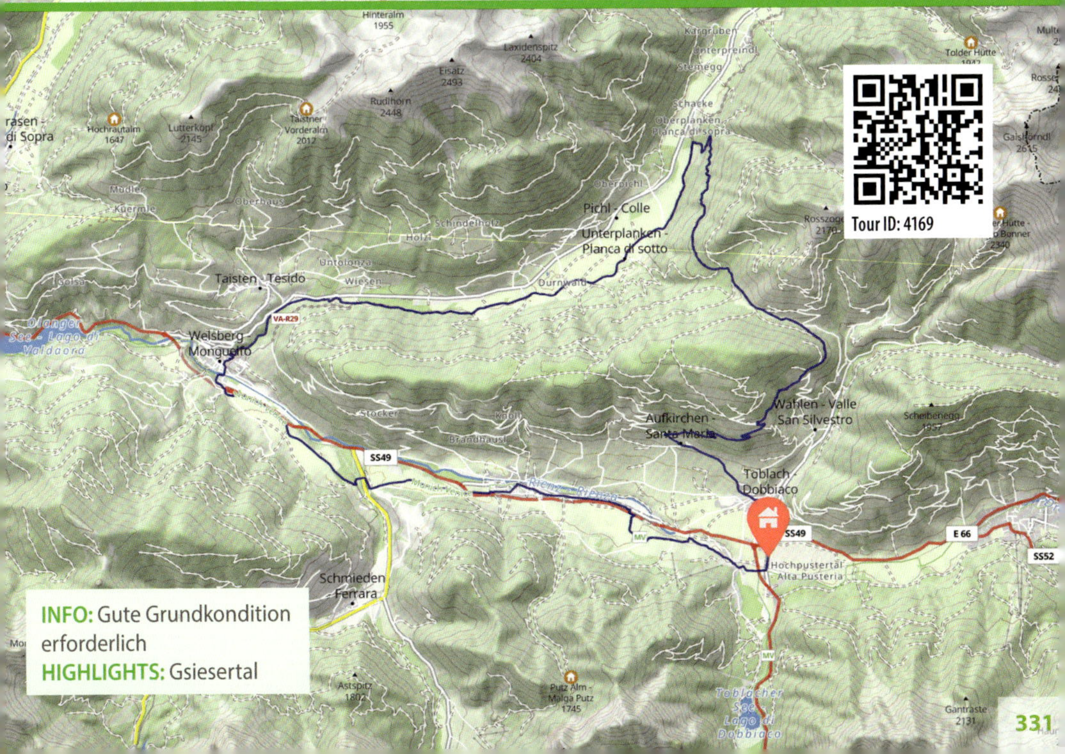

Tour ID: 4169

INFO: Gute Grundkondition erforderlich
HIGHLIGHTS: Gsiesertal

Südtirol
Kessler's Mountain Lodge Natz-Schabs

Frisch, flott und fesch – das ist Kessler's Mountain Lodge, unser exklusives Hideaway im Südtiroler Eisacktal. Hier erlebst du dank Renate und Rudi einen einzigartigen 360° Panoramablick, private Wohlfühlmomente fernab von Stress und Hektik, auf dem Apfelplateau Natz-Schabs. Auch mit deinem Mountainbike wird dir hier bestimmt nicht langweilig: Erkunde die Gegend auf einem der zahlreichen Biketrails und mach die Strecken des Brixen Bikepark unsicher.

Schlossergasse 60 • I-39040 Natz-Schabs
Telefon +39 0472 415710
info@kesslers.it
www.kesslers.it

Blick auf Brixen

40 km | 640 hm | hP 920 m

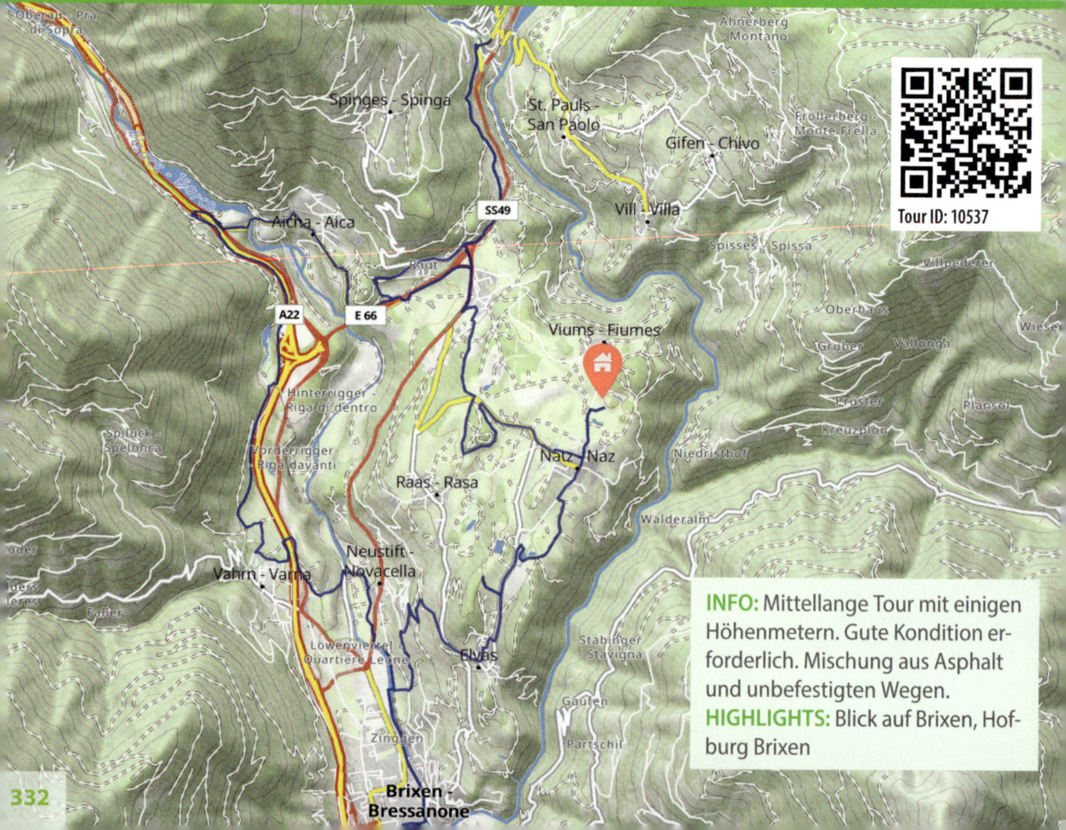

Tour ID: 10537

INFO: Mittellange Tour mit einigen Höhenmetern. Gute Kondition erforderlich. Mischung aus Asphalt und unbefestigten Wegen.
HIGHLIGHTS: Blick auf Brixen, Hofburg Brixen

Brücke über den Rienz

46 km | 1370 hm | hP 1750 m

Tour ID: 10538

INFO: Mittellange Tour mit vilen Höhenmetern. Gute Kondition erforderlich. Mischung aus Asphalt und unbefestigten Wegen.
HIGHLIGHTS: Maria-Hilf-Kapelle Mühlbach, Brücke über den Rienz

Brixen Zentrum

50 km | 1750 hm | hP 1720 m

Tour ID: 10539

INFO: Mittellange Tour mit vielen Höhenmetern. Gute Kondition erforderlich. Mischung aus Asphalt und unbefestigten Wegen. Gutes Akkumanagement oder nachladen erforderlich.
HIGHLIGHTS: Brixen Dom, Maria-Hilf-Kapelle Mühlbach

Südtirol
BAD MOOOS - Dolomites Spa Resort Sexten

Umgeben von Wiesen und Wäldern liegt am Eingang des Naturparks Drei Zinnen, der zum UNESCO Weltnaturerbe Dolomiten gehört, das Bad Moos - Dolomites Spa Resort. Von Wanderungen, Erkundungen mit dem Rad oder dem Mountainbike, über gemütliche Spaziergänge bis hin zum direkten Einstieg ins Skigebiet und in die Langlaufloipe – alle Outdoor-Unternehmungen können Sie vor der Hoteltüre beginnen.

Fischleintal Straße, 27 • I-39030 Sexten Moos (BZ)
Telefon +39 0474 713 100
info@badmoos.it
www.badmoos.it

Toblacher See

52 km | 510 hm | hP 1420 m

Tour ID: 10541

INFO: Mittellange Tour mit einigen Höhenmetern. Gute Kondition erforderlich. Mischung aus Asphalt und unbefestigten Wegen.
HIGHLIGHTS: Toblacher See, Drei-Zinnen-Blick

Südtirol

Wellnesshotel Almhof Call St. Vigil

Die hinreißende Dolomiten-Kulisse rund um unser Hotel in St. Vigil und unsere atmosphärische Zimmergestaltung mit warmen Farbtönen sind geeignet, Ihre Seele mit Vitaminen zu füllen. Südtirol ist für seine einzigartigen Mountainbike-Strecken bekannt. Eine Vielzahl an Tracks und Forstwegen laden ein, um ganz einfache Ausflüge bis hin zu ganztägigen Touren in einer der atemberaubendsten Kulissen der Welt zu unternehmen.

Plazores Str. 8 • I-39030 St. Vigil in Enneberg
Telefon +39 0474 501043
info@almhof-call.com
www.almhof-call.com

Olang und Bruneck

43 km | 1020 hm | hP 1770 m

Tour ID: 11132

INFO: Mittellange Tour mit einigen Höhenmetern. Gute Kondition erforderlich. Mischung aus Asphalt und unbefestigten Wegen.
HIGHLIGHTS: Fahrradtunnel bei Bruneck

Burganlage Mühlbacher Klause

61 km | 940 hm | hP 1210 m

Tour ID: 11133

INFO: Mittellange Tour mit einigen Höhenmetern. Gute Kondition erforderlich. Mischung aus Asphalt und unbefestigten Wegen.
HIGHLIGHTS: Brücke über den Rienz, Burganlage Mühlbacher Klause

MTB-Tour Peitlerkofel

38 km | 1440 hm | hP 2050 m

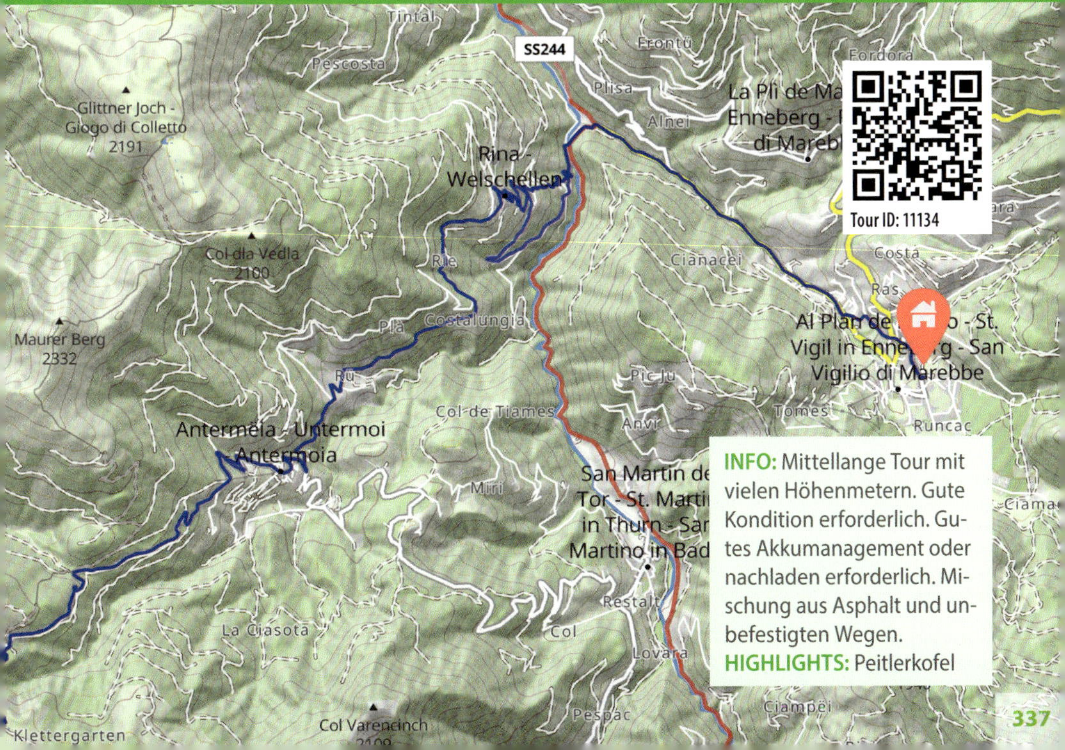

Tour ID: 11134

INFO: Mittellange Tour mit vielen Höhenmetern. Gute Kondition erforderlich. Gutes Akkumanagement oder nachladen erforderlich. Mischung aus Asphalt und unbefestigten Wegen.
HIGHLIGHTS: Peitlerkofel

E-Bike-Touren in der SCHWEIZ

Ostschweiz
Businesshotel Forum Widnau Widnau

Zentral gelegenes, persönlich mit Herz geführtes Bike Hotel im Zentrum von Widnau und dem St. Galler Rheintal. Umgeben von Rebbergen und perfekter Ausgangspunkt für Unternehmungen im 4 Ländereck Schweiz, Liechtenstein, Österreich und Deutschland. Mittendrin sind wir ein Raum für dich. Und für alles, was du mitbringst: Raum für deine Freizeitunternehmungen und für die notwendige Ruhe. Für deinen Appetit und den richtigen Drink danach. Und für die Fragen zur Region und die Vorstellung von deinem Aufenthalt im Forum. Wir sind für dich da.

Bahnhofstrasse 24 • CH-9443 Widnau
Telefon +41 71 722 88 66
office@forum-hotel.ch
www.forum-hotel.ch

Holzbrücke bei Hard – Bodenseezufluss Bregenzer Ach
60 km | 720 hm | hP 1000 m

Tour ID: 10939

INFO: Mittellange Tour mit einigen Höhenmetern. Gute Kondition erforderlich. Überwiegend auf Asphalt.
HIGHLIGHTS: Holzbrücke bei Hard, Bodenseezufluss Bregenzer Ach, Seebühne Bregenz

Arbon Park – Aussicht über den See

81 km | 400 hm | hP 590 m

Tour ID: 10940

INFO: Mittellange Tour mit einigen Höhenmetern. Gute Kondition erforderlich. Überwiegend auf Asphalt.
HIGHLIGHTS: Bodensee Radweg, Arbon Park, Eisenbahnviadukt, Goldach

Ruppenpass – Toller Blick auf die Berge

62 km | 1040 hm | hP 1030 m

Tour ID: 10941

INFO: Mittellange Tour mit einigen Höhenmetern. Gute Kondition erforderlich. Überwiegend auf Asphalt.
HIGHLIGHTS: Ruppenpass, Altstadt von Appenzell, Toller Blick auf die Berge

Zentralschweiz

Hotel Sternen Rohr

Unser Haupthaus verfügt über 21, das Nebenhaus über 22 geräumige Nichtraucher-Zimmer im rustikalen und modernen Stil. Die Zimmer sind zeitlich modern ausgestattet. Wir befinden uns an einer ruhigen, zentralen Lage nahe der Aare. Unseren Gästen stehen die hoteleigenen Parkplätze kostenlos zur Verfügung. Gegen einen Aufpreis sind auch Tiefgaragenplätze erhältlich. In der gemütlichen Gaststube, dem stilvollen Saal oder auf der gedeckten Gartenterrasse sorgen wir gerne für Ihr leibliches Wohl.

Hauptstrasse 68 • CH-5032 Aarau Rohr
Telefon +41 (0)62 834 08 88
info@sternen-rohr.ch
www.sternen-rohr.ch

Vom Hotel Sternen um den Halwilersee

53 km | 430 hm | hP 540 m

Tour ID: 4124

INFO: Leichte eBike-Tour
HIGHLIGHTS: Hallwillersee, Radweg um den See

342

Zentralschweiz
Hotel Du Parc Baden

Das 4-Sterne Seminarhotel liegt direkt neben dem romantischen Kurpark, dem Museum Langmatt und dem Grand Casino Baden. In nur fünf Minuten erreichen Sie den Bahnhof mit direkten Zugverbindungen nach Zürich. Unsere Küche zeichnet sich durch weltoffene Kreationen aus und setzt erlesene Produkte von unseren regionalen Lieferanten perfekt in Szene.

Römerstrasse 24 • 5CH-5400 Baden
Telefon +41 56 203 15 15
info@hotelduparc.ch
www.hotelduparc.ch

Klingnauer Stausee Runde

57 km | 570 hm | hP 500 m

Tour ID: 4151

INFO: Grundkondition erforderlich
HIGHLIGHTS: Klingnauer Stausee, Baden, Aaresteg

Impressum

4. Auflage Mai 2022 | © 2022

HERAUSGEBER

TVV Touristik-Verlag GmbH | Werner Henschel Str. 2 | D-34233 Fuldatal-Ihringshausen
Tel.: +49 - (0) 561/400 85 - 0 | Fax: +49 - (0) 561/400 85 - 21
info@touristikverlag.de | www.ebikeatlas.de

Vertretungsberechtigter Geschäftsführer: Peter Schmitz, Jan Schmitz
Registergericht: Kassel | Registernummer: 13254
Umsatzsteuer-Identifikationsnummer gemäß § 27 a Umsatzsteuergesetz: DE813611060

REDAKTION TVV Touristik-Verlag GmbH | Snežana Šimičić

UMSCHLAGGESTALTUNG TVV Touristik-Verlag GmbH

TITELFOTO Umomos shutterstock.com

KARTENBASIS Printmaps.net / OSM Contributors

PRODUKTION TVV Touristik-Verlag GmbH

Die GPS-Daten gibt es zum kostenlosen Download auf **www.ebikeatlas.de**

Alle Angaben dieses Werks wurden von den Autoren sorgfältig recherchiert.
Für die Richtigkeit der Angaben kann jedoch keine Haftung übernommen werden.

ISBN 978-3-96599-036-4

WWW.EBIKEATLAS.DE

Alle Rechte vorbehalten. Nachdruck, Kopien oder elektronische Vervielfältigungen – auch auszugsweise – dürfen nur mit ausdrücklicher Genehmigung des Herausgebers erfolgen. Trotz sorgfältiger Recherche und Erstellung dieser Broschüre kann für die Vollständigkeit und Richtigkeit der Angaben keine Gewähr übernommen werden. Haftungsansprüche sind ausgeschlossen.

Ortsregister

Altenmarkt	S. 283
Arabba	S. 316
Aulendorf	S. 216
Bach	S. 271
Bad Bevensen	S. 64
Bad Birnbach	S. 196
Bad Füssing	S. 198
Bad Griesbach	S. 192
Bad Gögging	S. 200
Bad Hall	S. 294
Bad Hofgastein	S. 286
Bad Karlshafen	S. 72
Bad Kleinkirchheim	S. 309
Bad Neualbenr.	S. 176
Bad Reichenhall	S. 206
Bad Steben	S. 172
Baden	S. 269
Bärenstein	S. 46
Battenberg-Dodenau	S. 140
Bayreuth	S. 162
Berwang	S. 252
Beverungen	S. 74
Bielefeld	S. 86
Bleiburg	S. 305
Bochum	S. 92
Bodenfelde	S. 76
Borken/Hessen	S. 142
Breisach	S. 224
Bruneck	S. 322
Bühl	S. 230
Coburg	S. 171
Damüls	S. 242
Detmold	S. 84
Dinkelsbühl	S. 164
Dornbirn	S. 240
Dresden	S. 38
Duderstadt	S. 29
Dülmen	S. 90
Eriskirch	S. 212
Erlabrunn	S. 168
Essen	S. 94
Eußenheim	S. 148
Feldkirch	S. 244
Feuchtwangen	S. 160
Finnentrop	S. 128
Fischbach	S. 112
Flachau	S. 288
Freising	S. 204
Freudenstadt	S. 220
Fridingen	S. 232
Friedrichroda	S. 56
Fügen	S. 272
Gamlitz	S. 304
Götzis	S. 247
Gransdorf	S. 97
Habichsthal	S. 150
Hallenberg	S. 136
Hann. Münden	S. 78
Hattingen	S. 96
Hinterriss	S. 251
Hirschberg	S. 152
Hochburg	S. 296
Hohnstein	S. 40
Homberg	S. 144
Ilsenburg	S. 30
Immerath	S. 102
Inzell	S. 205
Ischgl	S. 254
Kaisersesch	S. 100
Kappl	S. 274
Kempten	S. 208
Kestert/Rhein	S. 122
Kirchheimbolanden	S. 114
Königslutter	S. 70
Königstein	S. 178
Lam	S. 188
Landeck	S. 255
Lenzkirch	S. 217
Leogang	S. 278
Lübstorf	S. 20
Mals	S. 314
Malschwitz	S. 36
Marbug	S. 145
Masserberg	S. 52
Matrei am Brenner	S. 310
Mellau	S. 248
Melsungen	S. 146
Merdingen	S. 218
Merzig	S. 108
Mettlach	S. 110
Millstatt	S. 306
Montan	S. 258
Muggendorf	S. 166
Mühlbach a.H.	S. 280
Munderfing	S. 276
Münsingen	S. 234
Münster	S. 88
Nauders	S. 258
Natz-Schabs	S. 332
Neuzelle	S. 24
Nistertal	S. 236
Nottuln	S. 87
Oberammergau	S. 207
Obereggen	S. 324
Oberhof	S. 50
Oberndorf	S. 227
Oberstaufen-Steibis	S. 210
Obertauern	S. 290
Ochenfourt	S. 170
Oetz	S. 259
Olsberg	S. 139
Oppenheim	S. 116
Pfunds	S. 260
Rechenbg-Bienenm.	S. 44
Rehau	S. 174
Reichelsheim	S. 157
Reinbek	S. 62
Rohr	S. 342
Rüdesheim	S. 118
Saalfelden	S. 282
Sand in Taufers	S. 326
Sangerhausen	S. 32
Sankt Kassian	S. 320

Sassnitz	S. 22
Schafflund	S. 58
Scheidegg	S. 214
Schenna	S. 328
Schliffkopf	S. 212
Schloss Rosenau	S. 300
Schmallenberg	S. 138
Schönefeld	S. 28
Schwarzenberg	S. 42
Schwarzenberg/Österreich	S. 250
See im Paznautal	S. 262
Seewald-Besenfeld	S. 221
Serfaus	S. 293
Sexten	S. 334
Sohren	S. 104
Sölden	S. 265
Spiegelau	S. 184
St. Anton am Arlberg	S. 264
St. Goar	S. 124
St. Leonhard	S. 266
St. Valentin a.d. H.	S. 315
St. Vigil	S. 336
Steyr	S. 291
Stockach	S. 228
Straubing	S. 182
Straubing	S. 190
Stuttgart	S. 231
Suhl-Neundorf	S. 54
Tamsweg	S. 284
Toblach	S. 330
Trechtingshausen	S. 120
Trendelburg	S. 71
Ulrichsberg	S. 292
Untergriesbach	S. 186
Unterweißenbach	S. 299
Uslar-Volpriehsn	S. 80
Villach	S. 308
Wald-Michelbach	S. 156
Waldsassen	S. 180
Warstein	S. 126
Weida	S. 48
Weidenbach	S. 98
Weiskirchen	S. 106
Wertheim	S. 154
Westerrönfeld	S. 60
Wiednau	S. 341
Wien	S. 302
Wiesloch	S. 158
Willingen	S. 128
Winterberg	S. 132
Wittenberg	S. 35
Wolfsburg	S. 68

KLETTER-KOGEL

DER OUTDOOR-AUSRÜSTER